思想家

UNREAD

KNOW
THYSELF

WESTERN IDENTITY
FROM CLASSICAL GREECE
TO THE RENAISSANCE

西方人文思想简史

**Ingrid
Rossellini**

**从古希腊到文艺复兴
从认识自我到身份认同**

[意]英格丽·罗西里尼 著

宇华 周希 译

天津出版传媒集团
天津人民出版社

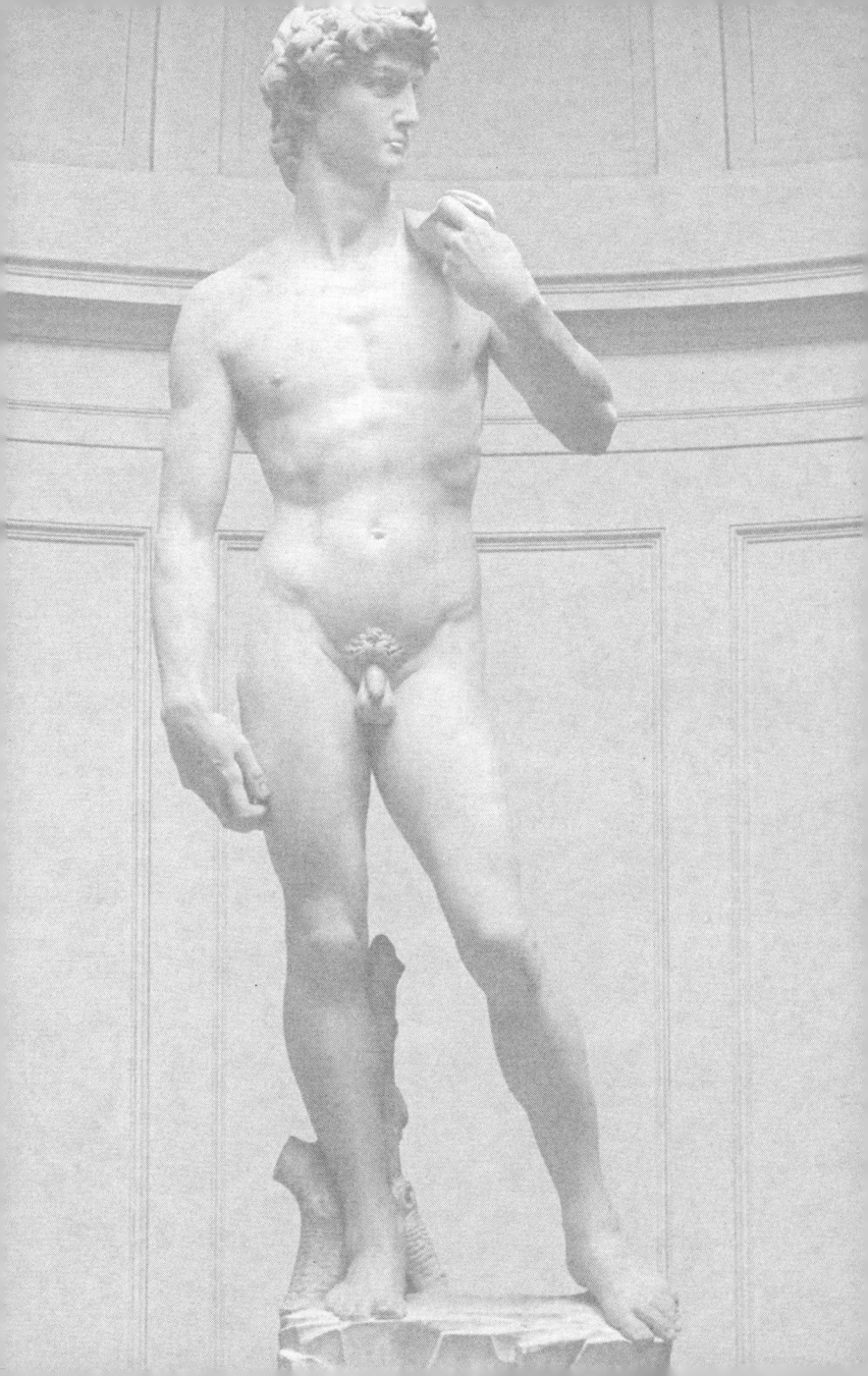

致我的丈夫理查德

还有两个孩子，托马索和弗朗西斯卡，

他们让我的生活充满了归属感，

我悬浮在他们爱的"宇宙"中，

在阳光下徜徉、旋转。

历史不仅仅研究重要的事实和制度,
它真正的研究对象是人类的思想:
它应该渴望知道,在人类生活的不同时代,
我们的头脑曾相信、思考和感受过什么。

—— 福斯特尔·德·库朗日《古代城邦》

目 录

引 言 　　001

第一部分　**古希腊** 　　013
城邦的诞生 　　015
两种城邦文化：斯巴达与雅典 　　020
理性、荒谬与自大的危机 　　026
赫西俄德和世界的起源 　　032
英雄理想 　　043
希腊艺术：理性与激情 　　056
从神话到哲学的发展 　　063
毕达哥拉斯：神圣理性与灵魂不灭 　　068
古典时期的辉煌与矛盾 　　079
戏剧、修辞学、哲学的成就 　　093
从柏拉图到亚里士多德 　　102
亚历山大与希腊化时代 　　110

第二部分　古罗马 … 117

罗马共和国的历史与神话 … 119

奥古斯都和罗马帝国：权力与政治大戏 … 146

奥古斯都的继任者 … 169

帝国的衰落 … 188

圣奥古斯丁的双城 … 194

第三部分　中世纪早期 … 201

理性的消亡 … 203

艺术的象征话语 … 214

一种新词汇的诞生 … 222

拉丁化的西罗马与希腊化的东罗马 … 240

修道院的发展 … 253

从反传统运动到拜占庭艺术的辉煌 … 262

查理大帝和欧洲封建主义 … 268

第四部分　中世纪晚期 … 279

举步维艰的势力平衡 … 281

城市和大学：新文化时代的开端 … 285

新的情感激发新的艺术 … 294

教皇和皇帝的战争	305
财富与权力，贫穷与谦卑	319
人的价值复兴	325
文化日渐世俗化	333
集大成者但丁与《神曲》	345

第五部分	**人文主义和文艺复兴**	363
	文艺复兴的历史背景	365
	意大利的城邦	371
	彼得拉克的人文主义文学	380
	人文主义政治与艺术	388
	辉煌之城佛罗伦萨	396
	伟大的洛伦佐及其宫廷	416
	幻想破灭与犬儒云集	427
	罗马文艺复兴：荣耀，或者一团乱麻	437
	新教改革与罗马大劫掠	463
	米开朗琪罗与《最后的审判》	467

结　语	477
致　谢	485

引 言

你是谁?

被问及这个问题时,大多数人的回答往往不仅仅局限于性别、国籍和种族这些常见的标签,他们更倾向于强调自己的个人特质、选择和偏好。普遍存在一种假设,即个体的自我是完全独立和原始的存在,能够自由选择如何向他人展示自己的独立性,超越传统观念和他人的期望。正如我们今天所理解的,每个人的身份仿佛一个工具箱,可以随意挑选、设计和组装各个部件,它也是一项人们亲手打造的事业。

尽管这一观点大致正确,但是心理学家们时常提醒我们,童年经历仍然是塑造成年自我的关键因素。若要洞察我们的当前状态,便需追溯过往。同样,对我们人类共同的历史,也可以这样说:理解我们过去的身份,是揭示我们今日身份的重要线索。

当我们探讨这个问题时,我是否在暗示,自我认知是一种心灵的指引,它能够让我们与内在的真实自我建立一种更深刻、更丰富的联系？确实如此，但这种联系绝非传统意义上的。我想要表达的是，这本书并非一本纯粹的心理学著作，而是一本融合了心理学元素的历史书籍。换句话说，这本书追溯了从古希腊时代到文艺复兴时期的关键时刻，探讨了对"自我"的不同定义是如何塑造我们的价值观和理想的，而这些价值观和理想又如何在几个世纪中塑造并推动了人们的选择和行动，乃至社会的构建。

我之所以选择这种独特的视角，是受到了19世纪法国历史学家菲斯泰尔·德·库朗热的深刻启发。他坚信，如果不对人类性格的本质和发展给予同等的重视，单纯回顾历史事实并不足以使我们全面地理解历史。这一观点启示我：历史宛如一幅错综复杂的挂毯，它不仅由事实编织而成，也由我们人类对这些事实的叙述所编织。我们利用这些叙述来尝试理解自我以及我们所经历的现实。

这本书并非学术论文，而是专为非专业读者准备的指南。读者们虽然怀着对历史的真诚探索之心，却常常对学术研究的复杂性感到畏惧。在过去的几十年中，这种趋势越发明显：我们通常所说的"人文学科"，在大学课程中逐渐被边缘化，对许多人来说，理解西方早期的思维方式变得日益困难，甚至令人感到沮丧。

为了消除读者的困惑并使这本书尽可能易于理解，我决定避免采用学术研究中那种过于烦琐的风格，转而提供一种跨学科的综述。这种综述虽然简化,但是依然能够提供关于主要历史和文化模式的综合信息。为了让讨论更加浅显易懂,我还会涉及许多视觉艺术的内容。这种选择基于一个事实:在几千年的历史中,至少在15世纪中叶印刷术发明之前,视觉艺术是唯一的大众传播手段,它能够向大多数文盲人士传播政治上的典范、当时的哲学或宗教意识形态,这些被认为是人类榜样的最佳代表。

我们将深入探讨一个核心主题:当我们审视不同时代所培育的理想时,会发现它们与对传奇和神话的不断重塑息息相关。为了激发灵感,传统培育的叙述往往过于强烈,以至于我们难以严格检验其真实性。正如神话学大师约瑟夫·坎贝尔所言:"神话是从未发生,却始终在发生的事情。"

首先,请允许我带你穿越时空,回到古希腊的德尔斐,那里的人们向阿波罗寻求(to appear)神谕。阿波罗是希腊的理性之神,也是唯一愿意回应异教徒的神祇。

我之所以选用"to appear"这个短语,是因为阿波罗的神谕总是含糊其词,它们并不提供明确的指引,而是充满了隐晦的暗示和零散的信息。这些神谕之言,正如他的女祭司——皮提亚的话语一样,充满了模糊性,令人费解。皮提亚在一种神志恍惚的状态下传达阿波罗的话语,她声称自己被神灵附体。神谕的矛盾之处在于,它迫使人们去解读那些含糊不清的话语,而最终得到的神谕又含蓄地回到了那些寻求指引的人的内心深处。通过这种方式，人们被间接地引导去运用他们自己的智慧和能力，来思考最适合自己面对的挑战，寻找属于自己的答案，而不是简单地祈求神明直接告诉他们该如何行动。

这一智慧策略的核心，体现在阿波罗神庙上方镌刻的一句格言中——"认识你自己"。其深层含义在于：因为你赋予生命的意义正是推动你行动的力量，所以在你问自己应该做什么之前，首先要问自己是谁。

从古至今，这从来不是一件易事。我们千百年来所给出的种种答案，正是这一事实的证明。

以我们现代的身份认同为例，我们教育孩子要去寻找那些使他们独特且具有创造力的天赋和品质。我们告诉他们，只有发展出自己独特的身份认同，一个人才能成为社会所代表的"更宏大的自我"的一部分。

若早期希腊人听闻如此极端的个人主义，可能会感到震惊。在他们眼中，将终极价值归于个体自我而非集体自我，这种偏好起码是极度不道德的。对古希腊人来说，出生地不仅是一个地理位置，更是家庭和社区的所在，是身份的基石。你出生的地方和社会群体定义了你的身份，也设定了他人的期望。如今，我们对"认识自我"的理解是个人选择的自由，与古希腊的观念相去甚远。因此，"认识自我"的真正含义，是指在理性指导下，以最佳方式履行作为社会成员的道德责任和义务。

这种解释上的显著差异可能会让人误以为古今之间毫无联系。但本书将证明这种看法是错误的。尽管我们的时代更加强调个体自我，但在个体与集体之间寻找平衡点仍是一个紧迫议题。这表明，无论历史的模式如何演变，身份认同始终包含两个基本问题：我们各自是谁，以及我们之间的关系如何？

这两个问题在西方文化史上引发了无尽的讨论。正如亚里士多德所言，他宣称人类是"政治动物"，难道我们天生就倾向于群居生活？或者，社会是否只是一种有用但本质上不自然的工具，仅是为了提高生存概率而被创造和维持？尽管我们尚未得出明确结论（或许已经有了），但我们普遍认同，即使社会倾向性是本能的，这种本能与蚂蚁和蜜蜂那种僵化的集体协作精神截然不同。实际上，我们过于人性化的倾向，如偏袒和自私，往往超越了共同目标，这始终是构建一个完全和谐社会的最大障碍。

在早期历史中，较小而文化凝聚力强的群体较容易实现个人与社会宏大身份的一致性。然而在全球化和技术互联的今天，以及在自由、多样化和快速变化的现实中，这一任务变得异常艰难。面对这种复杂性，培养具有公民意识的身份认同变得比以往任何时代都更具挑战性，正如我们在当今世界观点和思想的极端分化中见证的那样。

到底该怎么做呢？本书并未假装能对这一难题提供答案。它所做的，是引领我们回到历史的深处，尝试重新发现构成我们当代人格的基石。作者相信，只有通过探索先辈们如何看待我们的内心世界，以及他们如何叙述处理我们天性中的矛盾，我们才能更深刻地理解自己是如何走到今天的，以及是什么塑造了今天的我们。即使这不足以直接解决我们当前的问题，提升我们审视自身的能力也有助于我们发现目前所需的清晰视角，哪怕只是一点点，也足以让我们找到一条最佳路径，以更有成效、更积极的方式走向未来。

本书分为五部分内容：古希腊、古罗马、中世纪早期、中世纪晚期、人文主义与文艺复兴。

第一部分探讨了古希腊人的信仰，即"人是一种介于动物和神之间的生物"。理性被认为是人类生活的重要品质，其目的是通过控制所有的激情来维持一种关键平衡，包括过度膨胀的自傲和野心，希腊人将其定义为"傲慢"。从荷马史诗到城邦的发展，再到哲学的诞生与民主制的建立，希腊人建立在对人类理性的理解上的巨大信念，造就了世界上最具活力的文明之一。尽管希腊人竭尽全力，他们的文化中仍埋下了一些根深蒂固的偏见和歧视，例如贬低所有非希腊人为"未开化的野蛮人"（尽管希腊自身从古埃及和古巴比伦等更古老的近东文明中汲取了许多）。他们还将理性概念归属于某一性别，认为理性是男性独有的品质，而女性则被排除在外，女性被视为性欲的象征，是肉体的非理性激情和欲望的化身。希腊人认为女性心智脆弱，无法控制身体的冲动，这一观念对西方文化产生了深远的影响。禁止妇女参与社会和政治活动，是这种偏见最具破坏性的结果之一。值得注意的是，"virtue"（美德）一词源自拉丁语"vir"，意为"人"，而"hysteria"（歇斯底里）一词至今仍然用以描述情绪不稳定，它源自希腊语"hystera"，意为"子宫"。

希腊哲学传统确立了一项极具影响力的观念，即宇宙的统治权属于理性。正如心灵主宰着身体，宇宙被认为从一种神圣而卓越的理念中获得和谐与秩序（希腊语中的"宇宙"，即"kosmos"意为"秩序"）。为了与这种神圣的力量和谐相处，人类必须对自己和社会应用相同的规则，即调节自然界其他方面的和谐合作。这种观念导致希腊人极度鄙视所有暴君和独裁者：那些轻视判断和理性的人，狂妄地认为自己的才能足以统治社会。讽刺的是，城邦时代的终结恰恰是由古典时代最恐惧的事物带来的——马其顿国王亚历山大的君主专制主义的崛起。

第二部分阐述了希腊城邦（polis）[1]理念对罗马征服者的深远影响，尤其是他们认为，人作为理性生物，只有通过城邦所要求的军事、公民和政治参与，才能实现完整的人性。对于希腊人和罗马人而言，只有充分履行公民职责，发挥其内在的才能和潜力，才能达到文明（civilization）的境界，这个词源自拉丁语中的"城市"（civitas）。

---

1 "政治"（politics）一词的词源。

在罗马的历史长卷中，众多政治思想家都认为罗马共和国时期是理想社会的典范。然而随着奥古斯都的崛起和罗马帝国的建立，共和国时代宣告终结。奥古斯都展现出的形象是，他的统治并非与罗马早期的精神相冲突，而是继承并发扬了这一精神。他努力向人民传达一种信念：在他的领导下，罗马将实现其作为世界统治者的命运，这是众神因其在法律、文化和文明上的卓越贡献而赋予这座城市的角色。尽管罗马的作家和艺术家们积极塑造了这种正面形象，但随着时间的推移，尤其是在奥古斯都之后，多位皇帝的腐败统治导致了这种形象的逐渐褪色，最终导致了维系罗马的伟大道德结构的瓦解。

第三部分深入分析了在蛮族入侵和西罗马帝国崩溃后的混乱中基督教的兴起。基督教作为犹太教的一个分支，深受希腊文化传统和东方神秘主义的影响。古希腊和罗马人，包括亚里士多德，乐观地认为人类是理性的，天生倾向于与他人共存，以建立一个公正和谐的社会。然而基督教对此观点提出了强烈的反驳，认为人类自亚当和夏娃的原罪后已遭受了无法修复的伤害，若无信仰的辅助，人类无法履行自己的职责。罗马的陷落足以证明，由于人类的罪恶和缺陷，任何建立完美社会的尝试都注定失败，因为人类的自私总会战胜集体利益，仇恨总会战胜同情和正义。在这种新的、悲观的心态下，世界被视为一个充满悲伤和苦难的地方，一个审判罪恶人类的场所，神将在末日审判他们。随着宗教在人类生活的各个方面深深扎根,教会填补了世俗国家留下的空白,不仅在精神层面,还在文化、政治、行政和制度层面承担了领导和标杆的角色。

第四部分揭示了中世纪早期的悲观情绪是如何在11世纪开始逐渐消退的。随着蛮族入侵的终结,欧洲开始步入一个和平与繁荣的新时期。这一时代的显著标志是城市的复兴和新兴商人阶层的崛起,他们渴望在社会中获得认可,摆脱封建时代贵族主导的等级制度的桎梏。

这些新兴集镇对文化的最大贡献在于大学的创立,这使得学习得以在宗教的隔离控制之外传播。这场学术复兴的最明显受益者是世俗国家,因为许多受过教育的律师和官员的加入,使世俗国家的行政和法律职能得到了显著提升。随着世俗权力的增强和组织化,它与长期严格控制社会的教会机构之间的冲突变得不可避免,使得国家与教会之间的激烈竞争成为中世纪晚期的一个主要特征。随着希腊文化遗产的重新发现——讽刺的是,这些遗产被穆斯林保存并归还给西方,而欧洲地区的基督教曾对穆斯林发动过多次十字军东征——人们的观点和思想发生了重大转变。在这些创新思想中,亚里士多德的思想尤为重要,特别是托马斯·阿奎那成功地将基督教原则与这位希腊哲学家对人性的乐观看法结合起来。从此,人的角色从根本上发生转变,从有罪的、道德有缺陷的生物,变成了卓越的、有才能的神的合作者,负责激发神的伟大创造中固有的潜力。

这种新观念，正是人文主义和文艺复兴的起源。

为了深入理解像文艺复兴这样复杂且地理分布广泛的时期，我选择将分析聚焦于意大利的文艺复兴，特别是两座最能体现时代精神的城市——佛罗伦萨和罗马。在佛罗伦萨，城邦的发展转向了对古典时代政治理想的怀旧及其复兴，这与奥古斯丁的观点形成了鲜明对比，这种政治理想热情地重申了人类城市的价值和重要性。当时的流行观点是：通过借鉴希腊人与城邦、罗马人与共和国的智慧，意大利的城邦最终能够实现一个公正、稳定的社会理想，作为一个缩影，反映出神创造的整个宏观世界中的有序编码。

遗憾的是，那种认为人类的独特性和例外性能确保一个永久、稳定、自由社会存在的信念是短暂的，它最终屈服于美第奇家族的专制统治，共和国的梦想也随之破灭。随着佛罗伦萨新主人对美的推崇，艺术被赋予了一种愉悦的美学特质，不再是为了促进公民美德，而是转变为强化一种宫廷心态，主要是为了颂扬美第奇所代表的君主权力。

1453年，君士坦丁堡（今伊斯坦布尔）的陷落引起了广泛的恐慌，而佛罗伦萨的共和主义热情在美第奇家族的新戏剧性统治下被扼杀。同时，马丁·路德反抗教会普遍腐败的行动引发了新教改革，这场改革不断分裂着基督教世界。对于已经掌握君主权力的富有且强大的罗马教皇来说，最痛苦的打击发生在1527年，当时一支支持路德的德国雇佣军洗劫了罗马。

历史的钟摆再次摆向了悲观和失望的方向，人们对曾经备受赞誉的人性光辉产生了新的疑虑，仿佛希望正在逐渐消逝。然而，历史反复证明，春天总会在冬天的阴霾之后重返人间。

这一切向我们揭示，人类的身份认同始终是一项持续进行的工程，而非一个固定不变的实体。在这个意义上，"文化"一词让人联想到农业的概念，这是一种富有启发性的比喻。思想如同耕种的作物，一旦生根便不会停滞不前，它们会生长、成熟、转变。最关键的是，正如本书所强调的，思想如同随风飘散的种子，广泛传播。这一点同样至关重要，它不断地提醒我们：尽管西方与东方、南方与北方之间存在着意识形态的差异，但身份认同的话题仍是所有文化现象，包括人民、文化和思想的交流中最丰硕的成果。

第一部分

古希腊

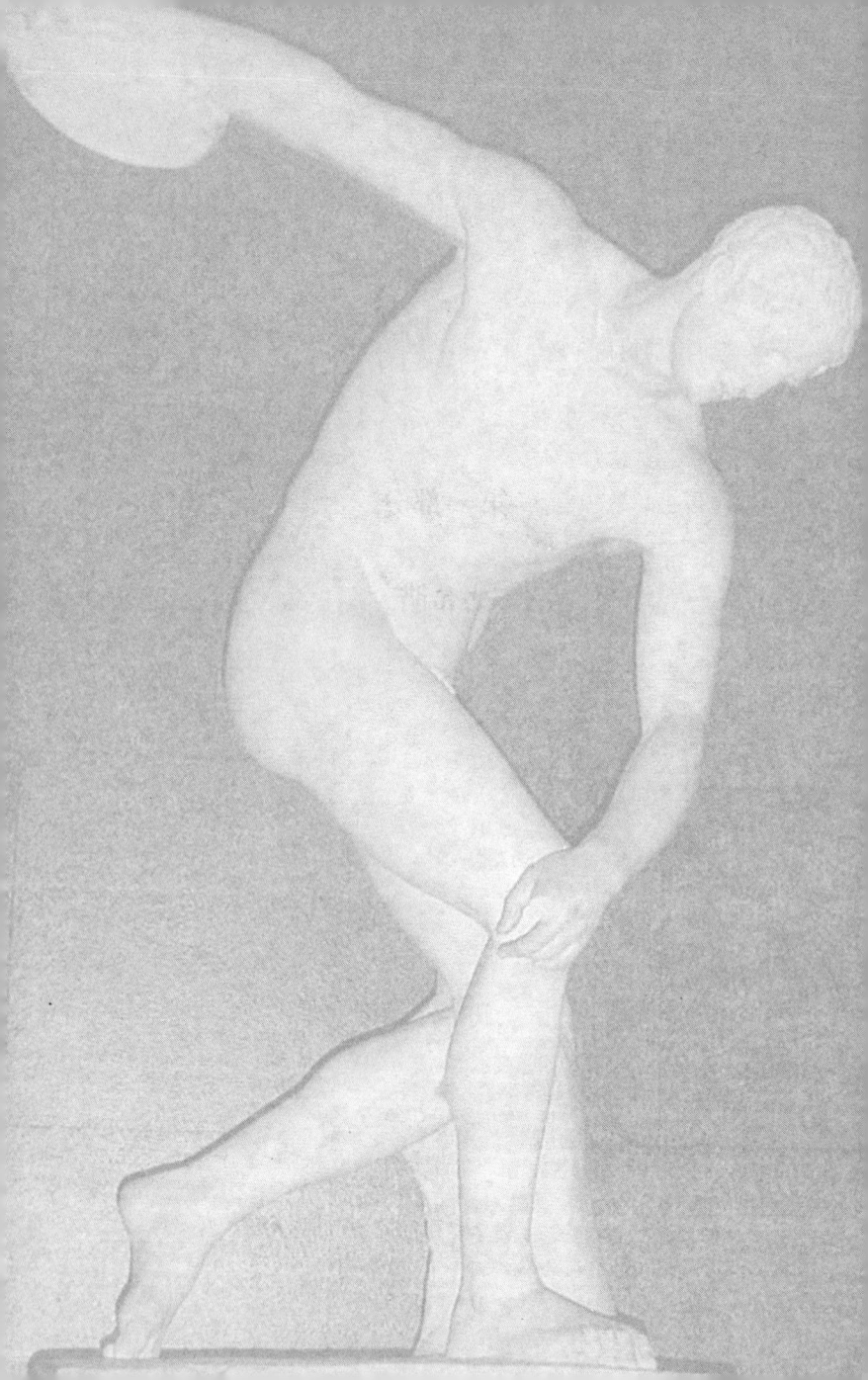

城邦的诞生

在被统称为"希腊"的这片古老土地上,米诺斯文明是最早绽放的文明之花。大约在公元前2000年,它在克里特岛上迎来了自己的黄金时代。紧随其后的是迈锡尼文明,这个以伯罗奔尼撒半岛上的主要城市迈锡尼命名的文明,在公元前1500年前后达到了它的鼎盛时期。关于米诺斯文明的消失,至今仍是一个充满争议的话题。一些学者认为,阿卡亚人——迈锡尼文明的主要部落——带来的竞争压力是导致其衰落的原因之一。另一些人则认为自然灾害可能是罪魁祸首。但可以确定的是,大约在公元前1400年,米诺斯文明迅速衰落,而社会结构更为发达的迈锡尼文明则持续繁荣至公元前1100年。迈锡尼文明的宫殿令人印象深刻,它们的富丽堂皇彰显着这一文明的富裕生活和高度发展的社会结构。这种繁荣得益于有序的封建制度,它避免了单一农耕经济带来的停滞,同时也得益于航海活动——商业和贸易带来的丰厚收益。在希腊文明的萌芽时期,它在文化上大量吸收了近东地区更古老的文明,尤其是埃及和古巴比伦文明的影响。这一点在迈锡尼艺术中表现得尤为明显,其中出现了大量外来的形象,如长颈鹿、狮子、瞪羚、棕榈树和莲花等。

一些学者认为,迈锡尼文明的崩溃是由北方南下的多里安人所引发的。这些外来者取代了原住民,迫使他们放弃土地,流散至爱琴海地区。部分部落在附近岛屿重建家园，而另一些则迁徙至更远的地方，如安纳托利亚西海岸的爱奥尼亚地区。

在北方入侵者的冲击下，不同部落和种族的交融历经数世纪动荡，随着早期希腊文明遗产的消逝而逐步稳定。迈锡尼文明的线形文字B[1]也在这场动乱中失传。这段长达300年的衰落期，即所谓的"黑暗时代"（公元前1100—前800年），由于缺乏书面记录，常被现代人所忽视。

我们仅能通过零星的诗歌线索追溯那个"黑暗时代"。在那个时代，众多民间故事由专业的游吟诗人[2]传唱，他们伴随着七弦琴的旋律，或背诵或即兴创作，歌颂亚该亚人的英雄事迹——亚该亚人在荷马史诗中指的是迈锡尼时期的希腊人，如今则指巴尔干半岛最古老的居民。在一个经历了动荡、暴力、贫穷和饥饿而分崩离析的世界中，游吟诗人以戏剧化的叙事手法，从远古文明的起源中提炼出美好，用勇士的光辉事迹重塑人们对古文明的自豪感。这些传奇英雄的故事，在诗歌的永恒吟唱中一次次焕发光彩。

在公元前8世纪之初，希腊文明的曙光再次升起，一系列流传于民间的诗歌在人们的传唱中逐渐成型。这些诗歌最终在一位

---

1 线形文字B（Linear B），是迈锡尼文字的第二种类型，与象形的和写实的风格相比，它缺少形象化，主要是"线形的"。——译注

2 来自希腊语的"raptein oide"，意为"拼凑成歌"。

诗人荷马的笔下被赋予了永恒，他将这些故事编纂成《伊利亚特》和《奥德赛》两部史诗。这两部作品不仅满足了当时文化塑造的需求，更为西方世界勾勒出了一个共同的祖先时代，帮助人们重塑了他们新近觉醒的政治与军事认同的核心特质。

荷马史诗因其提供的共同认知而被尊称为"古希腊的《圣经》"。这表明，《伊利亚特》和《奥德赛》并非单纯的虚构传说，而是对远古时代的真实记录。这个时代孕育了一批传奇英雄，他们的行为不仅具有教育意义，而且一直是后人塑造品格的楷模。随着公元前8世纪古希腊贸易活动的复苏，商品交换促进了丰富的文化交流，催生了一种新的书面语言。地中海东岸的腓尼基人首先使用了辅音字母，希腊人为了方便，在这一基础上加入了元音字母。至于荷马史诗的创作时间，至今仍有争议。一些学者认为这两部作品是在荷马在世时完成的，而另一些学者则认为创作时间可能更晚。

尽管多个城市，包括爱奥尼亚，都声称是荷马的出生地，但至今没有确凿证据能够揭开这位西方文学巨匠的身世之谜。荷马因其对古代历史的卓越记载被誉为"希腊的教育者"。关于他的真实身份，由于《伊利亚特》和《奥德赛》在文体和主题上的差异，自希腊时代起就有观点认为这些史诗非一人之作。虽然没有确切答案，但可以肯定的是，这两部史诗是经过无数无名游吟诗人或传颂者的长期积累，如同地层沉积一样，由众多有趣的事件和叙述编织而成的。

19世纪中叶，学界普遍认为荷马史诗中的故事纯属虚构。然而德国考古学家海因里希·谢里曼的发现终结了这一猜测。他在小亚细亚西海岸发掘出了传说中的特洛伊城遗址。虽然《伊利亚特》和《奥德赛》中的人物如海伦、赫克托尔、埃阿斯、阿喀琉斯等均为虚构，但许多史诗背景确有历史依据。实际上，亚该亚人对特洛伊城的战争比荷马时代早了400年，这场战争是为了争夺通过赫勒斯滂海峡（今达达尼尔海峡）连接地中海和黑海沿岸富裕岛屿的贸易通道控制权。迈锡尼时代的辉煌虽已消逝，但当我们满怀怀旧地回顾那些神话故事和民间传说时，它们依然能够唤起我们对那段辉煌历史的璀璨记忆。随着希腊政治世界的复兴，这些记忆代代相传，滋养着希腊人的公民道德。希腊父母在孩子的童年时期便让他们背诵《伊利亚特》和《奥德赛》，通过荷马史诗中的英雄事迹学习尚武社会所需的价值观和处事原则。他们也让子女朗诵这些诗篇，以此将先祖的光辉事迹铭记在孩子心中。这些伟大的过往激励着人们培养保家卫国所需的尚武精神：年轻的士兵从小被教导为祖国的荣誉和自由而战，而荷马史诗中的英雄激发着他们的荣誉感和使命感。

《伊利亚特》和《奥德赛》诞生于一个历史转折点时期：从黑暗时代的阴影走向古典时代的曙光。在这一时期，希腊文明在商业、贸易和工业方面实现了显著的发展，人们的生活水平得到提升，社会机遇也随之增多。城邦的兴起成为古典时代的一大亮点，它们作为独立的权力中心，向周边地区扩散政治影响，并实施行政控制，而周边村落则愿意接受城邦的庇护，融入其势力范围。城邦通常被城墙所环绕，市中心的广场不仅是市民活动的场所，也是城邦英雄的最后安息地。城市中心的祭坛上，圣火长燃，以此纪念先祖，而市民们也在家中点燃火把，以示对家族祖先的缅怀。无论是在公共场合还是私人家庭，保持圣火不熄是市民的一项神圣职责，火的熄灭象征着生命的终结。

巴尔干半岛南部地形荒凉、贫瘠且多山，限制了城邦的规模，使得这一地区未能形成统一的国家。城邦或坐落于山谷之中，或散布于海岸线上，被难以跨越的山脉所隔离。因此，希腊并非发展成为一个统一的帝国，而是形成了众多独立且自给自足的小政权，它们不规则地分布在阳光普照的爱琴海岛屿上（后续我们会看到，希腊建立了众多殖民地，扩大了在地中海沿岸的影响力）。在黑暗时代，部落联盟通常由一位氏族首领领导，他被称为"统帅"（basileus）或"国王"，由议会的长老推荐。随着城邦的建立，希腊的领土和人口得以扩张，随之而来的重大变化是单一统帅制度被废除，取而代之的是贵族地主中的寡头统治。这些家族的历史可以追溯到城邦建立之初，他们因出身显赫而自视为当地人的先祖，并自认为拥有统治城邦的最高权力。

战争是城邦间的主要互动方式，贵族统治的理念与先辈们相仿，特别是在与军事行动相关的道德规范上，强调荣誉和责任。因此，服兵役需要个人自愿出资购买武器和装备，例如，提供一匹马就能在骑兵团中获得较高的军衔。服兵役不是一种强制义务，而是一种至高无上的特权。在古希腊，成为贵族意味着一个人是文明的，对政治有贡献的，他不会被权力、野心、安逸和享乐所诱惑。"贵族"一词源自希腊语"aristoi"，意为"最优秀的人"，这表明贵族与普通乡绅不同，他们的血统赋予了他们正直和诚实的品质，他们天生就是社会的领导者。

公元前7—前6世纪，随着铸币技术从吕底亚（今土耳其西部）传入希腊，希腊的社会和政治结构经历了深刻的变革，催生了新兴的富裕阶层和企业家群体。这些商人在经济上崛起后，开始在军事和政治领域寻求更大的影响力和控制力。贵族阶级对商人阶层持鄙视态度，主要因为他们认为通过贸易迅速积累的财富会破坏传统的高贵价值观，而对享乐和个人野心的追求会削弱人们的社会责任感和无私精神。

两种城邦文化：斯巴达与雅典

在探讨古希腊的历史时，我们必须始终铭记希腊世界的一个显著特征——政治和文化的多样性。这一点在古希腊的两个主要城邦——斯巴达和雅典，得到了鲜明的体现。

黑暗时代之初，北方的征服者侵占了斯巴达这个小村庄，迫使当地的原住民希洛人承受了类似中世纪奴隶的苦难。斯巴达人为了确保少数统治者对广大农民的控制，会周期性地发动军事行动，以控制和镇压希洛人的反抗。在斯巴达，希洛人被征服和奴役，他们被贴上"劣等族群"的标签，这在普遍实行奴隶制的希腊世界中也是极为罕见的现象。斯巴达对希洛人的这种残酷对待遭到了其他城邦的谴责，因为在那些城邦，只有战争中被俘的非希腊人才会被贬为奴隶。

斯巴达社会的特点之一是其政治体系，以两位国王的统治和由28位长老组成的长老议会为基础，长老议会拥有制定政策的权力，从而削弱了国王的权力。斯巴达的军队不独立存在，因为所有公民自动成为士兵。男童7岁时离家入伍，由国家抚养，背诵荷马史诗，接受严苛训练，以培养成为绝对服从、勤勉、勇于为国捐躯的战士。公民需服役至60岁，前提是他们能够活到那个年龄。斯巴达社会强调个体对城邦的忠诚，如果新生儿有生理缺陷或虚弱，难以成为勇士，父亲有权结束其生命。

希腊作家普鲁塔克记载了斯巴达人献身精神的两个故事：一位母亲在儿子从战场归来后，得知他的战友都已战死，而他是唯一的幸存者，因羞愧而杀死了自己的儿子。另一个故事中，一位母亲在五个儿子都上前线后，当信使带回战报时，她不问儿子生死，而是急切询问斯巴达是否取得了胜利。斯巴达为了培养坚毅的民族气质，要求所有公民，不论贫富，都要过艰苦朴素的生活。斯巴达人必须光脚走路，洗冷水澡，在公共食堂吃简陋的食物，睡在稻草床上，穿城邦提供的粗布长袍。城邦强调纪律和牺牲，反对奢侈和享乐，认为奢侈和享乐会败坏品德。克己自律被高度重视，连多话都被视为轻佻。在斯巴达，商业被抑制，旅行被禁止，以防新思想腐蚀斯巴达人的精神。

在雅典，一个根深蒂固的男权主义和父系社会中，公民们被赋予了众多的责任与义务。他们不仅要为战争提供必需的武器和铠甲，服兵役更是每个雅典男性的义务，这一传统一直延续到公元前5世纪。如同古希腊的其他地区，雅典社会将强大的军事力量视为无上的荣耀，为国家献身则被看作最高的敬意。为了弘扬道德，雅典社会倡导简朴的生活方式，即仅依赖于生存的基本必需品，并且赞赏那些为了保卫城邦而承受苦难、做出牺牲的人。公民身份成为一种令人羡慕的特权。为了维护这种特权的排他性，雅典在公元前5世纪实施了一项法律，明确规定只有那些父母均为雅典人的男性才被承认为公民。尽管存在这些限制，雅典与封闭保守的斯巴达截然不同，它发展成为一个文化开放的社会，积极追求商业利益，鼓励新思想的传播和完善。与斯巴达单调的文化生活形成鲜明对比的是，雅典在艺术、建筑、哲学和戏剧等领域取得了丰硕的成果。这些成就让我们深刻感受到雅典的繁荣与富饶，这一切都得益于其充满活力的知识和思想交流。在政治领域，创新精神滋养了雅典人的思维方式，这一点在公民政治权利的逐渐扩张中得到了体现。第一个重要的变革是由智者梭伦带来的。公元前594年，他当选为雅典的执政官，尽管这一职位仅有一年的任期，但却拥有管理城邦的最高权力。梭伦出身贵族，但他并不认为从事商业活动有损身份。这种开明的态度使他通过贸易积累了巨额财富，并赋予了他卓越的调解能力，使他能够平息社会矛盾。当时，雅典正通过立法手段削弱贵族地主的垄断权力，梭伦的这些举措正是在这一背景下进行的。由于梭伦的努力，债务奴隶制被废止，财富成为担任执政者的重要标准之一。庇西特拉图统一了阿提卡地区，从而增强了雅典的整体实力。紧接着，在公元前507年，克里斯提尼引入了一种先进的社会制度——民主制。这一制度确保了所有男性公民，不论其财富、阶级和声望，都能够平等地享有直接参与城邦政治的权利。

从现代的视角来看，古希腊的民主制度远非完美，因为它仅适用于男性，完全排除了女性和奴隶。在公元前5世纪，希腊总人口约有30万人，但只有4万名成年男性公民能够参与政治事务。然而不可否认的是，古希腊的政治体系在推动法治公平、限制个人或封建精英群体的专横统治方面发挥了重要作用。如果我们将雅典与古代世界的其他地区，如埃及、波斯进行比较，这一点尤为明显。在那些地方，至高无上的君主对贫苦大众的统治是不容置疑的，无知的百姓顺从地接受统治，甚至认为生活本应如此。当统治者炫耀他们的巨额财富，以证明他们的统治地位来自神谕时，人们不仅不会被激怒，反而会感到畏惧。

在古希腊世界，尤其是在亚历山大大帝之前，没有统治者敢声称自己拥有超越世俗的地位。对于古希腊人民来说，神性是专属于众神的，任何个人都不允许为了迫使他人盲目顺从而虚设头衔。城邦事务被视为公共事务，城邦作为一个整体，代表了多数人的统治，任何个人都无法凌驾于多数人之上。与东方文明中的君权神授观念相比，古希腊对文明的伟大贡献在于培养了人们对城邦及政府的敬畏，这可以被看作人们通过理性与合作追求公共福利和普遍正义的直接结果。伟大的悲剧作家埃斯库罗斯在他的戏剧《波斯人》中赞美了雅典卓越的政治制度。他认为，与世界其他地方不同，只有雅典人才能自豪地说自己是"自己的主人"。

在东方大国，国民的权利常常被剥夺，他们默默无闻。当雅典人将自己的社会体系与这些东方大国相比较时，他们得出了一个结论：为了维持公平和自由，缩小城邦的规模至关重要。柏拉图在公元前5世纪探讨了这一问题，他认为，为了保持公民之间重要的联系，理想中的城邦居民人数不应超过5000人。亚里士多德则将这个数字增加到了10000人，他认为城邦的规模需要足够大以实现自给自足，但过大又会损害公民之间的亲密联系。他在《政治学》一书中写道："相识产生互信。"

希腊语中的"人"（Prosopon）一词，其字面含义为"立于他人眼前"，深刻体现了个人与社会的不可分割性。主观上的"我"只有在与他人的对视中才显现其价值。在这样一个规模较小、联系紧密的城邦里，观察者与被观察者从来都是一体的。公民们在文化、道德和政治上互为镜像，具有公民精神的群体通过相互审视来获得和维持自我认同。人际交往赋予城邦活力，而市集则是其最佳体现：在埋葬着英雄先辈的城市中心，人们聚集、交谈、面对面交流，这里正是城邦在商业、政治和文化上开放性的生动展现。

在古希腊，尊重自由和独立始终是社会氛围的核心。即使在公元前750年至前500年，城邦不断殖民化的过程中，这一点也未曾改变。随着财富的激增，城邦人口膨胀，许多希腊人依靠精湛的航海技术离开家乡，寻找新的土地。由于希腊地区气候干燥、地表多岩石，缺乏适宜耕种的平原，他们与其他善于航海的族群展开竞争，扩张至小亚细亚、北非、法国南部、西班牙东部、西西里岛和意大利南部等地。殖民者们从故乡带来的，只有一抔尘土和一颗火种。尘土象征性地播撒在新土地上，火种则取自故乡主祭坛的火焰，存放于新定居地中心，继续燃烧。希腊人不强求殖民地与母城邦之间的紧密协同，而是建立起一种自然的友谊，这对未来的贸易至关重要。殖民地自建立之初就被授予了完整的自治权，不负担任何对母城邦的债务，也没有其他政治上的牵绊。

正因如此,尽管历史上的这一过程被称作"殖民",但古希腊的殖民方式不应与后来的帝国主义野心相混淆。政治强权如罗马,正是在这种野心的驱使下对外扩张。希腊语中的"殖民"(apoikia)一词,字面意思是"外部的家园",表明古希腊虽然在地中海地区建立了众多殖民地,却没有扩张主义的思想——柏拉图用他非凡的幽默把这些殖民地形容为"一群池塘边的青蛙"。殖民不过是一种为人们带来新机会的方式,而自由、独立、自治,始终是古希腊社会的核心宗旨。

理性、荒谬与自大的危机

公民们通过自由协议和法律规定紧密地编织在一起,构成一个社群。因此,可以说城邦是人类智慧的最佳体现,也是最能实现人性繁荣与绽放的场所。希腊城邦诞生于公元前8世纪,400年后走向崩溃。在这段时间里,希腊人坚信人类可以通过理性团结起来,共同建立一个自由、公平的社会。这种信仰像北极星一样,指引着希腊文化和历史的进步。

希腊人视人类为介于动物与神明之间的存在。新生儿出生时,动物性多于人性。家庭与社会教育孩子们尊重祖先的价值观，并遵守社会建立的规范制度。正是通过这样的教育，人类逐步获得了真正的人性。随着个体从童年走向成年，理性——作为人类最杰出的才能——成为他们人生的指南。

位于德尔斐的阿波罗神庙中刻有两条最重要的箴言："认识你自己"和"适可而止"。这两句话清晰地指出，自我认知产生于通过理性在两个危险的极端之间寻求平衡的过程：一方面是野兽般的荒谬所带来的软弱，另一方面是试图超越人类天性限制而无限接近神明所暴露的愚蠢。

柏拉图和亚里士多德生活在公元前5—前4世纪，他们代表了希腊文化和文明更加成熟的阶段。希腊人对理想城邦的贡献被认为是人类智力和理性的最高成就。要深刻理解这些价值，柏拉图和亚里士多德的著作是不可或缺的。在《理想国》中，柏拉图通过展示苏格拉底的性格特征阐述了一个观点：由于人类需求的多样性，没有人能够独自实现自我满足，因此人们在理性的驱使下与他人结伴，从而形成了社会。亚里士多德，作为柏拉图的学生，也强调了相同的观点，并进一步指出理性是人类最宝贵的财富，是所有支配人类的社会性的根源。亚里士多德为了阐述人类与他人合作创造一个公共环境是天性使然而非后天习得，提出了著名的论断——人类生来就是一种"政治动物"。他在《政治学》中明确指出："因此，很显然城邦是自然产生的，人类生来是一种政治动物。"他进一步阐述，不参与政治的人"或多或少都不算一个完整的人"，因为只有没有语言和理性的野兽，或者能自给自足的神明才能独立于他人存在。卢梭生于18世纪，当时的社会规则是对个人自由强加的人为约束。与卢梭不同，亚里士多德认为政治不是人类的创造，而是自然天性的直接产物，"社交本能根植于所有人的本性中"。

人类通过特有的语言能力进行交流，这证实了人类具有理性的、天生的倾向去创造一个社区。在希腊语中，"交流"写作"logos"（即所谓的"逻各斯"），这个词与人类表达理性的天赋直接相关。

亚里士多德进一步强调理性的价值，他断言："单独的个体具有善与恶、公平和偏颇之类的想法，这是人的特征，保有这些意识的个体结合在一起就形成了家庭和城邦。"

亚里士多德的观点确实阐明了希腊人自文明之初就始终坚持的价值观：人类建立社会的天性同时赋予了他们分辨善恶的道德能力。善行源于理性，这也成为公民参与政治的助推器。道德是光荣的法则，促使每个人积极响应城邦的公共要求。

在当今西方社会，人们倾向于认为个人先于国家。然而对古希腊人来说，城邦作为整体总是比个体或部分更为重要。亚里士多德在《政治学》一书中明确阐述了这一观点："城邦天然优于家庭和个人，因为整体必然优于部分。"在一个和谐的社会中，一定有一群因具有理智而坚守道德和文明的个人，他们愿意把集体福利置于个人利益之上，把城邦的福祉作为人生的终极目标。

希腊人坚信人类追求真理的能力，并且相信在理性的驱使下，人们天生愿意与他人共同生活。因此他们认为政治不仅是生存的实际手段，更是人类最高成就的体现。亚里士多德在书中总结道："政治社会是为了高尚行为而存在的，而不仅仅是为了彼此陪伴。"此外，他还指出："人类一旦完善，就是最好的动物，而一旦背离法律和正义，就是最坏的动物。"为了将自己的才能发挥到极致，人们必须通过社会交往和政治互动来滋养其生活。理性的、有道德的、参与公众社会的，这些词汇所指的都是同一件事，在这一点上，私人领域和公共领域相互交融。

那些将个体利益置于多数人之上的人被认为是不理性的。换言之，那些粗暴追求自我中心动机，而不是启迪集体智慧的人是不理性的。这种狂妄自负的特征在希腊文化中被称为"hubris"（狂妄、傲慢）。这个贬义词用来形容因不理智而受到不道德、自私、野心勃勃的梦想驱使时产生的个体膨胀。"hubris"被认为是一种与自然法则相悖的畸形思想，就像一头有破坏性的魔兽被从瓶中释放出来。这是一种缺乏自我控制和约束的病态，换句话说，是与社会脱节、自我沉醉的"我"的病态。

古希腊第一部关于流放的法规在约公元前487年于雅典颁布，它明确指出对集体合作精神构成威胁的个人将被驱逐出城，流放异域。这种惩罚极为严厉，因为一旦失去了与出生地的联系，个人不仅失去了身份，也被剥夺了生命的目标和意义。

在对个人野心无序膨胀的过度担忧背后，实则反映了希腊人对独裁的深深恐惧。独裁，即个体对多数人的有害影响，是他们极力避免的。为了抑制这种有害趋势，希腊人在推动军事教育以追求卓越成就的同时，总是倡导谦卑、节俭和温和。人类存在的价值在于将爱国主义视为最伟大、最值得褒奖的美德，这在实践中体现为即使在最危险的境地，也要全心全意、绝对忠诚地为国家效力。正如荷马所言：如果一个人在生命的旅途中，勇敢地以造福社群为唯一目的走向死亡，那么永恒的记忆将会赋予他不朽，这样的人便能被称为英雄。真正的英雄为"kleos"而死，没有比这更值得尊敬的了。"kleos"一词的字面意思是"为人所知的名声"。在一个集体重于个人的社会里，当某个人与集体智慧的一致性被否定时，他就如同已经死去。有意义的生命在崇敬与尊重的回响中无限延展，经历一代又一代人，填满集体的智慧宝库，这正是传奇和神话的基础。

运动员祭典的崇敬氛围与荷马史诗中经典英雄的不朽形象密切相关。希腊人用"agon"一词来表达运动项目，其本义即为"竞赛、比较"。在《伊利亚特》中，英雄阿喀琉斯因其卓越的速度而常被称作"飞毛腿"，这是因为跑步、摔跤、拳击、跳跃、投掷、骑行等活动总是与军事力量、效率和军备紧密相关。竞技比赛中的这些仪式化表演都源自好战的社会,那里的公民行事作风如同军人,时刻准备应召入伍,守卫国土。

由于时刻备战的需求,身体力量成为公民精神的重要体现,健美的体魄因而被视为公民身份的象征。公元前776年,第一届奥林匹克竞技盛会在奥林匹亚举行,成为后来众多运动会的典范,凸显了希腊人对体魄健美和英勇精神的推崇。城邦间的冲突往往因这些体育盛事而暂时搁置,待盛会结束后,争斗又将重启。

为了界定公民和军事道德,希腊人采用了"kalos kagathos"这一短语,意指"美的"或"杰出的"。那些通过训练而肌肉发达的人被赞美为具有爱国主义精神,被视为优秀的公民和士兵。审美与道德逐渐被等同起来——美丽与优秀成为不可分割、紧密交织的两大特质。

勇士们虽怀有崇高理想,但在必要时也不回避采取残酷手段。运用诡计(如尤利西斯策划特洛伊木马计)或无情杀敌被视作英勇、公正之举,例如掠夺、突袭、摧毁敌城并将当地居民沦为奴隶等。梭伦对这种冷漠和无动于衷的行为表示了强烈谴责。在雅典,懒惰甚至被视为对城邦的犯罪。古希腊人真正的信仰是爱国主义。

赫西俄德和世界的起源

对希腊人而言,脱离城邦是难以想象的。因此,当被问及身份时,他们会迅速声明自己是雅典人、斯巴达人或科林斯人(Corinthian)等(城邦的名字常被用作当地人的姓氏,例如"雅典的阿波罗多罗斯")。尽管希腊在地理和政治上呈现出碎片化,各城邦之间也常常存在竞争,但在广阔的文化背景下,他们之间仍然保持着一种整体的亲密感。大希腊运动会便是这种亲密感的最佳证明,这是一场仅限希腊人民参与并享有的盛会。

同根同源、语言相通(尽管希腊存在方言,但这并不妨碍人们相互交流)以及相似的多神信仰(相信生活中处处有神明),这些共同点塑造了希腊人之间的文化亲密感。希腊诗人赫西俄德(公元前8世纪)在他的长篇诗歌《神谱》中描绘了异教神祇错综复杂的宇宙,他与荷马一同最佳地展现了希腊的古老精神。随着哲学的兴起,希腊文化被引领至新的高度。与犹太教及基督教传统不同,希腊人并未将他们的神视为创世者,而是视其为一种有力量的生物,赋予了原始、混沌的宇宙以形状和秩序。赫西俄德将这种原始状态称为"混沌"(chaos)。在他的《神谱》中,盖亚(大地)是混沌中第一位无意识孕育而生的神祇,盖亚生下了与她地位相等的天神乌拉诺斯(天空)。他们的后代,泰坦巨神,是一群丑陋而暴力的生物,他们嫉妒自己的父亲和他们一样庞大。泰坦之一的克罗诺斯为了篡夺父亲的权力，阉割了乌拉诺斯。这一行动标志着年轻一代的神祇战胜了老一代的神祇。确实，在神话传说中，克罗诺斯将乌拉诺斯的生殖器投入大海，从而诞生了美丽的阿芙洛狄忒（即罗马神话中的维纳斯）。后来，克罗诺斯娶了自己的姐姐瑞亚，他们的结合生下了奥林匹亚诸神。克罗诺斯始终记得自己对父亲乌拉诺斯的敌意，因此他终日忧虑：如果他的后代也对他抱有同样的敌意，并且觊觎他从父亲手中夺来的权力，那该如何是好？在这种恐惧的驱使下，克罗诺斯决定杀掉他所有的孩子。但瑞亚至少想要救下一个孩子，于是她用毯子包裹了一块石头，骗克罗诺斯将其吞下，代替了刚出生的宙斯。长大后的宙斯对父亲的所作所为深恶痛绝，他迫使克罗诺斯吐出了那些已经在他腹中悄悄长大的兄弟姐妹们。最终，宙斯与他们一起居住在希腊最高峰奥林匹斯山上。

除了与宙斯一同居住在奥林匹斯山上的12位主要神祇外，世界上还存在着许多半神，希腊人将他们与各种自然之力相联系。这些神祇不仅拥有超自然的能力，还融合了人类的特质。例如，阿芙洛狄忒象征着爱与情欲，阿耳忒弥斯代表着谦逊和贞洁，雅典娜则是智慧的化身。在男性神祇中，阿瑞斯是战争之神，而狄俄尼索斯则象征着丰收和野性。阿波罗作为理性、明晰、衡量和节制的神，因此显得尤为重要。

尽管希腊宗教传说错综复杂、充满纠结，有时甚至自相矛盾、难以理解，但希腊人仍能从他们的神话故事中提炼出一条清晰的线索。他们认为，当奥林匹亚诸神掌权时，便建立了世界运行的规律，使得世界从混沌无序转变为有序的"宇宙"（cosmos）。"宇宙"一词的本义即为"秩序"。

如果宇宙的秩序法则确实战胜了混沌，那么自然灾害的发生又该如何解释？同样，人类为何会受到责罚，历经痛苦、困难和悲伤的一生？由于缺乏现代科学知识，古人得出结论：奥林匹斯山上的神祇若未建立自然运行的架构，那些高级生物便会展现出不稳定的特性，如同凡间的暴君，残忍地忽视那些被剥夺权利的公民们的痛苦挣扎。若暴雨冲刷大地和海洋，那便是宙斯或其兄弟波塞冬反复无常的情绪爆发。因此，人们设计宗教仪式以平息诸神的情绪，试图缓和大自然那诡秘莫测、偶尔具有毁灭性的力量。

即便在遭受自然灾害的摧残时，人们仍然对诸神怀有敬畏之心，因为他们深信，若无神的指引，世界将彻底失衡，人类所依赖的自然法则也将难以维系。

人类期望在自身及共同存在的秩序中，微观上体现一些需要被管制的模式，而宏观上则反映宇宙其他部分内生的和谐。在这个意义上，任何破坏社会平衡的过度行为都被视为不正常、不自然的，这构成了对自然最基本法则的威胁。

当人类失去平衡和自控力，渴望拥有如诸神般的无限力量时，他们往往会为此付出沉重的代价。众多广为流传的故事都提到，诸神往往性情急躁，其主要特质包括嫉妒和自负。正如历史学家希罗多德所言，"宙斯只能容忍自己的骄傲"。

为了维护公正和理性，人们不得不认识到自己的局限，并接受在现实中应有的位置和目的。狂妄自大被视为过度张扬和缺乏节制的表现，一旦它盛行，诸神的惩罚便难以避免，随之而来的便是不可避免的恶果。

需要指出的是，希腊人除了关注狂妄自大的问题，并不过分强调人类的罪责。实际上，人类常常被描绘成无辜的受害者。无良的神祇要么制造困境，要么诱使人们在不理性的狂热中迷失方向，他们以此不断残忍地干涉人类生活，而人类只能被动地承受这一切。这种含糊的关系可以解释为"诸神不是人类的创造者"：人类孱弱无力，只是无良诸神本体拙劣的复制品。诸神没有理由去怜悯与他们毫不相干的人类。如果不是诸神如此怪诞地与比他们低等的复制品相似，人类可以说毫无价值。人类的价值，仅仅在于诸神能通过人类来缓和他们之间持续不断、琐碎、经常歇斯底里的内部斗争。

诸神享有长生不老、完美无瑕的特权，而人类却恰恰相反，时间对人类的惩罚是无法逃避的衰老和毁灭。希腊诗人品达曾对此哀叹道：

> 世上有人类，也有诸神，他们诞生自同一个母亲，
> 但一股力量将我们分割，所以人类变得一无是处，
> 而诸神厚颜无耻地将天空筑成他们永恒的城堡。
>
> （《尼米亚颂歌》第六首）

尽管人类与诸神在传说中同根同源（都由地母孕育而生），但与长生不老、快乐无边的诸神相比，人类被定义为"一无是处"。

尽管这一观点显得颇为凄凉，但有一个明显的例外：人类的年轻时期是灿烂美好的，在这极为短暂的时光里，他们与神圣、美好的诸神一样璀璨夺目。人类之美足以激发诸神的狂热，这证实了人类这种诱人特质的存在。众多神话中描述了奥林匹斯山的神王宙斯对地上生物（无论男女）的迷恋，这足以证明美在希腊人心中所占据的神圣地位。如果人类注定要被时间的洪流裹挟，承受衰老和毁灭，那么在男女从无知的童年步入性成熟的青年时期及成年早期的短短几年中，必然会有一段短暂而充满喜悦的时光。在这段时间里，他们拥有的美丽和健康与长生不老、美丽高尚的诸神一样光辉灿烂。

这珍贵的时光确实短暂：一旦青春的新鲜感褪去，在冷静坚定、不为所动的诸神和命运女神莫伊拉的掌控下，时间那不可阻挡的进程便会带来难以缓解的痛苦和衰退。无论道德与否，命运

的车轮滚滚向前，终将压倒一切。

死亡并不能带来慰藉，因为在古希腊，作为道德自新的一种精神形式，救赎尚未有程式化的定义。如果诸神首先违背了所有与体面、尊重相关的道德准则，那么这些原则又如何能够强制执行呢？死后的世界仅被设想为一个荒凉的等待区，无法触摸的灵魂随着呼吸的停止被逐出躯壳，像一个悲伤、无形的游魂，漫无目地等待着再度转世。这种令人痛苦的领悟，因为以下事实而更加令人不安——与犹太教和基督教后来的详细叙述不同，希腊人不会通过强调原始的不道德或原罪的存在来证实人类的苦难是由内在而生的。

赫西俄德在《神谱》和《工作与时日》中为人类苦难提出了原始的解释。他描绘了一个从黄金时代到黑铁时代的退化过程，其中人类与诸神最初的和谐共处逐渐被打破。在那个伊甸园般的黄金时代，自然慷慨地提供了人类所需的一切，无须劳作。但随着时代的更迭，从白银、青铜到英雄时代，最终到达黑铁时代，人类的状况日益恶化。赫西俄德认为，在这些后来的纪元中，人类成为奥林匹亚诸神嫉妒的受害者，为了在自然中生存，人类不得不接受惩罚，经历劳作的艰辛和痛苦。自然也从一位慷慨的母亲转变为一个严厉、带有敌意的对手。

普罗米修斯，作为泰坦之一，被人类所遭受的苦难和艰辛所触动，决定反抗宙斯的统治，将火种以及能够促进人类进步和文明的技术力量赐予了人类（或许每个城市主祭坛上常年不熄的火种，正是模仿了神话中人类最初获得的星火）。宙斯对普罗米修斯的叛逆行为感到愤怒，于是将他用链条束缚在高山之巅，让老鹰不断地啄食他那不断重生的肝脏。

后来的寓言作者伊索，甚至将普罗米修斯誉为"人类的创造者"，认为正是这位泰坦巨神将自己的眼泪与泥土混合，塑造出了人类。尽管伊索的这种说法并未得到其他作家的证实，但听起来颇具道理。毕竟，在众多神祇中，大多数认为人类微不足道，普罗米修斯却对人类充满了同情。

埃斯库罗斯在戏剧《被缚的普罗米修斯》（*Prometheus Bound*）中确实将普罗米修斯描绘成了人性的捍卫者，他因"太爱惜人类"而备受责罚。正如神话学者卡尔·凯雷尼所写："和基督一样，普罗米修斯与人性之间建立了紧密的纽带，这可以用一个悖论来解释——'神要忍受不公、折磨和耻辱这些本应属于人类的惩罚'。"

普罗米修斯坚定地宣称："我什么都不否认，我就是要帮助人类，自找麻烦。"他不仅赋予了人类火种，还带来了语言、数学、医术、占卜等知识，以及建造房屋、耕种土地、制造工具、驯养牲畜等技能。

赫西俄德写道，普罗米修斯在创立礼制方面也有所贡献，他教会了人类如何安抚诸神，至少在一定程度上能够平息神的情绪。普罗米修斯通过一次献祭的巧妙安排,让宙斯选择了一个看似诱人但实际上是骨头的包裹,而人类则得以保留肉质最佳的部分。这一策略使得人类在献祭时可以将最好的肉留给自己,而只将燃烧脂肪的香气献给神,正如赫西俄德所描述的,通过"芳香的祭坛"向诸神献祭。

宙斯因人类的反抗而勃然大怒,于是创造了美女潘多拉作为人类的陷阱。潘多拉是由铁匠之神赫菲斯托斯用泥土和水塑造而成。为了让她看起来更像神,雅典娜和阿芙洛狄忒赋予潘多拉化妆的技巧以及耀眼的珠宝、华服和配饰。潘多拉的诞生是为了实现宙斯复仇的渴望,她美艳动人,对人类来说具有不可抗拒的吸引力。在潘多拉被送往人间之前,她被赐予了一个罐子,并被严令不得打开。但成为人类伴侣后,潘多拉无法抵挡强烈的好奇心,打开了罐子,导致各种灾难瞬间降临人间。当她重新封上罐子时,罐中只剩下了希望。由此,宙斯完成了他邪恶的复仇计划。

女性本身并不被视为邪恶的物种,但她们的存在在感官上被看作对人类内心最危险、具有毁灭性冲动的探针。赫西俄德写道:"女人是有害的物种,会给人类带来灾难。"这种危险特质与女性的外表紧密相关,能够引发人类本能的、不理智的、野性的狂热。基督教关于人类从天堂坠落的描述,也是基于这种观念。美色带来的吸引力,在这种吸引力的强烈冲击下,希腊人将他们敏锐的思维转向了爱情的体验，这种体验足以证明生命中那既令人兴奋又令人不安的暧昧。学者E. R. 多兹在其著作《希腊人与非理性》(The Greeks and the Irrational)中指出，希腊人常常意识到激情是一种神秘而令人畏惧的力量，他们能感受到体内有一种力量在操控着自己，而非自己所能操控。古希腊语中的"激情"（pathos）一词，以及其拉丁语派生词"passio"，都意味着"发生在人类身上的事情"，这表明人类常常被迫成为这些情感和事件的受害者。希腊人对此感到困惑：如果理性的大脑是灵魂的主宰，为何人类常常沦为激情的受害者？在弗洛伊德发现潜意识及其对抗冲动的理论几千年前，古希腊人将这一难解之谜归咎于诸神。他们认为，是诸神创造了女人，作为狡猾的复仇工具和虚假的礼物，这清晰地暴露了诸神对人类的敌意。

宙斯对人类智慧才能的关注，以及他为何要费尽心思破坏它，这些问题在神话传说中确实有些模棱两可、诡秘莫测。但不可否认的是，众神之王及其麾下的诸神对人类的持续打压是一个不容忽视的现象。如果奥林匹斯山的主宰失去了他引以为傲的电闪雷鸣的手段，坠落凡间成为一个意识到自己权力有限的国王，这将是一个有趣的假设。特别是考虑到宙斯并不具备我们熟悉的神的特征——他既非创世者，也非全知全能，因此他常常被诡计欺骗。正如我们所见，宙斯的上位本身就是家族斗争的结果。在一个充满了父子权力斗争的家族中，对所有潜在敌人的崛起保持警惕几乎成了诸神的第二天性。因此，奥林匹斯山的主宰是否应该把人类视为他们最恐惧的竞争者，这是一个值得深思的问题。虽然神话没有明确讲述这一点，但一个明显的怀疑成立：诸神对人类的好奇心和天赋感到十分厌恶。尤其是人类为了满足自己的需求，企图控制、征服自然的力量，正如普罗米修斯的行为具有象征意义，他为人类的进步和巨大的文明成就开辟了道路。人类控制自然的企图可能最终会违背某种限制人类的神圣束缚，这种骄傲与恐惧混杂的情绪从很早开始就萦绕在人类心中。

伯特兰·罗素在《西方哲学史》中提到了希腊人性格中的矛盾特征："他们有一句'适可而止'的格言，但现实中他们什么都是过分的——在纯粹思想上、诗歌上、宗教上乃至在犯罪上。"品达的诗歌大多赞美竞技运动的美和获胜的运动员，这似乎印证了罗素的观察："人类：一个影子的梦／但当神赐的光辉来临／一道亮光闪耀着我们，我们的生命是甜美的。"（《皮提亚颂歌》）获胜运动员对他们卓越表现的回忆是明亮而甜蜜的，他们从这些回忆中得到救赎，正如英雄赢得永不消逝的光辉。否则，他们将沦为阴暗、无足轻重的存在。

品达在颂歌的开头虽然语调灰暗，但在结尾却赋予了人类社会一种永恒的赞誉光环，其光辉几乎与诸神的光环相媲美，以此作为对运动员胜利的颂扬的终结。当运动员将自己的身体推向极限，展现出非凡的壮丽姿态时，人与神之间的界限变得模糊，仿佛两者已无分别。《荷马诗颂·阿波罗颂》(*Homeric Hymn to Apollo*)的无名作者也曾写道:"如果一个人初次看到一群爱奥尼亚运动员的表现,看到他们在比赛的欢庆中跳舞、歌唱,他会认为他们是不朽的,不会衰老病死,充满了神的恩惠。"

早期希腊人似乎将生命视为转瞬即逝的存在,但他们也相信,当人类充分发掘并展现内在的潜能,变得如诸神般卓越时,那些瞬间将转变为令人惊叹的奇迹,并在记忆与艺术中获得永恒。

实际上,竞技运动曾是葬礼仪式的一部分,这反映了其深刻的宗教意义:在亡者灵魂通往死亡的寂静黑暗途中,运动员所展现的生理和心理上的高度集中体现了人类的卓越,这被视为对逝者的最高敬意。

就此而言,希腊人的悲观主义展现了一种暧昧而隐含的意味:尽管他们将人类的存在视为"虚无",甚至从未将这"虚无"的人类置于神话故事和艺术颂扬的中心,这种做法反而成了对人类社会——这转瞬即逝的尘埃——最不朽的致敬。

早期希腊智慧的精髓凝结在这样的悖论之中:面对死亡及其带来的痛苦,希腊人并未显得逊色,反而将死亡意识作为追求超越生命理想的最正当理由。他们怀着无与伦比的勇气,翱翔于天际的理想主义战胜了被动接受无意义终结的态度。宇宙越是显得敌对和冷漠,人类越是能英勇地激发出不可战胜的意志力,越是要赋予生命以崇高的意义。

> 重大的危难不会降临于懦弱的人，
> 但是，如果我们必有一死，
> 为什么要蹲坐在阴影中，
> 小心翼翼地度过乏味的暮年，
> 既不崇高，又毫无意义？
>
> （《奥林匹亚颂歌》第一首）

诗人似乎在劝诫我们不要害怕面对死亡，而应该意识到在垂暮之年到来之前，我们拥有的每一天都是掌控生命的宝贵时光。死亡并不会抹杀活着的意义，反而因为生命的有限性，使得我们的存在变得更加珍贵。

英雄理想

荷马所描绘的社会虽然是贵族和世袭君王统治的，这一点与旧迈锡尼文明时代相似，但是他所赞颂的军事思想在道德和公民社会中受到了理性的约束。简而言之，这些思想已经包含了孕育城邦这一伟大尝试所需的道德观。

在荷马的作品开篇，他像赫西俄德一样，向记忆女神谟涅摩叙涅的女儿缪斯女神祈祷，寻求灵感和帮助，以真实地记录过去的光辉事迹。这种庄严的语调力图证实诗人特殊的使命，通过诗歌这一创造性的载体传达神谕，将神的旨意转变为对人类智慧的论述。所谓的荷马失明被视为天赋异禀的象征，这让他能感知到其他人听不到、看不到的东西。

柏拉图在对话录《伊翁》中，将诗歌这种迷人的力量比作磁铁。他认为诗人自己首先受到神的支配，神明以热情填满诗人的创造力，然后诗人用这些迷人的诗篇点燃听者的心灵和思想，因此诗歌充满了迷人的魅力。

在《奥德赛》第八卷中，诗歌的力量被描绘为将文字转化为栩栩如生、感人至深的画面。奥德修斯在一场灾难性的海难后，流落至宁静的费阿刻斯岛，被公主瑙西卡发现并带至其父王阿尔克诺俄斯的宫殿。为款待这位不速之客，国王举办了一场盛宴，并邀请盲歌手德摩多克斯献唱。德摩多克斯的七弦琴弹唱起特洛伊的陷落，唤起了奥德修斯深沉的回忆。演唱结束时，奥德修斯感动得泪流满面，向游吟诗人表示，唯有缪斯的指点才能让人如此精准地叙述他的往昔。

游吟诗人的歌声绘声绘色，展现了令人惊叹的画面，而奥德修斯对德摩多克斯的赞美流露出他的深深敬意。奥德修斯的做法对听众而言，仿佛在说，尽管世事艰难，但每当有人被诗歌那点石成金的魅力所吸引，过去的故事就会像现在一样栩栩如生。

荷马诗篇的仪式化诵读确实能够将生动的画面深植人心。学者卡尔·凯雷尼引用了西班牙哲学家、散文家奥特加·伊·加塞特的观点，后者描述古希腊人在行动之前会"后退一步，如同斗牛士在致命一击前摆好姿势"。这一退回到过去的比喻强调了荷马作品不仅仅是娱乐性的文化遗产，它们还有着重要的功能：诗歌通过回顾英雄的过去激发一代又一代人的热情，激励他们在理想和行动上与神话中的楷模竞争，而这些楷模塑造了希腊人的认同。

希腊人用"arete"一词来界定道德和美德，它将道德描述为每个人应实现的潜能，包括个人命运赋予的终极目标或使命。亚里士多德在《尼各马可伦理学》中强调，一个优秀的城邦旨在营造环境，使每位公民都能成就最好的自我，展现其美好的品德（arete），从而实现城邦的最大幸福。

要充分实现自我价值，顺从和纪律是不可或缺的。亚里士多德指出，仅仅理解道德是不够的，要将道德付诸实践，必须通过反复的行动，直至这些行为成为人的第二天性。他比喻说，就像一件衣服穿久了会变成皮肤一样："我们是由自己一再重复的行为所铸就的。因此，优秀不是一种行为，而是一种习惯。"良好的品格并非与生俱来，而是通过不懈的努力、纪律和习惯性地做好事而获得的。

人类繁荣与幸福所带来的喜悦，属于那些遵循理性规则的人，他们已经学会将践行道德视为最大的快乐。在希腊的政治理想中，幸福并非与个人成就、个人喜好或愿望相连，而是与集体认同的实现相关。单纯的体力并不足够，城邦的民族精神要求人们以卓越的操守拒绝平庸的期望，其终极体现是愿意承担起责任和命运所召唤的道德坚韧。因为在塑造希腊人的军事思想中，人们可以为了超越个人的理想而牺牲。对希腊人而言，死亡本身并不可悲，真正悲哀的是因理智和道德的沦丧，人们无法将平凡的日常生活转变为史诗般辉煌的事业。

希腊人的铠甲精妙地模仿了身体的轮廓，细致地刻画了肌肉、肚脐、乳头和胸肌等细节，这反映了希腊人将生活神话化的强烈愿望。在荷马的作品中，对于战士而言，最大的耻辱莫过于丢失盔甲，因为它象征着荣誉。一旦发生这种情况，个体就会深切地感受到自我被剥离，仿佛自己的皮肤被粗暴地剥去。

这一比喻也适用于荷马诗歌的不断结集过程：英雄气概与希腊精神通过习惯性的反复诵读和传承，相互融合，仿佛成了人的第二层皮肤。

铭记这些细节，我们就可以更深刻地理解《伊利亚特》所要传达的核心思想。在这个故事中，女神雅典娜、赫拉和阿芙洛狄忒让特洛伊王子帕里斯评判她们之中谁最美丽。面对这一抉择，帕里斯犹豫不决，于是三位女神各自提出不同的承诺来诱惑他：

传统希腊铠甲的特点是对人体线条的精确模仿

赫拉承诺赐予他力量，雅典娜承诺赐予他智慧，而阿芙洛狄忒则承诺给他世上最美丽的女人，让斯巴达王后海伦爱上他。帕里斯选择了第三个选项，阿芙洛狄忒随即施展神力让海伦爱上了帕里斯。获得奖赏后，帕里斯无视了款待他数月的墨涅拉俄斯，毫不犹豫地从他身边夺走了海伦。在古希腊，尊重东道主是极为神圣的义务之一，而帕里斯对这次令人震惊的背叛行为毫不在意，这种态度显露出他极度缺乏理性和正直。这个严重的过失引发了特洛伊人和希腊人之间长达十年的战争。希腊人的军队是由希腊的王子和国王们组成的联盟，他们为了捍卫墨涅拉俄斯的荣誉而响应了由他哥哥、迈锡尼国王阿伽门农发起的战争。在奥林匹斯山上，诸神以一种冷漠和残忍的态度，兴奋地注视着战争的进展，仿佛几世纪后的罗马观众在斗兽场内观看血腥的角斗。女神阿芙洛狄忒支持特洛伊，而宙斯的妻子赫拉则站在希腊人一边。在《伊利亚特》第六章中，海伦——以帕里斯妻子的身份居住在特洛伊——表达了她对这场导致希腊人和特洛伊人分裂的战争的悲伤，这令听者感到惊讶。海伦并没有承担起事情的后果，而是强烈谴责众神和他们的诡计，她认为诸神是让悲剧在她眼前上演的真正源头。海伦曾说："宙斯替我们安排了可怕的命运，所以我们会成为后人传唱的对象。"

海伦将人类的存在比作一出悲剧，其中的人们往往浑然不觉地成为众神诡计的棋子。尽管海伦和帕里斯的爱情带来了灾难性的后果，但是她自身却保持着完整的心智和自由的情感。她的同情心证实了这一点，她对所有受苦受难的人，包括自己，都怀有深切的同情，这些人物和故事最终将成为传说。

与海伦的高贵尊严相比，诸神的行为显得幼稚而轻浮，因为他们的行为给人类带来了痛苦和泪水，他们却像观看残酷表演一样注视着这一切。希腊人相信，在生命的戏剧中，站在舞台中央的应该是人类，而非那些肤浅、喧闹的诸神。诸神的生活虽幸福却枯燥，不会受到时间的侵蚀。而人类的生存之艰难虽留下伤痕，但也在人类勇敢的生存之路上刻下了荣耀的勋章。

海伦以旁观者的姿态让自己置身事外,这种写作手法巧妙地拉近了听众与故事之间的距离。尽管海伦犯了错误,但她对人类承受痛苦的悲悯之情引起了强烈的情感共鸣:通过海伦的苦恼,听众意识到人类无法逃避痛苦和脆弱。

故事中的两位主角,特洛伊王子赫克托尔和希腊英雄阿喀琉斯,与海伦一样,尽管面对不可避免的牺牲,却同样追求着某种人生的自由。从这一层面来看,最具象征意义的选择是阿喀琉斯在童年时所面临的:是过上平静无波的长寿生活,还是作为战争英雄而英年早逝,在辉煌的名声中永垂不朽?阿喀琉斯最终做出了勇敢的选择,他追求希腊人所说的"美丽的死亡",这深刻地反映出一种古老的文化观念,即在生命的鼎盛时期选择为国而战,在健康、力量和美貌都处于巅峰时为国捐躯。换言之,就是在一个人最接近神的时候,展现出最有意义的姿态,以对抗无情的时间和残酷、冷漠的命运。

"美丽的死亡"旨在通过辉煌的"sema"(意即"坟墓")来使肉体(soma)在记忆中永存。"sema"一词源自荷马的颂词,它不仅是对英雄事迹的纪念,也是对语言的象征。诗歌的创作旨在抵御生命的易逝,确保其在集体记忆中得以永恒。

英雄们激烈地反抗命运的残酷和诸神的冷漠,选择辉煌的死亡而非平静的生活,这展现了希腊人眼中最神圣的人性特质:勇敢地为保卫领土而毫不犹豫地献出生命。想到名声(kleos)将通过口口相传而永存，后世将忠实地追忆和缅怀自己，英雄们便会感到一丝慰藉。

与弟弟帕里斯不同，赫克托尔王子尊崇理性和忠诚，而非感官的非理性冲动。他集名誉所需的种种特质于一身：作为丈夫忠诚，作为父亲慈爱，作为儿子孝顺，作为城邦的战士英勇果敢。然而正如每个引人入胜的故事在最终的救赎之前都会有矛盾和冲突所带来的紧张，荷马选择了阿喀琉斯——这个极度骄傲、缺乏理智、易怒、亚该亚人中最强壮的战士——作为《伊利亚特》的主人公之一。

由于指挥官阿伽门农拒绝归还阿喀琉斯的奴隶布里塞伊斯，伤害了他的自尊，阿喀琉斯因此突然决定从战场撤退，这一行为暴露了他最明显的道德缺陷。愤怒使阿喀琉斯失去了理智，他不懂得节制，没有意识到自己的自私和任性选择将给亚该亚人带来重创和惨痛的代价。这显示了他的狂妄自大，希腊人意识到，没有阿喀琉斯这位最伟大的战士，他们几乎不可能取得胜利。

阿喀琉斯的挚友普特洛克勒斯穿上阿喀琉斯的铠甲以欺骗敌人，不幸在战斗中被特洛伊王子赫克托尔所杀，并被夺走了铠甲。当阿喀琉斯得知这一噩耗时，局势已经进一步恶化。深深的悲痛紧紧包围了阿喀琉斯，将他从长期的固执、愤怒和无力的状态中唤醒。他被深深触动，无法控制地哭泣，撕扯自己的头发，躺倒在地，发誓不惜一切代价为挚友复仇。

阿喀琉斯从他的母亲忒提斯女神那里获得了新铠甲，并发出痛彻心扉的吼叫，这吼叫预示着他极端凶残的个性、残暴的愚蠢行为以及理智的扭曲已经彻底改变了他的思维和语言。重返战场的阿喀琉斯如同一台失控的杀人机器，驱动他的是鲜血和无法抑制的复仇欲望。这种暴力原本是针对赫克托尔——特洛伊的大王子。

阿喀琉斯从愤怒的不理性沦落到道德的完全丧失，他的不理智达到了顶峰。在给予赫克托尔致命一击之后，阿喀琉斯违背了所有荣誉规则，拒绝归还他的尸体，阻止其得到安葬。他甚至剥夺了赫克托尔的铠甲，将尸体面朝下地拖在自己的战车后面，进行羞辱和践踏，这种可耻的行为使阿喀琉斯显得更加不体面。这种轻蔑的行为违反了希腊战争中最重要的交战规则之一：允许所有士兵，无论敌友，都能体面地下葬。

在夜色中，阿喀琉斯回到他的帷帐，梦见普特洛克勒斯请求一场体面的葬礼，以便他的灵魂能够得到安息。第二天清晨，阿喀琉斯下令准备柴火以净化普特洛克勒斯的遗体，直至他的"白骨"被安放于坟墓（sema）之中。这个坟墓象征着死者的名字将永远刻在他曾英勇服务的社群文化遗址中。依据风俗，普特洛克勒斯的葬礼持续了多日，其间举行了多场竞技比赛，包括拳击、田径、摔跤、掷铁饼、射箭等。与此同时，赫克托尔裸露的尸体遭受秃鹫和野狗的蹂躏。阿喀琉斯通过羞辱和破坏敌人的遗体，试图剥夺赫克托尔体面下葬的权利，这种权利本是英雄通过美丽的死亡赢得的应有回报。

赫克托尔的老父亲，特洛伊国王普里阿摩斯，不顾个人安危，勇敢地趁着夜色潜入敌营，只为接近阿喀琉斯的帐篷。当面对峙阿喀琉斯时，国王谦卑地下跪并亲吻那双结束了他儿子生命的手，恳求阿喀琉斯将儿子的尸体归还。面对阿喀琉斯的傲慢，普里阿摩斯满眼泪水，恳求这位英雄换位思考，想象如果是他的父亲遭遇这样的痛苦会是如何。阿喀琉斯回想起自己的父亲，深受感动，最终被同情和感性所征服。阿喀琉斯从地上扶起了普里阿摩斯，两人一同啜泣，为失去至亲的共同经历而哀悼。海伦为全人类悲惨命运所表达的情感在阿喀琉斯身上得到了共鸣，通过诸神的卑鄙行径反衬出人类的高贵："诸神编织了可怜的人生，他们必须生活在痛苦中，他们本身就是悲剧。"（《伊利亚特》第24章）

阿喀琉斯的自私行为和愤怒直至此刻才被理性所克制和约束。通过这悲伤的教训，他得到了救赎。阿喀琉斯克服了自负，终止了无法自拔的报复，重拾了完整的人性，使得胜败在瞬间失去了意义。生命不会对任何人有所偏袒，即便是最伟大的英雄。荷马史诗中所记述的，似乎只是无情、冷漠命运的受害者。面对这样悲惨的真相，人们只能超越种族的界限和分歧，紧密地团结在一起。

归还赫克托尔的尸体后，阿喀琉斯承诺休战12天，让特洛伊人民有机会通过葬礼来缅怀他们的英雄，正如普特洛克勒斯的葬礼一样。随着美丽的朝阳从赫勒斯湾向外延伸的沙滩上冉冉升起，葬礼宣告结束。全体特洛伊人聚集在一起，向赫克托尔不朽的坟墓致敬。然而这一庄严时刻不过是可怕战争中的一段插曲，赫克托尔的葬礼一结束，战争便将立刻重启。特洛伊的陷落最终带来了无数牺牲，包括国王普里阿摩斯的惨死（讽刺的是，他被阿喀琉斯之子尼奥普托列墨斯所杀），他的妻子和女儿也被俘并遭受奴役。在希腊这边，戏剧中最伟大的时刻同样属于阿喀琉斯，他作为理性而道德的人重拾了全部尊严，最终准备好成为真正的英雄，通过战死沙场来实现人生的意义。当不起眼的帕里斯（普里阿摩斯的小儿子、赫克托尔的弟弟）在阿波罗的指引和力量下，射中阿喀琉斯唯一的弱点——右脚踝时，这一幕终于发生了。据神话记载，阿喀琉斯的母亲忒提斯在他还是婴儿时试图将他浸泡在冥河中使他永生，但她忘记了自己握着的右脚踝，这便成了阿喀琉斯唯一的弱点。

对古希腊人而言，人类的觉醒总是伴随着克服重重困难，很难在和平舒适的乐园中找到最终的安宁。阿喀琉斯和赫克托尔被视为英雄，正是因为他们虽然对生命有着无条件的依恋，但最终都选择了为荣誉而牺牲。

在《伊利亚特》中，阿喀琉斯象征着人类不理性的动物性一面被驯化的过程，而在《奥德赛》中，奥德修斯则展现了真正的人性在尝试用理性控制不恰当的激情时的模样,包括那些超越神的冲动。《奥德赛》的故事发生在特洛伊战争结束十年后,当其他希腊人已经重返故乡,奥德修斯却被海之女神卡吕普索囚禁在奥杰吉厄岛。尽管奥德修斯被迫成为卡吕普索的情人,他晚上虽与她同眠,但白天却总是坐在岸边,任由灵魂随泪水飘荡,思念着远方的家人和故乡。尽管卡吕普索为了赢得奥德修斯的心,承诺可以让他像神一样永生,但没有什么能阻挡他重返伊萨卡岛的终极目标。

最终,宙斯派遣赫尔墨斯前去干涉,说服卡吕普索同意让奥德修斯造船离开。然而归途并非如预期那般平坦,因为奥德修斯曾杀死海洋统治者波塞冬的儿子——独眼巨人波吕斐摩斯,波塞冬为了复仇给他制造了重重障碍。一场暴风雨摧毁了他的船只,使奥德修斯流落至腓尼基人的国土。他被瑙西卡公主带到了国王阿尔基诺斯的宫殿,并在那里简述了自己漫长旅途中的冒险经历:随从们在忘忧树岛上失去记忆,变得恍惚冷漠;波塞冬的巨人儿子波吕斐摩斯的失明;女妖赛壬用蛊惑人心的歌声诱惑他,承诺给予超越凡人的知识;以及坠入冥王哈迪斯的冥府。最后,当阿尔基诺斯提出将女儿瑙西卡许配给奥德修斯时,这位英雄婉拒了。对他而言,重返故土的意义远超过成为腓尼基国的统治者。

奥德修斯回到伊萨卡岛后,确实采取了严厉的手段,杀死了所有向他妻子珀涅罗珀求婚的男人,这些男人企图篡夺他的王位，并威胁到他儿子忒勒玛科斯的生命。奥德修斯的乡愁（nostos）在这一刻才得以暂时平息。忠于丈夫的珀涅罗珀终于从长期的等待和困扰中解脱出来。她曾以完成奥德修斯父亲拉厄耳忒斯的寿衣为借口来拖延婚事，每天晚上拆掉白天织好的部分。奥德修斯在获得身份认同的最后一步中，向家人揭示了自己的真实身份：他向田间耕作的老父亲指出了儿时共同种植的果树；他向妻子回忆了他们婚床的秘密——这张婚床安置在房屋中央一个巨大的老橡树桩上。

古希腊思想中最珍贵的价值观确实体现在这些朴素而生动的画面中。奥德修斯重返伊萨卡岛的故事让希腊人民深刻理解到，埋藏着祖先尸骨的故土是最为神圣的：故土对每个人来说都有一种深刻的亲密感，就像一棵大树，随着时间的推移，它的根系越来越深，树干越来越粗壮。在讲述完所有的悲痛故事之后，这部古老史诗中最出色的部分是那些普通、谦和、朴实而宝贵的民族精神：用方言记录的朴素农民生活。可以说，奥德修斯之所以成为典型的希腊英雄，是因为他具有非凡的意志，总是尽力做到最好，同时又不逾越命运的边界。奥德修斯确实是位英雄，因为他不仅取得了成就，还能抵制对超凡能力和超人认知的妄想。当他重夺王位后，他对生活感到满足，这与他过去的形象截然不同。他彻底转变成一位"农夫国王"，在广阔地中海中一个荒凉多山的小岛国里过着平淡无奇的生活，默默耕耘。荷马留下的结束语与赫西俄德在《工作与时日》中的表述相呼应，后者中，"arete"一词用来展现农民的朴素、坚忍和尊严。学者迈克尔·凯洛格在《古希腊人对智慧的探寻》(*The Greek Search for Wisdom*)一书中提出，在荷马颂扬英雄时代之后，出现了一种新的道德（arete），它不仅可以在战场上赢得，还可以通过"农民英雄"们的默默劳作获得。

> 快乐和幸福的人全都明白，并且辛勤劳作、不冒犯神灵，他们总是观察预言之鸟，他们总是避免逾矩。
>
> （《工作与时日》第二首）

赫西俄德赞颂的不是无知的安宁，而是通过希腊人心中的神圣美德实现的崇高生活：谦逊的智慧、勤奋的工作、勇气、忍耐和纪律。他颂扬的是一种智慧，它接受命运的安排，不企图超越人类生存的界限。

希腊艺术：理性与激情

直到公元前8世纪，希腊世界一直没有任何文字，也没有任何独特的具象表现体系。那时只有一个专有名词"graphein"，用来表达写作、绘画及相关的概念，仿佛涵盖了所有视觉表达的形式。花瓶和其他各种日常用品上的几何装饰早在公元前9世纪就已经发展起来。直到公元前6世纪中叶，希腊才出现了其他重大的艺术创新。随着城邦的迅速崛起，一种与诗歌所表达的价值和意图密切相关且引人注目的新视觉表达形式出现了，这就是雕塑艺术。第一个独立创作、符合真人比例的男性石雕被希腊人称为库罗斯（kouroi）。这些雕塑充满活力、高矮胖瘦各异，裸体雕塑的双腿微微分开，双臂伸展，紧握拳头，卷曲的头发看似假发，受到埃及风格的影响尤为强烈。然而如果只看雕塑的主题，能发现这些相似的风格掩盖了一个重大区别：埃及雕塑总是描绘神圣的法老，而希腊人的雕塑则像荷马史诗一样，主要颂扬的是人类主体的尊严。这种选择的意义非同寻常，尤其考虑到在希腊人之前，几乎没有其他文化将人类本身作为艺术的中心主题。

一尊典型的"库罗斯"石雕，是最早的真人比例雕塑

库罗斯石雕产生于公元前6世纪的贵族和寡头社会（在雅典民主政治制度建立之前，持续不到一个世纪），这些雕塑通常用来在葬礼上悼念被授予荣誉的上流社会年轻人。人们会描绘传奇英雄或竞赛冠军的裸体，这是在运动员中流传的习惯。从这个意义上说，"gymnasium"（体育馆）这个词非常恰当，它是运动员准备比赛的地方，因此由"gymnos"（裸体的）一词演变而来。

库罗斯石雕的表情特征源于这样一个事实：它们并非旨在呈现某些特定人物的真实面貌，而是为了展现一种理想化的形象，赞美青春和力量所凝聚的完美人类形态，以及与神圣理想之美的和谐一致。因此，即便这些雕塑是为悼念特定个体而制作，库罗斯的叙事依然更多地呈现神话而非历史。艺术不再关注个体的可辨识特征，而是通过标准化的模式反映丧葬活动，旨在强调死者所具备的美丽（无论是身体的，还是在道德、公民和军事方面）的永恒价值。

在选择一种客观的理想主义风格而非现实主义风格时，希腊人再次表露出对名人崇拜的强烈反感。他们认为，名人崇拜可能会严重破坏城邦内保持的基本社群共识。

体育比赛获胜者的奖励方式清晰地表明了这一点。即使获胜者受到高度赞扬，他所获得的奖励（在大多数城市是橄榄树或月桂树的冠冕；在斯巴达，则是被派往前线的军队）始终与集体成就密切相关。换句话说，奖励的意义并非在于他实现了个人的自我价值，而在于他提升了城市的整体威望。对希腊人而言，通过一种客观的体育模式来纪念自己金色的青春年华，是他们向伟大的人类有机体致敬的方式。当这种有机体达到了顶峰时，人们便感到自己可以与神的天资相媲美。库罗斯的微笑则唤起这种联系——挺拔而立，赋予人类一种与"幸福之神"比肩的、永恒灿烂的美。

正如学者韦尔纳·耶格尔在《派狄亚：希腊文化的理想》（*Paideia: The Ideals of Greek Culture*）一书中所写："通过揭示人本身，希腊人并没有发现主观自我，而是认识到了人性的普遍规律。希腊人的思想原则不是个人主义，而是'人文主义'……教育的目的是使人成为他们真实的模样，完成真实人性的过程。"

选择代表裸体的库罗斯雕塑，其原因是相同的：对于埃及人来说，裸体是低贱地位的象征，比如奴隶；而对于希腊人来说，展现男子裸体是一种提升战士英雄气概的方式，它使得人物升华到普遍永恒的层面，超越了社会等级和地位的局限。

与这种方式完全对立的是埃及人的阶级心态，他们的艺术作品大多被埋藏在坟墓里，仅为已故法老创作。而对希腊人来说，艺术始终具有公共功能，承载着公民意识、道德功能和教育意义。kouroi象征着全体公民应秉承的美丽与完美理念。艺术属于城邦，而城邦被视为文明的基本单位。

女性版本的雕像被称为科拉（kore，希腊语意为"少女"），虽然不如男性雕塑常见，但同样具有纪念功能。与男性形象不同，科拉通常是穿着衣服的。这一选择背后的动机可以从希腊人的思想和心理构成中找到线索：在他们看来，男性裸体象征着英雄主义的崇高理想，而女性裸体则被视为纯粹的肉欲象征。

库罗斯虽然具有象征意义，但很快被淘汰，其原因在于它未能展现出公元前6世纪至前5世纪陶器绘画中所体现的那种生动的人体特征。这种雕塑风格显得过于僵硬，与日益发展的艺术表现力不相符。

然而如何将绘画中的动态活力感赋予坚硬、沉重的石材呢？

在库罗斯诞生后的150年，这一难题终于得以解决。一尊名为《克雷提奥斯的少年》（*Kritios Boy*）的雕塑提供了答案。这尊雕像在公元前480年被波斯人摧毁的雅典神庙遗址中被发现，我

对人类行为的动态描绘是古希腊陶器绘画的一大特色

们稍后会对此展开讨论。

《克雷提奥斯的少年》和库罗斯的细微区别在于躯体的不对称性,这体现在雕塑微弯的右膝和重新分配重心的不规则臀部。施加在图像中轴上的最小扭量竟使整体造型具有库罗斯僵硬躯体无法具备的可塑性。这种技术调整被称为"均衡构图法"(contrapposto),同时突出了运动和静止的特点,完美体现了人类在思想和行动中应有的镇定与克制。仅仅两三代人之后,这种创

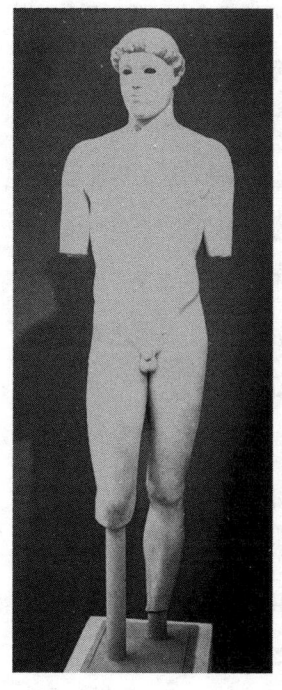

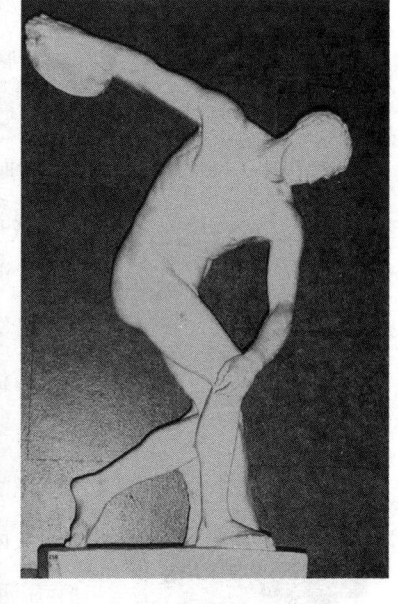

左图:《克雷提奥斯少年》
右图:《掷铁饼者》

作手法得到了巨大的进步，并进一步表现在雕塑家迈伦创作于公元前460—前450年的《掷铁饼者》(*Discobolus*)中。膨胀的肌肉、因皮肤拉伸而突显的肋骨、悸动的静脉——这尊雕塑的独创性在于捕捉了年轻运动员动作展开前的一瞬间，充分展现其强健的体魄和蓄势待发的活力。

最引人注目的是两种对立力量之间的精妙平衡：上部躯干剧烈扭曲的动感，与右腿稳稳支撑身体的稳定性。右腿的支撑似乎自然衍生出运动员表情的沉稳镇定，他的面部毫无紧张或用力的迹象。这一表现传递了这样一个信息：运动员所展现的绝对精确源自集中而理性的活力，而这种理性思维未受到激情与情绪的任意扰乱。

著名的青铜雕塑《德尔斐车夫》(*The Charioteer of Delphi*，约公元前470年)同样以理性为核心，而非悲怆。这位男性运动员所展现的最高荣誉，源自一种泰然自若、沉着节制的尊严。他的神情毫无悲伤的迹象，反映出充满理性的严谨和冷静的决心。

古希腊艺术的特征是什么？这个问题回答起来并不简单。如果仅从对人体日益精准的描述来看，我们可以用"现实主义"或"自然主义"来概括。但实际上，古希腊艺

《德尔斐车夫》

术家描绘的并非对现实的忠实再现，而是对美与完美的理想化表现。尽管考古研究表明，当时的希腊人多身材矮胖，艺术家们却致力于塑造一种理想化的形象。此外，古希腊雕塑普遍缺乏人情化的面部表情，这更突显了一个事实：古典艺术不仅追求描述性和审美愉悦，还具有教育意义和启发作用，旨在展示如何通过人的理性能力来实现身体与灵魂的完美统一。

从神话到哲学的发展

希腊人对人类理性的强调最重要的成果之一是哲学的兴起。在黑暗时代的插曲之后，第一个文化复兴的希腊城邦是那些重新与埃及人、巴比伦人、波斯人等文明建立商业联系的城邦。公元前6世纪，第一个希腊哲学学派在爱奥尼亚的米利都港诞生，这并非偶然。米利都学派的代表哲学家泰勒斯、阿那克西曼德和阿那克西美尼设定的共同目标是探索世界多样性背后的统一根源。泰勒斯作为数学家和天文学家，精确预测了公元前585年的一次日食，并通过测量埃及金字塔的影子计算出其高度，提出水是世界的基本构成元素。阿那克西美尼则认为空气才是最根本的物质，而阿那克西曼德的论证更加抽象，他认为宇宙万物的起源是一个无限且永恒的实体，该实体既能分化为世界的多种表现形式,又能保持原有本质。

根据这些哲学家的观点,这个世界维持了整体的活力,但他们抛弃早期神话、追求理性与实证结论的天真意愿,预示着西方思想即将迈出关键一步。米利都学派的特点在于哲学与科学的统一。随后,哲学家留基伯及其学生德谟克利特进一步提出类似观点。德谟克利特将现实世界描述为由无数看不见、永恒的粒子组成,这些粒子不断碰撞、相互作用,被他称为"原子",意为"不可分割之物"。尽管这一理论颇具吸引力,但我们不能断言德谟克利特真正发现了原子结构。正如学者安东尼·戈特利布在《理性之梦》中所指出的,德谟克利特的原子论基本上是一次幸运的猜测,没有科学观察、测试或实验作为支撑。此外,德谟克利特"对与原子有关的大多数重要性质和作用力一无所知",例如原子会受到电磁力的作用,并且与希腊哲学家的设想不同,原子既非固体,也非不可分割,更谈不上永恒。戈特利布指出,德谟克利特真正具有现代意义的价值在于他的宇宙观:他认为宇宙是由纯粹机械规律支配的客观体系。这一观点包含对灵魂不朽的否定,后来被伊壁鸠鲁的朴素唯物主义提炼,并进一步影响了罗马哲学家卢克莱修及其著作《物性论》。戈特利布解释称,我们对古代哲学的有限认知主要是因为柏拉图、亚里士多德以及后来的基督教思想的主导地位。基督教宣扬宇宙运行由神圣与天意掌控,并排斥其他异端思想,而德谟克利特的学说由于缺乏形而上学意义，也未赋予生命任何精神或宗教价值。从启蒙时代开始，科学逐渐摆脱宗教和哲学的束缚，19世纪起被完全定义为独立的领域，并细分为更具体的学科，如生物学、物理学和心理学。

上面提到的哲学家主要集中于对自然世界的研究，而公元前5世纪，巴门尼德在意大利半岛南部的埃利亚建立了一所学院。他不仅洞察了理性和感性之间的关系，还率先将哲学的兴趣转向了观察主体的思考。巴门尼德注意到人的感官认知存在严重不足，他认为，世界是一个无法分割的"整体"，而变化仅仅是错觉。巴门尼德并不是第一个提出人类感官具有欺骗性的思想家，但他绝对是第一个宣称，只凭借理性而不需要物质和有形证据，就能获得更高真理的人。正如我们所知，这一观点后来成为柏拉图哲学的理论基石。

与巴门尼德相反，赫拉克利特（活跃于公元前6—前5世纪）因作品高深莫测，常被贴上"晦涩难懂"的标签。他大胆提出了另一种观点，断言世界是一种对立力量的持续流动。他的"万物皆流"理论宣称"一切事物都是流动的"。尽管赫拉克利特坚持认为世界的本质是不断变化的，但他的学说逐渐流行开来。他承认了永恒、绝对客观的存在，并将其命名为"逻各斯"（logos，意为"交流"或"推论"），认为它统摄万物，却不受任何影响，凌驾于世间万物的变化之上。赫拉克利特的观点还包括对灵魂的定义："即使你走遍世上的道路，也无法找到灵魂的尽头，它的逻各斯如此深邃。"学者布鲁诺·斯内尔在《心灵的发现》(*The Discovery of the Mind*)一书中写道:"在赫拉克利特的作品中,这一深邃的描写旨在揭示灵魂及其所在维度的突出特征——灵魂有其维度,不在物质的空间中延伸。"尽管巴门尼德和赫拉克利特的哲学假说迥然不同,但他们在一个重要观点上达成了一致:他们都摒弃了此前民间传说和诗歌中诸神的拟人特征。正如我们所知,许多世纪以来,人们习惯将游吟诗人的角色等同于接受神谕的先知,诗歌被尊为崇高且无法言喻的真理载体。巴门尼德坚决挑战这一传统,他抨击诗人的诗歌,坚定认为,就像女妖塞壬引诱水手自沉其船,诗歌蒙蔽人心,使人们产生幻想,是一种虚假且危险的幻觉。赫拉克利特同样持类似的怀疑态度,批判诗人创造了诱人、美好但却彻底虚假并具有欺骗性的真理。爱奥尼亚的诗人兼哲学家色诺芬也有类似的意见,他谴责了荷马和赫西俄德:"他们把人类一切耻辱、偷盗、通奸和互相欺骗,都归咎于诸神……凡人认为神和他们一样是生下来的,穿着一样的衣服,有一样的嗓音与身形。"色诺芬斥责这种古老的神话思维荒谬可笑,并进一步嘲讽道:"如果牲畜能像人一样创作艺术,马就会把神画成马,牛则会把神画成牛。"他还总结道:"埃塞俄比亚人会把神画成黑皮肤,而色雷斯人则会把神画成红头发、蓝眼睛。"像巴门尼德和赫拉克利特一样,色诺芬并未试图否定神的存在,而是要否定赋予神拟人化特征的无知倾向。

公元前490年前后生于西西里岛的恩培多克勒摒弃了古老的神话观念。他坚信，以接近人类的方式描述神圣的存在是荒谬的："我们无法将神带到我们面前，让双眼审视他们，用双手抓住他们……因为神没有人的头颅，没有四肢，也没有垂在两侧的手臂。神没有脚，没有膝盖，也没有毛发，什么都没有。神是一种不可描述的意识，以敏捷的思维闪现于整个宇宙。"此外，恩培多克勒提出，火、气、土、水是构成物质世界的基本元素。他用"爱"来定义赋予这些自然元素统一与和谐的神圣能量，并以"冲突"象征破坏这种和谐的根源。他强调，爱与冲突是宇宙中两种基本的对立力量，这一观点与古波斯先知琐罗亚斯德的理论有相似之处。琐罗亚斯德（或称查拉图斯特拉）认为，世界由善与恶的持续斗争所推动。在与东方信仰和传统相关的教派中，人们常试图通过神秘信仰寻求解决根本问题的途径。这些教派包括祭祀女农神得墨忒耳的厄琉西斯秘仪（the Eleusinian Mysteries）以及基于俄耳甫斯神话的俄耳甫斯秘仪（the Orphic Mysteries）。俄耳甫斯，这位以歌声迷倒万物的传奇诗人，甚至敢于前往冥府乞求冥王哈迪斯让他的爱人欧律狄刻复生。对于这些神秘信仰，我们所知甚少，因为其参与者严格遵守"秘仪"（源自希腊语myo，意为"保持沉默"）。学者们发现，正是在这些思想运动中，一个关键观念逐渐形成：不朽的灵魂被困于物质世界，却渴望回归理想的完美境界。

俄耳甫斯信仰的一个分支是对酒神狄俄尼索斯的崇拜。狄俄尼索斯（罗马人称其为巴克斯）与象征理性、秩序、光明和和谐的阿波罗相对，是掌管酒、疯狂、黑暗、荒野与狂喜的神明。据推测，他的信仰可能源于色雷斯，最初与生殖崇拜有关。在夜幕降临时，酒神的信徒会聚集于山顶，伴随着狂野的鼓声、钹声和笛声展开集体狂欢。这些仪式通过进入狂热状态打破一切社会约束和禁忌。参与者会撕裂动物，啃食生肉，饮下葡萄酒及其他麻醉品，将个人意识融入狄俄尼索斯象征的更广泛、更统一的本能之流中。

伯特兰·罗素曾写道，随着城邦时代"清醒文明"的发展，祭司们逐渐承认，真理可以通过超越现实的观念得到净化，这为酒神崇拜赋予了一种更为禁欲和神秘的特质。在这一转变中，醉酒昏迷等象征性的酒神仪式被升华为一种抽象的"热情"，象征与酒神的精神结合。正如我们将在后续章节中看到的，基督教的圣餐仪式也带有酒神崇拜的影子，葡萄酒被赋予了象征基督之血的意义，同时引入了一种"清醒的醉意"的神秘体验。

毕达哥拉斯：神圣理性与灵魂不灭

成功找到神秘信仰与科学结论间的趋同点，并以此提升灵魂不灭论地位的哲学家是毕达哥拉斯。他约公元前570年出生于爱琴海东部的萨摩斯岛。据同时代人的描述，在定居意大利南部的克罗顿之前，毕达哥拉斯曾游历许多地方，甚至可能到过埃及。在克罗顿，他创立了一所学院，这不仅是一个文化中心，也是一个致力于灵魂救赎的神秘学派。学院的学生人数不多，经过精挑细选，且充满进取心，其中包括女性。他们过着简朴低调的集体生活，严格遵守单身和素食等规定。

毕达哥拉斯的独创性在于，他精准揭示了无形的数字法则，这是一种神秘而神圣的理性，支配着由太初混沌岩浆构成的和谐宇宙。他将神圣品质归因于希腊人长期以来对理性的认可，并坚信算术和几何规则通过独立于经验之外的智力过程得以发现，因此理性优于感官。由此，毕达哥拉斯认为，人是一种特殊的存在，与无处不在的理性创造力相协调一致。

为了阐释人类能够解开宇宙奥秘的独特能力，毕达哥拉斯将人类灵魂与神融合的古老传说加以理论化——如果人类智慧能够辨识出神圣的数学语言，那正是因为这种智慧在某种程度上源于曾经属于神的卓越、理性的火花。

通过证明音符的音调取决于琴弦的长度或敲击金属的锤子的重量，毕达哥拉斯得出结论：音乐与数字测量息息相关，而数字测量是一切自然关系的核心基础。这种基础延伸至天体运动，在宇宙天体的运行中形成了一种宏大的和谐音乐。然而这种音乐是人类无法察觉的，因为世俗的束缚严重限制了人的认知发展。

为了重新唤起对宇宙起源的记忆，人类必须置身于音乐鼓舞人心的影响之中。当音符缓解了由世俗激情引发的不和谐束缚时，人们的灵魂将重新唤醒那源自神创作宇宙和谐之声的悦耳记忆旋律。正如药物能够治愈身体，音乐则能治愈灵魂，使其重新与天体的舞步协调一致。毕达哥拉斯的理论可能受到某些秘仪实践的启发，这些实践将希腊七弦竖琴视为人类宪法的象征：身体是乐器，而灵魂则是神奇的音乐家，赋予原本无声、无生命的物质以旋律般的生命之声。

根据毕达哥拉斯的理论，人类的存在必须经历不断的轮回，以逐步净化本性，使其摆脱所有物质本能和欲望的污染。他将人类描绘成不完美的生物，目标是重新获得一种原始的幸福状态。他颠覆了延续数百年的核心观念，主张人的本质不在于肉体，而在于灵魂，而灵魂因与神圣的联结而具有不朽的特质。

在毕达哥拉斯的影响下，首批哲学家追求的自然主义方法逐渐趋向一种神秘的方向，使理性思维的论述和结论日益脱离物质世界的具体性。与来世相联系的荒凉与阴暗特性被转移到现实世界中。毕达哥拉斯认为，物质世界不过是一个无关紧要、浑浊且充满欺骗的空间。

毕达哥拉斯认为，为了与神圣的理性重聚，人类必须重新调整自我，使自己与天堂中悦耳交响乐的秩序相协调。他对以下问题的回答尤为深刻——为什么人类不像其他动物那样低头、面朝大地，而是直立站立？毕达哥拉斯思考了这一令人困惑的特征，尽管他对达尔文的进化论和现代自然选择等理论一无所知，但他得出了结论：人类独特的直立姿势反映了灵魂的一种自然倾向，即朝向上方，面向浩瀚星辰的运动，并体现了内心的渴望。

为了实现人性的丰满，人类被教导去观察自然界的和谐秩序，正如宇宙天体交织的和谐交响乐所表达的那样。某些动词，如"欲望"（to desire）和"思考"（to consider）[1]，依然呼应着这一古老的信条，仿佛在传达着这样的含义：所有追求真理的人，应该渴望像夜空中繁星所体现的理性秩序那样重新排列。

我们将会看到，在公元前5—前4世纪的古典时代，希腊雕塑和建筑对对称与比例的追求正源自毕达哥拉斯的信念，即人类的目标是在现实中重建部分与整体之间的平衡与合作，将神圣的心灵赋予宇宙的和谐。宇宙被视为一位神圣工匠的杰作，犹如一首以完美数学秩序组织起来的交响乐，这一观点在西方思想中一直占据着至关重要的位置，几乎持续到了19世纪。

在毕达哥拉斯的笔下，古代那些善变而反复无常的神逐渐被一个遥远而抽象的实体所取代，这个实体完全不同于过去，被视为完全理性、善良和公正的存在。为了使现实与更高层次的神圣规则对齐，人类必须切断与物质世界的内在联系。毕达哥拉斯和

---

[1] 欲望，源自拉丁语"de sidus"，意为"来自星星"。思考，源于拉丁语"cumsidus"，意为"与星为伴"。

后来的柏拉图都用生动的隐喻来阐释这一点。正如《荷马史诗》中，奥德修斯在古橄榄树桩上建造婚床的象征，意在将英雄的身份与土地的具象体现相联系。然而毕达哥拉斯、柏拉图等人的寓言式描述则从根本上颠覆了这一观点。他们将人描绘成倒生的树，树根从头部伸出，象征着灵魂渴望回归天堂的家园。

如果要探讨这些概念对古典时期的巨大影响，我们必须回顾一下其他重大事件。这个事件几乎与哲学的起源一样，也与希腊的思维方式息息相关，那就是希波战争。

理性的西方与"不理性的东方"之间的对立，随着希腊人逐渐意识到自己文化的独特性而越发明显。希腊人开始将所有不认同他们语言和推理的民族称为"野蛮人"（barbarous），字面意思是"口齿不清的人"，因为他们的语言发音常被希腊人听作"bar-bar-bar"。到公元前6世纪中叶，希腊城邦面临的最大威胁来自波斯帝国。波斯人在首领居鲁士一世的领导下，展开了迅猛的扩张，先后占领了米堤亚王国（位于伊朗北部和土耳其南部）、吕底亚、安纳托利亚、爱奥尼亚（今土耳其西部）以及巴比伦帝国。居鲁士去世后，其子冈比西斯二世进一步将曾经强大的法老埃及纳入帝国版图。大流士一世继任后，波斯帝国的疆域进一步扩展，甚至延伸至东亚和印度北部。尽管波斯帝国存在仅有200年，但凭借其惊人的种族、语言与文化融合，仍然成为世界历史上最强大的政权之一。

在国王身边,最受益于帝国财富与声望的往往是贵族。作为统治者的附庸,他们住在华丽的宫殿,管理着当地的总督。宫殿四周则被宏伟的狩猎场所环绕,这些狩猎场被称为"乐园"(这个词后来被基督教用来描述幸福的国度)。宦官和精通化妆品、香水的"造型师"在一旁侍奉他们。

爱奥尼亚城市米利都在波斯人的攻势下沦陷,标志着波斯人与希腊人之间冲突的开始。公元前499年,希腊人发起了对波斯的反抗。由于担心波斯大军继续向西推进,雅典和其他一些较小的城市决定反攻,并向爱奥尼亚反抗军提供军事援助。

大流士以从不容忍任何敢于违抗他的人而闻名。即便庞大的波斯军队在制服爱奥尼亚叛军和他们的希腊盟友时几乎没有遇到阻碍,他仍发誓要对反叛的希腊人进行严厉的报复。为了应对这一威胁,希腊各城邦决定将往日的恩怨放在一边,共同抵御波斯。现在人们对于波斯战争的了解,主要来自公元前5世纪作家希罗多德的记载。他出生在爱奥尼亚的哈利卡尔那索斯(今属土耳其),被誉为西方第一个通过口述和笔记记录历史事件的作家,因此被西塞罗尊称为"历史学之父"。然而西塞罗的赞誉仅部分正确。尽管希罗多德的贡献不可忽视,但他几乎无法做到完全客观的历史叙述。希罗多德对历史的描述常带有明显的偏见,他认为希腊人比"野蛮的"波斯人更为优越。他反复将波斯人描绘为颓废、无德的民族,这种看法充满了偏见,缺乏准确性和客观性。

公元前492年，大流士试图从北方进攻希腊时，遭遇了一场猛烈的暴风雨，这场风暴摧毁了他的大部分舰队。希罗多德描述道，大流士对此异常愤怒，竟然命令士兵用鞭子抽打海浪，以此惩罚大海。

公元前490年，由600艘船组成的波斯舰队终于跨越了爱琴海，在马拉松平原附近登陆，并与雅典军队遭遇。希罗多德以一贯生动且壮观的语言描绘道："波斯军队射出的箭矢遮天蔽日，整个大地仿佛被黑暗笼罩。"这个比喻不仅明确描述了波斯军队的庞大规模，也可能带有一种警告意味：一旦敌人大军压境，希腊人所尊崇的自然秩序将被无法挽回地摧毁。这样的结果将使西方与东方的界线永远消失，希腊人渴望的辉煌文明之光也将熄灭。希腊人从未向任何人屈服过（即使是自己的神），但如果文明世界重新陷入混乱，他们将被迫在国王面前低头，羞愧地不敢再自称为优越的人类。

在面对这种可怕的未来压力下，希腊人一鼓作气，在普拉蒂亚城邦派出的部队协助下，勇敢地抵抗波斯军队。尽管波斯人众多，但是雅典和普拉蒂亚的联军在斯巴达援军到达之前就已经取得了胜利。（众所周知，在马拉松战役胜利之后，一名信使以疯狂的速度跑回雅典，将胜利的消息传递给市民，但在完成任务的瞬间便因筋疲力尽而死去。为了纪念这一刻并弘扬奥林匹克精神，马拉松比赛至今依然每年举行。）战败后，波斯人撤退，十年内未再侵犯希腊。然而薛西斯继承了父亲大流士的王位，并决定发起一场惩罚希腊人的行动，以恢复波斯的荣誉。战火再次燃起。薛西斯集结的军队异常庞大，据希罗多德所述，整支军队花了七天七夜才跨越达达尼尔海峡的大桥。这座桥由薛西斯任命的波斯建筑师主持建造。

薛西斯深信，一旦希腊人得知他的军队的庞大规模，他们必定会立刻屈服。然而希罗多德记录了一段流亡斯巴达人德玛拉图斯与波斯统治者开战前夕的对话，以证明薛西斯对敌人的勇气了解甚少。薛西斯凭借军事优势傲慢地宣称："如果一支军队的统帅在战斗中不能对畏缩的士兵施以鞭刑，那么这支军队必然会失败。"斯巴达人答道："不，陛下，法律才是他们希腊人的主人。比起臣民对你的畏惧，他们更害怕这个法律。无论它下达什么命令，他们都会执行，而这个命令始终如一：在众人面前不准逃跑，坚守岗位，要么获得胜利，要么牺牲。"

这段对话强调了希腊人对法律的坚定敬畏：他们服从的"主人"不同于个人的专制（如波斯的君主制），它能够维持一种更高、更公正的秩序，因为它没有个人的偏见，而是客观公正，适用于每一个人。

薛西斯显然无法理解这一深刻的道理。像所有其他暴君一样，他认为自己的臣民都是低人一等，无法自我管理。在他看来，智慧属于国王，任何人都不应质疑他的判断或统治的神圣性。

当波斯军队终于发动进攻时，薛西斯将大军分成两路：舰队沿海岸进军，步兵和骑兵则从陆路出发。薛西斯知道希腊人认为在奥运会期间打仗是对神明的不敬，于是选择在奥运会期间登陆。尽管这一做法违背了奥林匹克的规矩，但是斯巴达人还是派出了300名精锐士兵，前往雅典西北110公里处的塞莫皮莱狭窄关隘"温泉关"，誓言以生命拖延敌人的攻势。这些斯巴达士兵的英勇牺牲至今被铭记，成为有史以来最为英勇且悲壮的抵抗之一。当接到斯巴达人被屠杀的消息后，几乎所有的雅典居民都逃离了城市，前往附近的萨拉米斯岛避难。当薛西斯的大军抵达雅典时，那里已经成了一座空城。薛西斯趁机指示军队尽可能摧毁雅典的一切，包括焚毁雅典卫城上的主要神庙。

薛西斯此时尚不知情，在杰出将领特米斯托克利的鼓励下，雅典人利用从附近劳瑞姆山新发现的银矿，建造了一支强大的舰队，每艘战船都有三层船桨，而且十分敏捷。公元前480年，当波斯庞大的舰队被引诱至萨拉米斯海峡的狭窄处追击雅典人时，他们却发现自己行动缓慢，几乎无法应对希腊高机动性战船的猛攻。据记载，薛西斯坐在海峡附近的宝座上，从远处目睹了这场战斗，亲眼看到自己的舰队损失惨重。最终，斯巴达人在公元前479年的普拉蒂亚战役中取得了胜利，打败了曾经不可一世的波斯军队。

这场传奇般的胜利在后世千百年间一直被视为一个鼓舞人心的伟大时刻。即便是美国的开国者们，也将其与反抗大英帝国的独立战争相提并论。他们如同希腊人一样声称，战争的结果证明了任何威胁都无法战胜爱国主义和对自由的热爱。

这场非凡的胜利因何而取胜？它不仅依赖于高明的战略布局，还仰仗希腊士兵之间的紧密协作。举例来说，他们采用了一种名为"重步兵方阵"的军队阵列。这种编队由士兵肩并肩排列，犹如一台统一的战争机器缓缓推进。金属盾牌筑成坚不可摧的防御墙，能够抵御敌军的箭矢，而盾牌后高举的长矛锋利无比，对敌人形成巨大威慑。当然，胜利的决定性因素还是来自希腊人对神明的虔敬与坚定的理想信念。正如希罗多德在《公民比奴隶更善战》一文中所言："这场胜利表明，尽管波斯军队规模庞大，但其强制征兵招募的士兵来自不同的部落、民族、文化和语言群体，对统治者的忠诚存疑，最终无法战胜由公民组成的民兵。这些民兵因共同的语言与传统而团结，并受到对自由与独立无比坚定的热爱所激励。"

为了突显善良的希腊人与波斯敌人之间的对比，希罗多德记述了许多逸事。其中一段提到，当一群雅典士兵进入波斯军队逃亡后留下的废弃营地时，眼前的场景令他们震惊。由于波斯国王及其贵族随从习惯于在战争中也享受如家般的奢侈生活，军营中到处堆满奇珍异宝和舒适家当——柔软的地毯、丝质的枕头、华丽的床铺,琳琅满目。他们甚至在敌军尸体上发现了镶满珠宝的项链和手镯,以及金银铠甲、宝剑,就连马鞍也用纯铜打造。对于生活简朴的希腊人而言,这种铺张炫富的行为,恰恰彰显了一个颓废、无德社会令人反感的特征。

战争结束几年后,曾以步兵身份参加马拉松战役的著名悲剧作家埃斯库罗斯,再次在其剧作《波斯人》中突出强调了东西方的对比。他认为,薛西斯的过度自负与骄傲是其军队失败的根本原因。他在剧中写道:

> 任何人都不要鄙视眼下的幸福,
> 贪求他人的幸福会更多地肇祸。
> 宙斯是无情的惩罚者、严厉的判官,
> 他无情地惩罚傲慢的人。

埃斯库罗斯通过《波斯人》含蓄地告诫他的雅典同胞,永远不要忘记"凡人切不可过分自作聪明,高傲开花会结出灾难的穗子,夏季收获的只能是巨大的悲伤"。正如我们所见,波斯人被形容为傲慢之徒,被过度骄傲和奢侈的品位驱使。这种形象带来了深远的文化和艺术影响——波斯人始终被描述为肤浅、无德的民族。从那时起,希腊人开始以这种对比定义自己,与他们眼中的"野蛮人"划清界限,认为后者总是试图以骄纵之气破坏希腊阳刚气质的完整性。

古典时期的辉煌与矛盾

波斯帝国是当时最强大的政治实体,但它的失败进一步巩固了希腊人对自身文明优越性的信念——他们的文化远胜于世界上其他民族。这种胜利所激发的乐观情绪极大地鼓舞了自豪的雅典人,事实也证明,他们卓越的军事能力在击败强敌中发挥了至关重要的作用。在这种胜利的氛围中,人文主义思潮得到了有力的推进,为民主制度的建立奠定了坚实基础。

随着民主制度的确立,年满18岁并在军队服役两年的男性公民都有机会直接参与雅典的政治生活。正如伯利克里在著名的《葬礼演说》中所宣告的,人人皆可参与。为推动这一新的民主制度,创始人克里斯提尼对雅典的行政划分进行了重大改革,将部落数量从4个增加到10个,并设立名为"种群"(demes)的子部落。这项改革旨在打破旧氏族的血缘忠诚,促进所有雅典公民之间的团结与合作,引导人们将忠诚转向更广泛的公共利益。对此,亚里士多德评论道:"如果你想建立民主政治,就必须像克里斯提尼那样,以部落制度取代开放的宗教仪式,努力调和人际关系,废除一切旧的依附关系。"

雅典的民主制度包括三个主要机构:人民法院(公民在一群通过抽签选出的陪审员面前讨论案件);五百人议会,又称众议会(Boule);集会,也叫公民大会(Ekklesia)。众议会的成员从10个雅典部落中以同等比例选出,类似于现在的地方议会,负责筛选需要提交给公民大会的事项。每个公民都有权在大会上发言,公开讨论涉及外交、税收、规章制度、官员选举(包括战略官、军事将领)等方面的法律和政策。在大会过程中,参与者被视为全体公民的代表。如果众议会提出的一场战争以多数票获得大会批准,那么每个公民都必须立即放下手头工作去参军,将私事交由奴隶管理。

维持民主制度是对人类理性的基本信任:人们相信,通过在社区生活中获得平等地位,每个公民都会以无私、爱国的奉献精神履行治理国家所要求的公民和道德责任。那些被指控将自私目的置于城市利益之上的人会遭到"流放"(ostracism)。这个词源自希腊语的"ostrakon",最初指一种陶器碎片,公民会把他们想流放的人的名字刻在上面。我们还不确定这种做法是否公正,但可以肯定的是,即便是雅典最有声望的公民,也经常遭到排斥。例如,在马拉松平原上为雅典胜利做出贡献的米太亚德,在这场历史性战役结束后不久,他决定对位于基克拉迪群岛、出产大理石的帕罗斯岛处以罚款，理由是岛上居民向波斯人投降太快。这使米太亚德被指控越权。在未经雅典公民大会批准的情况下，他决定独自行动，招致同胞们极大的愤怒和不信任，后者集体决定将他流放。就连说服雅典人建造了保证萨拉米斯海战胜利的两百艘战船的将领特米斯托克利也成为流放对象，他被指控腐败和涉嫌叛国。鉴于希腊人对任何可能表现出的傲慢都抱有偏执态度，雅典在波斯战争结束后几年内采取的帝国主义态度似乎令人震惊。这到底是怎么发生的？为什么会发生？要回答这些问题，我们必须关注雅典采取的政治方式，尤其是在杰出将领伯利克里的影响下，他的人格魅力使他在公元前443—前429年成为实际上的政治领袖。

伯利克里生于一个雅典贵族家庭，具备深厚的文化修养，可以与许多艺术家和哲学家轻松交往。人们钦佩他，认为他是一个有奉献精神、举止得体的公民典范。正是在他个人的塑造下，一种全面、多元的古典理想在雅典人中得到了广泛认可。伯利克里的声望还与他富有煽动性的爱国演说密切相关。在战争结束后，雅典看上去依然是一个街道狭窄、尘土飞扬的破落小镇。伯利克里的主要任务是为雅典塑造一个应有的形象，使其重新成为希腊最辉煌、最成功的城市。

为了实现这一梦想，伯利克里发起了一项共同基金，资金不仅用于提供船舶和军备，还包括所有城邦为防范外敌入侵而共同筹集的资金。提洛同盟（the Delian League）由此成立，最初在提洛岛运营，后来总部转移到雅典。通过支持同盟，所有城邦都表明：雅典在战争中的领导能力将延续到战后。然而伯利克里提出让雅典成为同盟的主要受益者，导致其他城邦很快感到失望。尽管如此，伯利克里并未受到批评的影响，继续将大量同盟的资金挪用于雅典的重建工作，包括大规模重建公元前480年在波斯占领中遭到严重破坏的雅典卫城。到公元前432年，帕特农神庙的建造终于完成。这座建筑拥有58根立柱、500多个雕塑人物，迅速成为希腊古典艺术和建筑中最令人印象深刻、最成熟的典范。

帕特农神庙由建筑师伊克蒂诺和卡利卡特斯联合设计，建造于公元前447年至公元前433年。它由矩形主体构成，四周环绕着多利安式立柱。不同于过去神庙建筑常用的简单石灰岩块，该建筑采用了从附近彭忒利科斯山开采的优质大理石。这种大理石质地透亮，掺杂了细小的铁矿纹理，使得建筑在风化后呈现出金色光辉。

与犹太教和基督教不同，异教徒的宗教仪式和祭祀通常发生在神庙之外。帕特农神庙内部只有两个房间：一个是内殿（naos），其中供奉着守护神雅典娜的雕像；另一个是金库，用来存储士兵在战争期间缴获的贵重战利品，包括薛西斯那张著名的移动宝座。尽管如此，帕特农神庙仍被视为一座较小的神庙。相较于更庞大的埃及建筑，它的建造更侧重于呼应毕达哥拉斯设想的宇宙蓝图，强调测量、平衡、和谐、比例和对称的原则。为了突出这些关键品质，建造者采用了复杂的设计手段来抵消神庙整体结构的光学扭曲。在多个细节中，我们可以看到，台阶式平台（柱座）承载了庞大的结构，为避免视觉上的下垂效果，柱座中心设计了微微弯曲；带有凹槽的立柱逐渐变细，中段略微凸出，并在上升过程中向内倾斜，以确保它们纤细的外形在沉重的屋顶下依然显得优雅。

正如我们所见，根据毕达哥拉斯的观点，音乐所传达的和谐美感能够净化人类的心灵，因为它唤起了对卓越之美的向往。这种美曾如交响乐般组织了有序的宇宙。如果将这种音乐品质

雅典帕特农神庙，古希腊传统建筑的巅峰之作

延伸到建筑上(作家歌德在几个世纪后曾说："建筑是凝固的乐章。")，便能推测出构思帕特农神庙的建筑师想要传达的艺术理念——在欣赏那些以无形的比例赋予物质美丽形状时，观众会被一种敬畏之情所吸引，思想也会趋向于无处不在、宏大的理性真理。这种象征性的信息将升华为整个城市的精神。正如帕特农神庙从各部分的对称和平衡中展现辉煌（对称意味着每个部分与整体保持着恰当的比例），只有当它的组织与宇宙和谐的结构一致时，或者说，只有当公民保持神圣理性赋予自然的所有方面和功能的一致性时，城邦才能继续繁荣。为了监督这座宏伟建筑的雕塑项目，伯利克里邀请了雕塑家菲狄亚斯。菲狄亚斯因在奥林匹亚主神庙制作了一尊高达12米、由象牙和黄金打造的宙斯神像而闻名。他还被要求制作两尊雅典娜雕像，作为理性的象征。雅典娜女神代表了雅典最杰出的品质：智慧、法律与文明。在这两尊雅典娜雕像中，更为引人注目的是位于神庙内殿的那尊高达10米的雕像。覆盖在女神外衣、盾牌、头盔和长矛上的大量黄金与乳白色象牙形成鲜明对比。象牙被专门用来雕刻她赤裸的手臂与面容，而她闪亮的双眼则由彩色宝石制成，照亮了她的面庞（不幸的是，菲狄亚斯的原作并未在时光的侵蚀中幸存）。这里展示的是神庙内殿的复原作品。

在《荷马史诗》中，众神被描绘为自利、狭隘、自负且争强好胜的存在。而雅典娜则是理性与文明的象征，她的威严体现了整个雅典民族的卓越与正直。

在帕特农神庙中，这一点从极具表现力的墙面浮雕中可以看出：位于神庙外部圆柱顶端的雕塑般的高浮雕（最初外表色彩鲜艳），象征着希腊人战胜波斯人。创作者为纪念这一事件选择的神话主题包括：巨人之战——奥林匹亚诸神与泰坦巨神之间的传奇战斗；亚马逊之战——亚马逊女战士与雅典人的战争；半人马之战——拉皮人和半人马族的战争。这些浮雕以隐喻的方式将波斯人与巨人、亚马逊女战士和半人马等原始、怪异、叛逆的种族相提并论，这种粗鲁的联系显然隐含着宣传目的，即波斯帝国代表一种破坏性力量，其颓废的道德与雅典人的理想形成鲜明对比，因此，所有非希腊民族都被视为"蛮族"。[1]

为了突显波斯人的奢侈与虚荣，希腊的艺术家、雕塑家和画家总是极为细致地描绘波斯士兵那五颜六色的裤子、古怪的帽子以及尖头的鞋子。这种装扮显得十分滑稽，尤其当它与高贵而庄严的裸身希腊战士形成对比时更加鲜明。

事实上，希腊人选择用神话来描述与波斯人的战争，却没有在帕特农神庙的壁画上留下任何希腊军士的真实形象，这再次体现了他们在伦理观念上的严谨。在希腊人看来，以一个高度辨识度的形象来提升特定个体的价值，并强调其特质，可能会威胁到

---

[1] 学者伊娃·坎塔雷拉在《潘多拉的女儿们》（Pandora's Daughters）一书中写道："亚马逊女战士在此象征的不是对母系权力的赞美，而是希腊人抵制一种令人厌恶的、由妇女领导的军队或国家的前景。"

帕特农神庙内殿中的雅典娜女神像

道德的完善。而正是这种对道德完善的追求,赋予了雅典独特的平等精神。

类似的信息也体现在帕特农神庙内部的雕带上(现陈列于伦敦大英博物馆)。雕带上描绘了一支由年轻健美的希腊骑兵组成的壮丽游行队列,画面采用了复杂的"前缩透视法",生动再现了一个四年一度的盛大节日。在这一节日期间,雅典全体公民会游行至帕特农神庙,将由雅典少女精心编织的新女式长袍敬献给守护神雅典娜,以表达感激之情。

然而有人可能会质疑:希腊骑兵在战胜波斯人的过程中并未发挥多大作用,为何游行中却有如此多的骑兵出现?尽管在传统观念中,骑马通常象征着某人杰出的社会地位,但学者安德鲁·斯图尔特在其著作《古希腊和西方艺术的诞生》(*Classical Greece and the Birth of Western Art*)中提出,这一选择是为了"以某种方式乐观地表明",所有雅典公民如今都获得了过去仅属古老贵族的高贵与尊严。帕特农神庙的雕刻颂扬全体雅典人,塑造他们为骑着高头大马的高尚典范，也验证了伯利克里对同胞的承诺："只要能力允许，我就能让你们永生不朽。"

类似的意图也激发了大量独立雕塑的创作，这些雕塑逐渐填满了城市的各个角落。艺术的目标在于培养一种对美的感知，而不仅仅是审美愉悦，而是教育和激励那些处理视觉信息的人。公元前5世纪的艺术家波利克里特在其著作中明确指出，通过运用毕达哥拉斯的数学原理，艺术家能够表现出永恒的美。学者肯尼斯·克拉克在其著作《裸体：理想形式的研究》中如此评价波利克里特的作品："他的创作目标是清晰、平衡和完整，其唯一的表达媒介是运动员在运动与静止之间保持平衡的裸体形象。"

帕特农神庙内部的浮雕带，描绘了一支希腊骑兵游行队伍

为了展现人类规范之美，雕塑需体现某些关于比例与对称的普遍规律：身体的每一部分如何与其他部分相连，以及每一部分如何促进整体的完美。波利克里特曾说道："完美取决于数字的比例，甚至最微小的变化也至关重要。"在建筑领域，"正典"（canon）[1]的基本含义是：即便比例缩小，人类的比例（被用作建筑结构的基础）仍与神圣自然秩序的统一比例相一致。波利克里特在其著名的青铜雕塑《多里普罗斯》中形象地表达了这一思想。他认为，正典所提供的比例参数并非相对的原则，而是一种普遍的原则，因为正典不是发明，而是发现。从这一观点出发，我们可以推断，艺术的审美功能最终旨在鼓舞人心，唤起人们对人类现实（微观世界）与宇宙其他部分（宏观世界）之间和谐对应的敬畏之感。艺术的目的并非简单模仿现实，而是通过彰显神圣法则，为人类存在指明更高的方向，就如同天上的星辰，赋予生命以深远的意义和引导。

当今，我们对美的定义更趋向于个人化，常说："美即是人之所爱。"然而要理解这一观点与古希腊人观念之间的差异，只需思考两个古希腊词语——"kaleo"（吸引）与"kallos"（美）——之间的联系。在希腊人的视角中，美并非主观感受，而是一种具有不可抗拒吸引力的客观存在，被视为一种能引导心

---

[1] 正典，是一批被公认为神启或默示的经典著作。英语"canon"一词源于希腊语"konon"，原指织工或木匠使用的校准小棒，引申为"量尺"或"量杆"，后来指法律或艺术创作的尺度、规范。——译注

半人马浮雕，表现了对波斯衰落的巧妙挖掘

请注意这个波斯骑士的浮夸装束

灵回归人类起源之普遍智慧的力量。

修昔底德被誉为"历史科学之父",因为他的著作《伯罗奔尼撒战争史》(History of the Peloponnesian War)在准确性上远胜于希罗多德的史书。据他记载,在一次为悼念雅典阵亡将士而举行的活动中,伯利克里自豪地宣称,雅典同胞们的卓越品质已经使他们的城市赢得了"希腊学校"的美誉。

伯利克里还说道:"在雅典,我们(公民)追求优雅而摒弃奢靡,习得知识而拒绝阴柔;我们的财富更多是为了使用,而非炫耀。"伯利克里对雅典人的高度赞扬,与其他希腊城邦的看法形成了鲜明对比。批评雅典民主制度的修昔底德在作品中提到,根据提洛同盟的其他盟友描述,"雅典的宝石、雕塑和神庙耗费了成千上万的财富",甚至包括"妓女"所佩戴的珠宝与化妆品。他言辞中的怨气表明,与雅典对立的政治势力普遍对这些奢

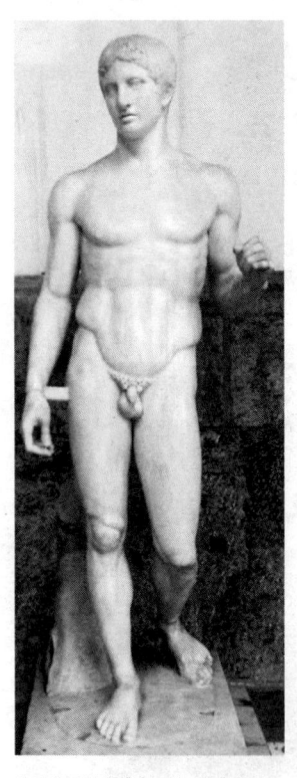

波利克里特的《多里普罗斯》的罗马复制品(又名《荷矛的战士》,公元前450—前440年)

华表现出怀疑、蔑视与怨恨,而非钦佩。

这种怀疑并非毫无根据。尽管艺术家们以歌颂雅典人正直的画面装饰着帕特农神庙,但这座城市自古以来保持的简朴、自律的生活方式,正逐渐让位于祖辈眼中自私、不守规则的态度。学者罗宾·莱恩·福克斯在《古典世界》(*The Classical World*)一书中描述了希波战争后不久蔓延在雅典人中的奢侈风潮:"尽管曾对波斯人的阴柔、奢侈作出过批评,但在富裕的雅典人中,他们对从敌方缴获的战利品,如礼服、金属制品、精美纺织品和珍贵铠甲等爱不释手。"柔软舒适的鞋子甚至被雅典人称为"波斯"拖鞋……此外,其他新的奢侈品也源自海外……地毯和坐垫来自迦太基,鱼来自达达尼尔海峡,无花果来自罗德岛。与这些美味的产品一同涌入雅典的,还有大量进口奴隶,他们被安排在阿提卡银矿、市民家庭和小农场工作。

雅典那种高高在上的态度,以及对未能缴纳提洛同盟会费的城邦严惩,只会加剧城邦之间日益加剧的紧张局势。他们反对的核心在于,雅典的霸权主张违背了道德操守,而恰恰是遵循道德准则,才是雅典崛起的根本原因。

为了反驳这些指责,伯利克里坚称,同盟缴纳的资金代表着希腊各城邦在某种程度上认可雅典曾将他们从外国入侵中拯救出来。他认为,只要雅典继续充当希腊的保护者,其他任何城邦都无权评判雅典的选择和行动。

然而尽管伯利克里如此辩解，雅典对盟友的专横态度以及对试图退出的城邦采取的好战策略，在许多人眼中似乎证明了雅典人正屈从于所有胜利中最令人作呕的恶习——狂妄自大。

愤怒和不满如暴风雨前的乌云，雅典的许多内部斗争使紧张气氛愈加恶化。这些斗争往往源于一些微不足道的小事，这似乎表明，雅典人并非其雕塑中所展现的那种不屈不挠、理性冷静的形象，而是一群好争斗、好胜且冲动的个体，容易被激情和无知所驱使。伯利克里在一篇著名的悼词中曾说："雅典人如此尊重他人的自由，以至于没人去关注邻家琐事。"然而怀疑和嫉妒情绪的受害者完全可以反驳他的说法。这些受害者包括科学家和哲学家阿那克萨戈拉，以及雕塑家菲狄亚斯，他们都是伯利克里的朋友。阿那克萨戈拉因断言"太阳不是神，而是比伯罗奔尼撒还大的白炽石头"而遭到放逐。而菲狄亚斯在辛勤完成帕特农神庙后，却因据称偷了用于雅典娜雕像的黄金而被流放。除此之外，菲狄亚斯的批评者还指责他敢将自己的肖像放置在雅典娜的盾牌上，认为这违背了公正的道德规范。那么，这些针对阿那克萨戈拉和菲狄亚斯的指控究竟是真是假，还是伯利克里的政敌的捏造？尽管没有明确的答案，但有一个事实无法改变：尽管帕特农神庙所传达的艺术信息如此美妙，雅典所谓的和谐更像是乌托邦式的理想，而非现实。公元前450年，斯巴达和雅典之间爆发了第一次冲突。在接下来的20年里，脆弱的和平勉强得以维持，但并未持续太久。修昔底德写道:"雅典实力的增长,以及由此引发的斯巴达恐慌,使得战争成为必然。"斯巴达人决定开战,是因为雅典决定践踏盟友的独立性,妄图建立真正的帝国。在斯巴达的领导下,伯罗奔尼撒战争于公元前431年爆发,并于公元前404年以雅典的惨败告终。除了政治因素,导致雅典逐渐衰落的还有一场毁灭性的瘟疫(战争的第二年,这场瘟疫夺去了伯利克里等人的生命)。许多人认为,这是神明对雅典人不道德态度的惩罚。

戏剧、修辞学、哲学的成就

尽管处于动荡的氛围,雅典作为一个独立城邦的最后几年里在文化层面上依然极为活跃,成就斐然。究其原因,可能与雅典与其他民族和文化接触更加频繁有关。这些被视为"野蛮人"的文化一方面遭到排斥,另一方面也促使雅典人面对更多的批判性思维,包括对自身传统、习惯和思想的反思与批判。

戏剧和剧院(雅典人另一项伟大发明)的发展在城市的伟大成就中占有特殊地位。尽管戏剧的确切起源尚不明确,但可以肯定的是,雅典自最早时期起,每年都会通过一个节日来祭祀酒神狄俄尼索斯。这一活动包括音乐、舞蹈和合唱表演,被称为"酒神颂"。"tragedy"（悲剧）一词源自希腊语的"tragos"（公羊）和"ode"（歌），这一点表明这些节日原本是包含动物祭祀的宗教庆典。在公元前4世纪之前，剧作家们在节日期间发表悲剧作品，这一活动一直是城市中的流行项目。根据传统，泰斯庇斯是第一个将自己从合唱团中分离出来，以独立演员的身份进行表演和发表言论的人。悲剧演员埃斯库罗斯紧随其后，第三位是索福克勒斯。这种变化使得演员与观众之间可以进行面对面的对话，事实证明，这对戏剧的发展至关重要。演出所用的大型露天剧场是沿着自然倾斜的山坡以半圆形雕刻而成，成为工程奇迹（从声学角度来看也是如此）。显然，一座希腊剧院可以容纳多达15000名观众。也许是为了适应剧院的规模，正如学者迈克尔·凯洛格所写，"演员们摆脱了一切对面部表情或细微手势的依赖"。他们通常戴着面具，上面夸张的面部特征和表情使得观众一眼就能看出他们的情绪。从公元前5世纪起，彩绘布景开始出现在舞台装置中，同时还出现了"机械降神"装置（deus ex machina），在需要时可将演员举到空中，使其迅速离开舞台。

除了少数关注当代事件的戏剧（如埃斯库罗斯的《波斯人》），大多数戏剧作品都是基于古代神话改编的，剧作家们常常在其中加入个人的创新与变动。剧作家对古老神话的漠然态度表明，这些古老的故事被视为生动的灵感源泉，而非教条主义的不可触碰的真理宝库。

古希腊三位重要剧作家，即埃斯库罗斯、索福克勒斯和欧里庇得斯，探讨的主题涉及诸多存在主义哲学问题：人是什么？人的生命有何意义？神话的作用是什么？社会自古以来的成就如何延续？如何定义正义？在盲目且难以捉摸的命运面前，人如何捍卫自己的理性尊严？如所见，埃斯库罗斯在《被缚的普罗米修斯》(*Prometheus Bound*)中象征性地描述了推动人类进步的巨大动力。他还创作了《俄瑞斯忒亚》(*Oresteia*)三部曲。这个系列故事以阿伽门农的死开始——他是墨涅拉俄斯的哥哥，也是海伦的丈夫。在特洛伊战争归国后，阿伽门农被妻子克吕泰墨斯特拉和她的情夫埃癸斯托斯合谋杀害。起因可能是阿伽门曾为了安抚女神阿耳特弥斯，牺牲了克吕泰墨斯特拉的女儿依菲琴尼亚。克吕泰墨斯特拉还有两个女儿——伊莱克特拉和俄瑞斯忒斯。俄瑞斯忒斯为了给父亲复仇，杀死了母亲和她的情人。随后，他被复仇女神追赶以示惩罚。最终，女神雅典娜制止了复仇女神，并宣布俄瑞斯忒斯可以接受公正的审判。在《俄瑞斯忒亚》中，那种为故人的罪孽付出血的代价的悲观信念，最终被雅典娜的判决所推翻，她决定用基于城邦理性规则的新秩序取代腐朽过时的神话规则。

在索福克勒斯的剧作《俄狄浦斯王》(*Oedipus Rex*)中，我们看到了一种截然不同的基调。俄狄浦斯是个乐观的人，直到他发现自己无意中犯下了弑父乱伦的罪行——杀父娶母。面对真相的暴露，俄狄浦斯被羞耻和罪恶压垮，最终选择了自我惩罚，双目失明。为了他并非直接责任的行为，俄狄浦斯付出了如此惨痛的代价，这种情节似乎并不符合旧神话背景下的思维方式。在传统的神话背景中，命运的残酷往往被视为人类无法改变的宿命，是一个不可抗拒的事实。

《俄狄浦斯王》能证明索福克勒斯比埃斯库罗斯更保守吗？答案不像我们想的那么显而易见。问题是，没有一位古典作家能被贴上准确的标签，因为他们的作品往往是复杂和矛盾的。例如，在《俄狄浦斯王》中，索福克勒斯遵从了古老的传统，但在他的另一部作品《安提戈涅》中却并非如此。他选择了一位女性作为故事的主角。索福克勒斯讲述俄狄浦斯死后，底比斯的领导权由王子厄忒俄克勒斯和波吕涅刻斯继承。然而由于厄忒俄克勒斯兄弟阋墙，内战爆发，最终二人死亡。他们的叔叔克瑞翁决定为厄忒俄克勒斯举行葬礼，但拒绝给波吕涅刻斯同等待遇，后者的尸体被扔在城外任其腐烂。波吕涅刻斯的妹妹安提戈涅坚决反抗这个决定，即便必然会面对严厉的惩罚，她仍决定为哥哥举办体面的葬礼。索福克勒斯借由女性角色来衡量公共权力与个人道德自由的价值，反映了作者试图将自身的心理和存在主义追求推向那个时代之前从未被描绘和探索过的领域。

埃斯库罗斯和索福克勒斯强调命运的无常，突出人类在困境中的勇气，以及将苦难转化为同情心和道德成长的崇高品质。而欧里庇得斯则在古老神明的野蛮本质与人类内心的矛盾之间反复徘徊。他的剧作《酒神的伴侣》(The Bacchae)讲述了底比斯国王彭透斯的故事。彭透斯害怕酒神狄俄尼索斯的出现会破坏城市的秩序，决定阻止他的到来。然而彭透斯注定无法与之抗衡，因为狄俄尼索斯是一个强大的神。很快，彭透斯被引诱到荒郊野外，在山顶目睹了狄俄尼索斯的祭典，并最终被一群疯狂的女祭司肢解。彭透斯试图抵御非理性的疯狂，而狄俄尼索斯正是这种非理性的化身，最终他被自己所反对的力量摧毁。

欧里庇得斯创作《酒神的伴侣》是否表达了对理想人类城市能否构建足够坚固的理性壁垒以抵御黑暗与不公的质疑，仍然无法确定。尽管人们付出了巨大努力，但是这些力量似乎始终未曾完全失去对人性的控制。我们无法给出明确答案，但可以肯定的是，在欧里庇得斯生活的时代，希腊思想达到了前所未有的高度。尽管他的作品未必提供更多的答案，但它对生活与人性中固有的潜在矛盾发起了更为深刻、更具挑战性的探索。

除了戏剧，雅典的喜剧也有其独特展现。阿里斯托芬的喜剧以大胆的嘲讽为特点，表明在希腊，夹杂着大量讽刺的批评已变得非常流行，尤其是当它指向政治家和哲学家时。阿里斯托芬最著名的戏剧之一《云》(The Clouds)便是一卷描绘苏格拉底的荒唐漫画。要理解阿里斯托芬为何将苏格拉底丑化，我们首先需要简要探讨雅典著名的诡辩家、哲学家苏格拉底的基本观点。

诡辩家是一群流浪的知识分子，他们为了谋生，四处教授各种学科，包括修辞学。修辞学被他们包装成参与城邦政治的有力工具。诡辩家的一个核心论点是：只要构思得当，任何观点都可以被用来证明自己。这些诡辩家沉迷于使用华丽的辞藻进行论证，遇到听众反驳时，他们便展开辩论，直到双方再次达成一致。

诡辩家还提出了一个观点：诗人和哲学家所倡导的普遍真理不过是一种幻觉。为捍卫这一论点，诡辩家普罗泰戈拉曾写道："至于神，我无法认识到他们是否存在，或者，他们到底以何种形式存在。因为知识所限、主题的模糊、人生短暂，这些都是我们认识的障碍。"

为将这种相对主义方法推向极端，诡辩家甚至宣称，由于无法判断绝对真理，人类应将自身作为唯一的判断标准，并自私地追求最符合自身利益的目标。普罗泰戈拉用一句格言总结了这一观点："人是万物之尺。"这种放弃普遍真理、追随单一观点和偏好的立场，为一种冒险的放纵行为打开了大门。在他们看来，只要能确保胜利，所有手段都是公平的，哪怕充满谎言、夸张及与真理背道而驰的修辞。然而在一个将公民合作视为最高美德的社会，这种极度自私的态度无疑是一种破坏力巨大的危险主张。

泥瓦匠和产婆的儿子苏格拉底严厉谴责了诡辩家的狡诈行径。他指出，诡辩家通过不正当手段将教育变成了一门逐利的生意，完全漠视其教导可能引发的负面道德后果。苏格拉底深受俄耳甫斯秘仪的影响，与毕达哥拉斯的思想一脉相承，他认为诡辩家的相对主义观点极其危险。苏格拉底质问道：如果正义、秩序、诚实和道德这些真理被斥为毫无意义的空谈，那么如何才能建立一个公正而有道德的社会呢？

为了反驳诡辩家的观点，苏格拉底指出，知识并非一种可以通过货币交易获得的商品，而是一种需要通过对自我进行艰辛探索才能追求到的卓越天赋。而实现这一目标，必须以道德操守为前提。苏格拉底认为，仅仅理解道德是不够的，必须付诸实际行动以践行道德生活。他还补充道，这一原则同样适用于修辞学。他谴责那些不道德的诡辩家严重扭曲并滥用了修辞学，特别是在他们利用语言技巧、谎言和谬论来歪曲逻辑和理性合法性的时候。

与诡辩家相反，苏格拉底常常在雅典的街头和集市上与市民进行一对一的讨论，但他从不收取任何报酬。对他而言，修辞学不是一种娱乐，也不是一门交易，而是一种对理性和真理的庄严承诺。他认为，除了需要具备清晰的思路，还必须以诚实的态度进行思考和交谈。正如"哲学家"[1]一词的本义所暗示，要成为哲学家，善良是必不可少的。哲学的价值不仅在于掌握更多的知识，更在于获得更多关于善良的智慧。这种智慧是一种质的飞

---

1 "philospopher"（哲学家）一词，由希腊语"philo"（爱人）和"sohpia"（智慧）构成，意为"爱智慧的人"。

跃，使人的心灵得以提升，迈向更高层次的神圣智慧。

因此，对苏格拉底而言，最重要的事情就是每天通过一连串问题，反复挑战人们的普遍假设和信念。这些问题的目的在于以逐渐精确的方式，引导人们接近真知。可以肯定，苏格拉底的主要兴趣集中在伦理和道德上。由于他"知道自己一无所知"，他热衷的对话绝非为了确立教条的概念，而是为了提出生动的问题，激发越来越高级的思维和理解形式。他坚信，"未经反思的人生，不值得度过"。苏格拉底通过对话逐步引导人们挖掘自身潜在的智慧，就像助产士帮助婴儿诞生一般，因此他常把自己比作"灵魂的助产士"。他认为哲学具有救赎的性质，这一观点令人联想到毕达哥拉斯的理论：灵魂一旦与神圣结合，真正的知识就等同于记忆。

为了更好地理解美德，苏格拉底举了一些具体的例子：就像木匠按照一个理想的模子制作桌子一样，人在行动之前，应尽可能接近优秀思想所代表的善与美的原型。尽管如此强调理性的意识，苏格拉底仍明确指出，只要灵魂被禁锢在肉体之中，哲学所提供的知识永远只能接近真理，却无法完全达到其最终形式。然而这并未削弱美德的重要性：即使绝对真理在其最终形式上难以企及，对它的追求本身便足以赋予我们一种兼具道德力量与存在意义的内在力量。

众所周知，苏格拉底在公元前399年因其主张被雅典判处死刑。他倡导保留雅典城中心集会的选择，推崇言论与思想的自由交流，却因此招致如此严厉的惩罚，令人费解。法官指控苏格拉底"不敬神"，声称他散布危言耸听的言论，毒害雅典青年的思想。如果像苏格拉底自己所言，他"只知道自己一无所知"，那么如此谦逊、自嘲的人，怎么会引发这样的恐慌呢？

正如我们所见，在苏格拉底死前五年，伯罗奔尼撒战争的爆发及雅典的战败羞辱使得政治紧张局势加剧，这无疑助推了法官们的裁决。他们认定苏格拉底正在颠覆雅典社会赖以为存的传统。事实上，苏格拉底始终对城邦怀有最深切的敬意。当他被判刑时，他本可以在流放与死刑之间选择，但苏格拉底毫不犹豫地选择赴死，因为他坚定地相信，离开城邦生活等同于失去公民身份，而这对他而言比死亡更难以接受。

正如前面提到的，喜剧作家阿里斯托芬选择苏格拉底作为他讽刺幽默的主角。从剧名《云》便可看出，在阿里斯托芬看来，苏格拉底的抽象辩论与诡辩家并无二致，后者正是通过空洞的辞藻将听众带入云里雾里的迷茫境地。

有趣的是，阿里斯托芬本人也是一位道德家，与苏格拉底一样，他肯定公民义务的价值，认为每位公民都应对整个社会负责。尽管两人在这一点上意见一致，但是他们的宇宙观却截然不同：苏格拉底相信宇宙受到神的支配，而阿里斯托芬作为德谟克利特的忠实追随者，则倾向于从纯粹世俗和物质的角度解释世界。在阿里斯托芬看来,苏格拉底的危险之处在于,他将理性与不可测的、抽象的形而上学理论相联系,而非通过理性进行逻辑和实用的验证与证明。

从柏拉图到亚里士多德

柏拉图坚定地选择苏格拉底作为自己的导师。由于苏格拉底没有留下任何著作,柏拉图便将他塑造为自己作品中的虚构人物,通过对话形式表达其哲学思想。柏拉图生于公元前427年,出自贵族家庭,目睹了敬爱的老师苏格拉底在伯罗奔尼撒战争第五年惨遭死刑,彼时他28岁。由于担心老师的门徒会遭到进一步的报复,柏拉图逃离雅典,开始了长达十多年的流亡生活,其间他游历了埃及、吕底亚和意大利南部的大希腊地区。公元前380年,晚年的柏拉图回到雅典,在郊外的一片橄榄林中建立了著名的"学院"。学院的入口处竖有一块牌子,上面写着:"不懂几何者,勿入。"

柏拉图的哲学建立在一个假设之上:现实世界的真正本体存在于他所称的"理念"(idea)之中,这些理念是卓越、永恒的万物原型。柏拉图所指的"理念",并不具备我们今天所理解的主观心理特质,而是指一切现实事物的无形、非物质的原型,这些原型存在于一个神圣完美的维度，超越了我们生活中的不完美世界。

因为理念代表着更高级的现实，柏拉图与巴门尼德所描述的理念，只有通过心灵而非感官经验才能接触到。与毕达哥拉斯相似，柏拉图也认为，灵魂曾经栖息于一个神性理念的水晶王国，那是人类智慧的最高表达。然而当灵魂进入肉体的束缚时，关于最初美好状态的记忆便消失了。在《理想国》一书中，柏拉图通过"洞穴隐喻"来描绘人类在尘世生活中的局限。他写道："想象一下，一群囚犯被关在一座漆黑的洞穴里，他们的腿和脖子被束缚，不能动弹，只能盯着面前的岩壁看。在他们背后，有一堆火在熊熊燃烧。在火堆和囚犯之间，有人搬运着各种物品，比如用木头、石头和其他材料做成的动物雕塑和人像。"

囚犯们看到的只是投射在面前墙上的物体影像。这个隐喻的意义在于：人类的感官认知，像那些被束缚的囚犯一样，只是存在于一个不完美的世界里，远离真正的理性和完美，所知仅是完美而永恒理念的模糊反映。

柏拉图从未深入探讨人性为何陷入如此悲惨的境地。尽管他认识到人性的荒谬，却从未将"负罪"与人的局限性联系起来，也从未考虑过将人类惩罚为渎神之罪的可能性。这种处理方式体现了典型的希腊思想风格，关注于理性和理想，而非罪与罚的神学层面。

柏拉图唯一关心的是如何引导人的灵魂不断向着神圣的智慧火光上升。他认为，唯一可行的办法就是摆脱感官体验的昏暗无知，转而依靠一种超越物质影响的理智。[1]柏拉图进一步指出，为了获得真知，人类必须经历一场激烈的视觉转换，从外在的肉眼转向内在的精神之眼，超越俗世表象的欺骗，才能感知万物起源的深层光辉。

柏拉图特别挑选了长期以来被视为美的象征的价值，进一步解释灵魂如何重新觉醒，回归一种更高级的视觉和认识。他解释道，当人被美所吸引而坠入爱河时，会产生两种截然不同的动力：如果灵魂追随感官欲望，人将被拉向物质世界的黑暗尽头；而如果灵魂跟随理性的指引，它则会向上升回到起源的光辉之中。

另一篇对话录《会饮》的标题，表明对话发生在一场传统希腊宴会（会饮）上，苏格拉底和他的朋友们正在讨论爱情在爱人身上产生的强大效果，尤其是希腊人公开培养的同性关系（重点讲述了一个青年与导师之间的感情）。苏格拉底和他的友人们认为，因女性而起的爱情是低级庸俗的肉欲；相反，同性之情被赋予了更高的价值，具备点燃对更高级认识的渴望所需的所有特质。当爱人注视着对方的眼睛，就像在照镜子，一眼就能认出曾属于他自己的超然原始自我之美和真理的反映，这时，理智的光

---

[1] 对柏拉图来说，感觉是虚幻的，就像隐喻中投射在洞穴墙壁上的影子。

芒便会出现。对柏拉图来说，爱与美一样，都是一种强力的召唤，它唤起了人们强烈的渴望，重新唤起了与自己起源重聚的怀旧之情。

其实，苏格拉底通常被描述为一个壮汉，但并没有战士般的英俊特征——据说他长着水泡眼、厚嘴唇、矮鼻梁，这更像一个猥琐的大汉，而非翩翩少年。柏拉图正好借他来举例说明：关于如何获得知识和美德，最重要的不是肉体的外在美，而是精神的内在美。苏格拉底的美是他智慧的一种体现，配得上他的哲学才华，能够激发他人对善与美同样的爱，这种爱从卓越思想的超越和完美中散发出来。

因为他确信，真正的知识只是一种逻辑上无法验证、无法传达的体验，柏拉图最后以神秘的语调支持他的论点，这种语调与他所倡导的纯粹理性主义相距甚远，似乎将哲学推向了天启和神秘主义的幻境。为了跟随这种跃升，并将话语转化为供精神成长的有机土壤，柏拉图选择通过对话来表达他的哲学思想。而这一选择源于一种信念：由对话产生的不断推进的精神运动，是激活语言中蕴含信息的唯一途径，而不是像坟墓般冰冷、僵硬的文字，即我们前面讨论过的"sema"或"语言文字的坟墓"问题（下一章将讨论书面语言的弊端）。

有趣的是，一谈到神圣的概念时，柏拉图又回归了希腊传统，对"创世"这种概念几乎不感兴趣：对他来说，神不是犹太教和基督教中那样的创世神,而是一个造物主,一个巧夺天工的匠人,通过数学精确的几何,制服混乱的原始岩浆,进而实现宇宙的美妙秩序。由于造物主的工作如此完善,柏拉图得出结论:美、公正、善是神的三大品质。这些品质确保自然总是产生积极的结果,同时也能指导人类去创造一个美丽、公正和善良的社会。

对柏拉图而言,实现这一目标的关键在于教育:一个良好的国家应该使人们为成为社会的优秀人才做好准备。在他看来,这样的社会并非一个民主平等的体系,而是一个等级结构,其中每个公民都应为城邦尽职尽责,发挥各自的特长。柏拉图在《理想国》和《法律》两篇对话中指出,这一责任链条的最前端是哲学家,他们不仅掌握最高智慧,还能通过源自神圣观念的正义与秩序来治理社会。

柏拉图对雅典平等主义制度的拒绝,深受历史事件的影响:这座对苏格拉底不公正判决的城市,在建立民主制度的过程中,错误地将政治权力交给了一群好诉讼、情感化、愚昧无知的暴徒,这些人多由粗俗、无教养的民众组成,根本不适合掌控城邦。对柏拉图来说,政治是一项要求极高的活动,只有哲学家,作为社会中智力和道德最为成熟的成员,才具备足够的能力担任统治者。为了确保哲学家保持无私与公民精神,柏拉图建议国家为他们提供免费住房和食物,从而确保个人的物质与情感利益不会影响他们的道德操守（此外，真正的哲学家也应避免成家，因为家庭琐事会分散他们的注意力）。柏拉图或许受到了其贵族身份的影响，特别强调了休闲和自由对心智培养的重要性，认为普通人永远无法成为哲学家，因为他们需为生计劳作。

柏拉图最不待见的是诗人和艺术家，他认为他们误入歧途，在城邦中应当受到严厉禁止。为了证明这种极端态度，柏拉图提出了两个理由：首先，必须抵制艺术，因为艺术作为一种虚假的模仿，是现实的"复本"，它是对真理的二次复制，从而使真理从神圣的思想中流失；其次，艺术是危险的，因为它通过诉诸情感，妨碍了理性的道路，使人偏向俗世的幻想和非理性的激情，进而使灵魂偏离了形而上学的道路。

柏拉图对他理想社会所能带来的和平与稳定发表了热情洋溢的演讲，但他缺乏严格的角色分工（社会底层的工匠、中间的军人、上层的哲学家），使得他的固定等级结构看起来更像蜂巢或蚁群，而非人类社会的集合。

公元前367年前后，一个名叫亚里士多德的17岁少年来到雅典，进入了柏拉图学院。亚里士多德于公元前384年出生在希腊北部的斯塔吉拉。据史料记载，他的父亲曾在马其顿担任宫廷医生。亚里士多德晚年回到马其顿后，被国王腓力二世召去辅导王子亚历山大。

尽管亚里士多德对柏拉图表现出极大的尊重，但他无法像导师那样完全鄙视现实世界。公元前335年或前334年,亚里士多德创办了自己的学派——"吕克昂"。与柏拉图的观点不同,亚里士多德强调经验世界的重要性,认为没有感性经验的支持,理性认识无法得以运作,而经验对于理解宇宙的规律至关重要。他重新确立了物理世界作为研究的核心,成为一位不知疲倦的世界观察者。广泛的兴趣和对动植物的详细分类,使他成为生物学、植物学和动物学等多个学科的奠基人。除在物理学和天文学上的重要贡献外,他还在政治学和伦理学方面做出了重大贡献,并被认为是形式逻辑的创立者,形式逻辑本身则成为一种清晰、系统的思维工具。

对亚里士多德来说,世界是一个等级体系,最终由一个完全非物质的抽象实体所控制,他称之为"第一推动力"(First Cause)或"不动的动者"(Unmoved Mover)。在他看来,"不动的动者"是推动宇宙生命不断变化与发展的源泉。一切存在的事物,包括植物、动物和人类,都是通过响应内在冲动来推动这一伟大过程,从而实现它们内在所蕴含的"目的"或终极目标。人类是唯一具有理性和语言能力的生物,因而其对内在世界的理解与对社会的认知是相统一的。亚里士多德的这一观点指出:一个人的本质不取决于他出生时的状态,而是由他生命的目的所决定。因此,只有当人类将自己奉献于社会公共利益,去实现本性中预设的目标时,幸福才得以实现。成为社会的一部分,便是人类存在的终极目标和意义。

与柏拉图不同,亚里士多德将他的政治分析集中在三种主要政体上——君主政体(一人统治)、寡头政体(少数人统治)和民主政体(多数人统治)。柏拉图认为,民主之所以应当被谴责,是因为人们错误地认为公正等同于所有公民的彻底平等。相反,亚里士多德认为,城邦应该被视为一种等级结构,就像自然界中的其他表现形式一样。在《政治学》一书中,亚里士多德根据公民的才华与能力分配不同的角色,并将其与柏拉图"水手隐喻"中的各职能角色相比较,确保航行安全。亚里士多德将"自然"和"理性"(男性公民相对于奴隶和女性的优越性)视为"有益之物"。这并不意味着亚里士多德支持民主之外的两种政体,正相反,尽管他承认有些人确实优越,但他并不提倡君主政体(一个人统治)或寡头政体(少数特权精英统治)。这些思考对后世的政治思想家,如波里比阿和西塞罗,产生了影响,他们得出结论认为,最理想的政府形式是混合宪政,即融合君主政体、寡头政体和民主政体的元素,类似于罗马共和国的政治模式。这一问题我们将在后文进一步探讨。

与柏拉图相反,亚里士多德并不担心艺术对人的引导。他认为,如果运用得当,艺术所提供的情感宣泄或强烈的情感释放,能够产生积极的效果。亚里士多德还通过类似的实践方法,推翻了柏拉图对修辞学的消极看法。他认为,修辞学与辩证法一样,具有说服他人的能力，因此非常重要。亚里士多德深知修辞学的力量，因此他明确指出，那些使用这一夺人眼球的工具的人，必须谨慎、尊重，最重要的是要具备高尚的意图——这一点正是那些不讲道德、不择手段的诡辩家所忽视的。与诡辩家的欺骗不同，亚里士多德认为，真正有价值的修辞学，能够将情感的说服力与伦理、正直、理性的特征相结合，保持稳定。

亚历山大与希腊化时代

当亚里士多德在思考政府如何更好地服务于城邦的利益时，古希腊的世界正走向一个残酷的终点。亚里士多德去世前16年，才华横溢的马其顿国王腓力二世将其旧军队改造为一支训练有素的铁军。腓力向南扩张的计划遭到雅典政治家德摩斯梯尼的奋力抵抗，德摩斯梯尼以他雄辩的修辞鼓励雅典同胞进行反抗。德摩斯梯尼本人也参军了，并在公元前338年的喀罗尼亚战役中，亲身领教了马其顿人的恐怖。在这场战役中，他率领的雅典和底比斯联军被腓力的军队击败，影响深远。腓力死后不久，腓力的儿子亚历山大开始了他的征服之旅，在短短十年的战争中，亚历山大将马其顿的版图扩展到前所未有的范围，不仅囊括了整个希腊，还征服了色雷斯、小亚细亚、叙利亚、埃及、巴比伦尼亚、巴克特里亚和旁遮普。他通过三场战役击溃了庞大的波斯帝国，并摧毁了其首都波斯波利斯，这成为对150年前薛西斯及其军队在雅典所犯野蛮罪行的报复。然而当亚历山大抵达印度次大陆时，他疲惫不堪的军队拒绝继续前进。年轻的领袖被迫承诺迅速撤兵回国。军队返程时，在巴比伦停下了脚步。亚历山大突然病倒，几天后死于疟疾，年仅33岁。

亚历山大总是对希腊文化的价值观流露出深深的敬仰，他在征服亚洲的过程中始终将《伊利亚特》视为枕边书。然而他却违背了希腊民族精神的基本原则。为了在庞大帝国中的所有民族面前宣示自己的权威，他赋予了自己神话般的身份，就像埃及法老或波斯国王那样。这一做法似乎透露出一种陈腐的观念。令人惊讶的是，当人们将亚历山大的多元帝国愿景与过去对希腊人仇外心态的描述相比较时，前者往往受到贬斥，正如亚里士多德所言："只有希腊人才能像自由民一样生活，而野蛮人卑微、低贱，注定只能被暴君统治。"然而亚历山大并不相信导师的警告，执意要统一东西方，企图在一个帝国内调和这两个对立的世界。他娶了三位东方妻子（第一位来自巴克特里亚，即今阿富汗与乌兹别克斯坦之间的地区，后面两位则是波斯的公主），这一点足以证明他具有开阔的胸怀。有些作家认识到，亚历山大的多元文化帝国产生了积极的影响，普鲁塔克曾写道：亚历山大是"被众神派遣担任宇宙调解者和仲裁者的人"。亚历山大促成的这一巨大变革是有意为之的吗？没人能确定。学者安东尼·派格登在《人民与帝国》(*Peoples and Empires*)一书中指出，是否是众神的使者并不重要，因为历史是由事实与神话交织而成的。"亚历山大的伟大之处在于他渴望实现的最终目标，而不是他所认为的成就。"帕格登的话传达了一个深刻的道理：亚历山大虽然伟大的一生来去匆匆，如流星般短暂，但他的事迹依然在世人心中激起钦佩之情，这种钦佩最终转变为传说和神话。在这一过程中，亚历山大不仅是一个伟大的征服者，还是一个永远充满好奇心的探险家。据说，亚历山大曾乘坐潜水钟到达深海底，甚至还乘坐由两头狮鹫（一种神话动物，狮身鹰首，身有双翼）拖拽的篮子飞上了天空。

在亚历山大的许多事迹中，包括建立70座城市（其中亚历山大城最终取代雅典，成为城邦文化的主要中心）以及建立一张巨大的贸易路网。这些城市不仅创造了富裕和繁荣的市场，还使人们能够接触到丰富的异域文化，而在此之前，世界各地的人们对彼此知之甚少。在这个巨大的文化熔炉中，希腊语言和文化被传播到亚洲西南部。

对西方来说，更为重要的是与犹太教、佛教、印度教、琐罗亚斯德教以及其他秘仪信仰的接触，例如波斯的密特拉信仰和埃及的伊希斯信仰。这些信仰都崇拜自然的轮回，从死亡到复活的过程。

亚历山大死后不久，帝国被他最信任的三位将军——西流基、托勒密和安提哥那所瓜分。这三人分别建立了塞琉西王朝（统治中亚）、安提哥那王朝（统治马其顿）和托勒密王朝[1]（统治埃及）。

与古典时代崇尚节俭不同，希腊化时代的君主们似乎更愿意效仿亚历山大，沉溺于炫耀财富。正是在这个时期，希腊的国王们和许多富庶的贵族成为艺术创作的主要赞助者。这个时代的艺术追求在美学和装饰上的原创，强调风格，而非特定的宣传说教或意识形态目的。希腊艺术家关注的是形式，而非艺术内容。尤其是在雕塑方面，令人钦佩的是他们日益精湛的雕刻技术，能够完美地再现实物。著名的大理石雕塑《拉奥孔》便是这种创新技术的典范。这件作品创作于公元前200年前后，由一位无名雕塑家制作，展示的是拉奥孔之死——他曾试图阻止特洛伊人将木马带入城市。作为惩罚，支持希腊人的诸神让拉奥孔和他的孩子们被海中浮现的巨蛇绞死。雕塑中的痛苦表情、动态扭曲的身体，以及精细的解剖细节，都展现了希腊艺术的悲怆。这种悲怆的深刻程度，反映了古典时代艺术在追求冷静与克制的道路上，因道德和意识形态的需求而能够走多远。

---

[1] 正因托勒密王朝的存在，亚历山大港才能成为重要的贸易和文化中心，城中有一座名为"缪斯埃姆"（Musaeum）的机构，其名称来自艺术女神缪斯（Muse），古典时代的许多思想家会聚在那里共同学习。著名的亚历山大图书馆就是缪斯埃姆的一部分，其鼎盛期藏有近40万卷轴。

这尊《拉奥孔》雕塑（约公元前200年）集中体现了希腊艺术的特质

在希腊化时代，女性裸体首次出现在艺术创作中。第一个大胆尝试这一表现形式的艺术家是普拉克西特利斯，他在公元前4世纪创作了爱神阿芙洛狄忒（维纳斯）的裸体像。

由于希腊化时代世界边界的扩张，思想和知识的交流达到了前所未有的程度，尤其是自然科学领域受益最大。例如，天文学家托勒密的贡献，建立在古巴比伦知识的基础上，影响深远。数学家如欧几里得和阿基米德，地理学家斯特拉波，以及医学家盖伦，都是这一时期的杰出人物，他们的学术成就至今仍值得一书。

尽管希腊君主制能够确保相对的稳定和幸福，但随着政治现实的变化，民众的失落和疑惑逐渐积累，难以预测且难以控制。随着城邦的缩小以及血缘关系的复杂和分散，人们的思想和心态发生了剧烈变化。希腊化时代诞生的主要哲学流派——怀疑学派、伊壁鸠鲁派和斯多葛派——在面对生活中日益混乱的挑战时，纷纷表现出孤立和逆来顺受的态度。怀疑学派与旧思想形成鲜明对比，他们认为社会是纯粹的契约协议，而不像亚里士多德所言，社会是人类理性自我的天然产物。伊壁鸠鲁派则认为，生命是纯粹偶然的结果，人类需要的是追求个性化的简单满足，远离政治事务。哲学家伊壁鸠鲁和他的追随者（如卢克莱修）并不像今天的"享乐主义者"所描述的那样贪图享乐，他们从未背离希腊思想中一贯强调的中庸原则。伊壁鸠鲁派用"ataraxia"一词定义快乐，意指"排除干扰，心平气和"，这种生活方式不像宗教那样充斥恐惧和迷信。

斯多葛派同样强调个人的内省方法。与唯物的伊壁鸠鲁派不同，斯多葛派认为，世界是一个充满活力和神性的现实，任何事情都不是偶然的，一切都由一种上天赋予的伟大智慧所预先安排。今天，这一观点可与现代哲学中的"存在即为合理"命题相呼应，意即即使某些事情看似不合逻辑，难以理解，但它们依然有其存在的意义。斯多葛派持有类似的态度，他们认为，幸福来源于人类对生活中各种令人困惑的挫折的接受。斯多葛派认为，万物皆是大自然的一部分，正如学者理查德·塔纳斯所说："每个人天生具备神圣的理性",这使得他们得出一个结论:在同一个宇宙下,全体人类都是血脉相连的兄弟。我们将看到,这种观点在西方文化中产生了深远的影响,尤其在后来基督教的教义中得到了体现。

希腊化时代延续了近300年,从公元前323年亚历山大去世起,到公元前31年希腊西海岸的亚克兴战役为止。在这场战役中,屋大维(即后来的皇帝奥古斯都)击败了安东尼及其情人克利奥帕特拉,宣告了罗马共和国的终结,并建立了罗马帝国。

第二部分

古罗马

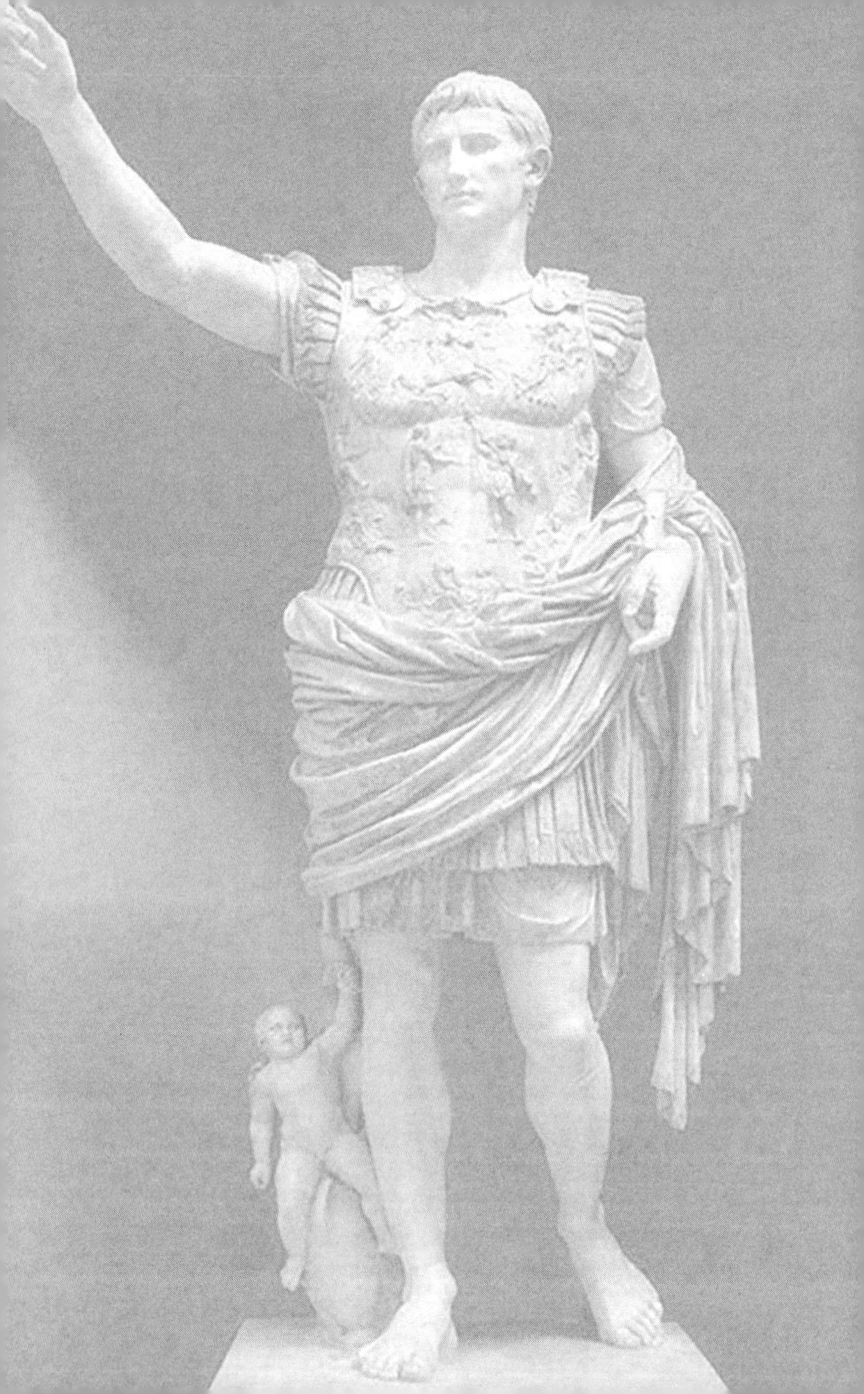

罗马共和国的历史与神话

在公元前31年的亚克兴战役中,安东尼与他的爱人埃及艳后克利奥帕特拉被屋大维击败,这场战役开启了屋大维生命中的一个重要阶段。作为恺撒的甥外孙,他在为凯撒的刺杀案复仇后,获得元老院的认可,成为罗马的首位元首。元老院授予他"奥古斯都"这一至高无上的称号,意为"最受尊敬的人",这个形容词从此成为名词。同时,罗马崛起为世界超级大国,这一历史时刻标志着共和国的终结(约建立于公元前509年)和帝国时代的开端。罗马在奥古斯都的统治下经历了长达近200年的和平与繁荣,史称"罗马和平"(Pax Romana)。

罗马帝国犹如一个令人敬畏的太阳系,其辉煌成就始终是核心,吸引万物围绕其运行。在西方文化的神话领域中,罗马帝国一直占据着极为特殊的地位。然而当人们想到那些对帝国持谨慎态度、哀悼统治罗马近五百年的正直共和主义精神消逝的批评声音时,这份光辉也不免被蒙上一层怀疑的阴影。

罗马共和国最著名的支持者之一是马库斯·图留斯·西塞罗,这位道德哲学家、律师兼演说家出生于罗马南部的小镇阿比努姆的一个富裕家庭。据传,他的祖辈靠种植鹰嘴豆发家,"Cicer"在拉丁语中意为"鹰嘴豆",而西塞罗(Cicero)这个绰号或姓氏可能由此而来。西塞罗是个极具野心的人,他不知疲倦地为在罗马政坛赢得声望而努力。他与图利亚的婚姻也被视为一种投机行为,因为图利亚的家产对他的政治生涯助益良多。尽管如此,西塞罗的真爱却是图利亚的女儿。这位姑娘的早逝令他悲痛欲绝。为了摆脱悲伤,他转向研究希腊哲学家的著作,但最终"悲伤还是战胜了一切慰藉"。

纵观西塞罗的一生,尽管长期置身于罗马的内乱之中,但他未曾放弃对共和制度的坚定信仰,也从未接受过恺撒的大权独揽。这位将军解散了元老院,并在击败其对手庞培后成为独裁者。在恺撒的傲慢与野心之中,道德哲学家西塞罗看到了他一直警告同胞们要提防的社会潜在威胁。西塞罗之所以如此严厉地指控恺撒,是因为后者无情地抛弃了那些在共和时期为罗马的伟大命运无私奉献却不求权力和认可的人。

和他同时代的许多受过教育的人一样,西塞罗在年幼时便掌握了希腊语。在接触了大量希腊知识后(关于罗马在征服希腊时吸收的这些知识,我们将在后文深入探讨),他对斯多葛派的理论尤为推崇,并将其智慧融入自己的政治思想之中。需要特别强调的是,西塞罗所吸收的斯多葛派思想,来源于由基提翁的芝诺[1]在公元前3世纪早期创立的希腊化哲学学派的罗马变体。根据斯多葛派的观点,宇宙是一个由神圣智慧构成的有生命的整体。由于人类被赋予了理性,他们能够认识到维持宇宙秩序的高级规

---

1 这个芝诺不是"芝诺悖论"的创立者"埃里亚的芝诺"。——译注

则。为了与这种内在的和谐相一致，人类必须摆脱各种情感——如野心、贪婪、嫉妒和恐惧——所带来的干扰，从而达到一种平静超然的精神状态，这种状态被称为"apatheia"，意为"没有痛苦"。与现代对"冷漠"（apathy）一词的解释不同，斯多葛派的"apatheia"代表了一种净化了被激情奴役和误导的心灵后所达到的稳定与冷静。斯多葛派相信，除了常见的混乱和矛盾之外，世界上还存在一种神圣的理性，这种理性预先决定了所有生物的命运。这种信念赋予他们极大的耐心与复原力。即使挚爱之人的死亡，也不会使真正的斯多葛派学者感到心烦意乱。对于他们而言，"悲剧"一词只适用于那些未能以高尚的勇气接受神圣智慧安排的人，无论这种安排看似多么违背人类理性。

西塞罗对芝诺过于内向和逆来顺受的态度进行了深刻修正，他赋予斯多葛派一种更为外显且更具吸引力的公众和政治诠释。西塞罗最关注的是如何保卫罗马共和国。为了这一目标，他利用斯多葛派关于勇气、忍耐和自律的核心理念，阐明当人类按照宇宙的有序规律行事，并以理性为生活和社会的驱动力时，美德便会随之而生。在他的著作《论法律》中，西塞罗写道："既然世间没有比理性更高尚的事物，而理性同时存在于人类和神性之中，那么人类与神性之间便建立了一种原始的理性伙伴关系。"作为一种神圣的天赋，理性的完善与发展代表着人类最伟大的成就和最高形式的美德。正如他所言："最高级的美德，正是充分发展后的理性。"

而亚里士多德乐观地认为,自然已将一切安排妥当,而这一点在赋予人类理性的天赋中得到了真实的体现。这种理性使人类本能地渴望与他人建立联系。西塞罗在《论责任》(*On Duties*)一文中也表达了类似的观点:真正的人性是在一个人充分履行其社会角色时得以实现的。他写道:"我们不只为自己而生……我们的国家宣称它是我们出生的一部分目的。"

由于理性是人类最崇高的特征,营造一个良好有序的社会便成为符合伦理原则的最佳方式,而伦理原则正是神圣智慧在自然和谐运行中的体现。这一思想孕育了一种由来已久的信念,强调的是一种固定、永恒、自明,对所有人类普遍适用的自然法则。正如西塞罗在《论共和国》中所言:"真正的法律,就是与自然和谐相处的正当理性。"这种法律通过整个人类社会传播,永恒且不变……它无法被反驳、修改,也无法完全被废除。我们不能因元老院或人民的任何判决而从中豁免;我们也无须任何人来解释它。罗马和雅典都没有这样的法律,现在没有,将来也不会有,但所有人民在任何时候都在一个单一、永恒、不可改变的法律管理之下……凡是拒绝服从它的人,最终都会背弃自我。

对于西塞罗来说,能够激发罗马"公共秩序"(res publica)的政治合作,最能代表一种充分发展的理性智慧。他常说,罗马是"所有国家中最虔诚的"。西塞罗所用的"宗教"一词,并非指精神上或形而上学的脱离现实，而是指维系信任、纪律和责任的纽带，这正是古罗马人民爱国精神的体现。西塞罗认为，若要说罗马共和国是一种宗教狂热，那是因为它激发公民精神的合法一致性，忠实地反映了统治整个自然界的和谐与一致。

尽管西塞罗心中设想的共和国最终未能经受住时间的考验，但他的思想在未来几千年中依然成为西方文化的重要参照。关于这一点，学者尼尔·伍德在《西塞罗的社会和政治思想》（*Cicero's Social and Political Thought*）一书中写道："美国早期立宪派及其十年后的法国革命者都自诩为古罗马共和党人的继承人，而最佳的继承方式，就是向他们最伟大的政治思想家（如西塞罗）、文化政治家和开国领袖寻求指引，完成建立新秩序的艰巨任务。"为了更好地理解这些观点，我们需要简单回顾罗马的历史。

罗马于公元前753年建立在台伯河畔。最初，这片土地由伊特鲁里亚国王统治，但在公元前6世纪，叛乱的拉丁人部落击败了伊特鲁里亚人，罗马随之改为共和国，由两位执政官领导，每位执政官的任期为一年，同时还设有终身任职的元老院。

这一系统旨在保障权力的分配，尽可能降低独裁君主复辟的风险——罗马人对这种可能性有着强烈的反感，正如亚历山大大帝结束城邦时代之前古希腊人所做的那样。

尽管成为"贵族"（城市建立初期元老部族的后裔）是罗马从政的基本条件，但家世显赫并不足以确保获得公职。正如一系列"晋升体系"中的官职所表明的,实际的功绩同样至关重要。一个人必须履行义务,才能有资格担任"执政官"这一具有极高声望的职位,掌握行政和军事权力。晋升体系始于10年的兵役,之后是一个长长的晋升列表:财务官(负责行政事务)、行政官(负责监督公共工程、组织游戏和节庆活动)、审查员(监督公民的光荣职位,包括纳税和服役状况)、裁判官(司法职位),最终才是执政官。

为了防止权力过度集中,每个执政官除了任期为一年外,还拥有否决权,必要时可以阻止或推翻另一位执政官的决定。只有在危急时刻,并经元老院批准,才能修改这一规定,授予某人特别的军事权力——一种临时而绝对的独裁权力,称为"统治权",这种权力将在危机结束后立即撤销。

元老院最初由300名成员组成,直接来源于曾为国王出谋献策的长老委员会。正如"元老/参议员"(senator)一词所示,它源自"senior"(长者)。最终,元老院成为政府最重要的机构——它掌控地方法官的选举,监督国家财政状况,制定外交政策,并在法律通过时拥有最终决定权。

参议员所享有的崇高敬意,基于这样一种假设:只有那些高尚、富有、受过良好教育且经验丰富的人,才具备处理公共和政治事务的必要智慧,并且在某种程度上不受个人和私人野心的干扰。因此,所有参议员都应保持模范行为,尊重构成共和国精神的特质——诚实、忠诚、节俭和谦虚。

贵族,作为最古老的地主家庭的代表,在较低阶级(平民)中所保持的优越地位,体现了罗马的宗法社会。古罗马的上流贵族(patrician[1])之所以受尊重,是因为他们被视为"国父",他们聪明博学,为国家的成就和繁荣做出了独特的贡献。值得强调的是,这种心态的核心来自对理性的陈旧信念:贵族之所以拥有更大的政治权力,是因为相比那些容易被冲动和激情左右、缺乏体面与教育的平民,他们更加理性。

政治地位无法得到补偿,这进一步确保了只有富裕贵族才有时间和财力来参与竞选,他们能够从巨额财产中进一步获益。而贵族对宗教祭司职能的垄断,也进一步暗示他们的权力得到了众神的承认和祝福。罗马的最高宗教职务是大祭司,负责维护众神的尊严,并通过国家举行的祭祀仪式抚慰众神。为了解释神的情绪和愿望,大祭司研究了各种启示征兆,例如鸟儿的飞翔姿态或牺牲动物的内脏纹理。大祭司还管理着一批维斯塔贞女(vestal virgins),她们是年轻的处女祭司,分派到不同的仪式中,其中包括照看象征国家存亡的不灭火炬。如果她们失去贞操,将会被判活埋。

参议员的服饰也体现着贵族的地位,其中包括带有紫色绶带的白色托加长袍,旨在表达他们的道德纯洁——这一概念如今仍

---

[1] "patrician"一词源于拉丁语的"pater"(父亲)一词。

体现在英语"candidate[1]"（候选）一词的含义中，它象征着纯洁无垢的坦诚正直。据说，这是当时公共政治参与者的普遍特征。直到19世纪，西方的政治家和政客在雕塑和绘画中依然常常被描绘成身着罗马长袍的形象，以象征他们的道德品质。

后人为了阐述共和初期崇高行为的普遍性，讲述了许多模范故事，其中最令人印象深刻的是罗马贵族辛辛纳图斯的事迹：在国家危急时刻，他回应元老院的召唤，毫不犹豫地放下手中的犁，继承了罗马的绝对军事权，奋起抵抗邻国入侵。辛辛纳图斯以正直、谦逊为典范，危机过后，他同样毫不迟疑地放弃权力，回到平凡的农田中。他拒绝滥用职权，摒弃了荣誉和奉承，转而追求谦和与正直的尊严，这种精神让他迅速成为共和国最受尊敬的英雄之一。在美国俄亥俄州的辛辛那提市，立有一座以他命名的雕像，雕像展现了这位罗马领袖将象征权力的束棒（fasces，最初象征王权，后成为法西斯主义短命独裁的象征）奉还元老院，而另一只手仍紧握犁，准备回到务农生活。雕像简单的姿势，深刻传达了共和精神的精髓——没有辛辛纳图斯那种先天下之忧而忧的爱国主义精神，罗马就不可能统治西方世界，也无法成为文明的典范。

对辛辛纳图斯的追捧随着美国独立战争的兴起而流行开来。乔治·华盛顿像罗马的公民典范一样，代表国家履行职责，最后

---

[1] 源于拉丁语的"candidus"一词，意为"坦诚、天真"。

谦逊地回到了弗吉尼亚的庄园务农。美国人强调华盛顿与辛辛纳图斯的相似之处,借此赞美华盛顿的正直与朴实,同时在对比中贬低了英国殖民者的傲慢。

对罗马人来说,辛辛纳图斯高尚的故事代表了他们所称的"祖宗之法"(mos maiorum)——一种祖辈们对家庭和国家无私奉献的"古老守则"。对于缺乏成文宪法的罗马人而言,"祖宗之法"是他们行为的基本准则:一种不成文的行为规范,以公民责任和道德标准为基础,这些规范也推动了共和制度的发展。传统(mos)与"道德"之间的紧密联系,唤起了古老的道德价值观。

随着时间的推移,贵族面临的最大挑战来自商人阶层,即"特权市民"或"骑士"阶层(equites,最初指能买马去打仗的人)。这个阶层通过贸易积累了大量财富,而法律禁止参议员从事贸易,因为商业被认为会滋生庸俗与私利,这种追求与贵族应有的道德标准不符。这种偏见最终以意想不到的方式威胁到了贵族。当越来越富裕的商人阶层无法再被忽视时,贵族精英们只能被迫接受这些暴发户在政府职务上与自己平等的地位。"贵族党"(optimates)一词概括了这一新崛起的政府中的上层阶级。

问题更大的是平民的境遇,他们被剥夺了参政议政的可能。罗马的军事组织以罗马公民的物资贡献和财政贡献为基础,使问题更加严重。这种制度的不公平随处可见:买得起最好装备的贵族担任军队指挥,而小农场主、工匠只能充当步兵。军队对低层

左：美国辛辛那提市的辛辛纳图斯雕塑，它集中体现了早期罗马共和国的精神
右：深谙罗马史的美国人借用辛辛纳图斯的"国父"概念来形容乔治·华盛顿

阶级的需求量大，再加上如果一个人欠下无法偿还的债务，就有可能沦为农奴（这种情况在农奴服役期间尤为普遍，往往导致土地荒废），这种局势最终走向不可避免的爆发点。在公元前494年，平民百姓对上层阶级的暴行感到愤怒，他们退到罗马附近的一座小山上脱离了联邦。军队缺兵的威胁迫使贵族做出两个重大让步：第一，设立两个平民法庭，以保护普通公民的利益；第二，颁布了《十二铜表法》(*The Twelve Tables*)，这是罗马法关于基本法律权利的第一部成文法典。但事实证明，他们设想的所有政治制度都有缺陷，包括雅典的民主制。西塞罗在反思这一问题

时指出，只有早期罗马人提出了一个真正持久的解决方案，他们的共和制由不同形式的政府组成，能够在和谐中平衡各个阶层的利益。西塞罗的观点源自希腊历史学家波利比乌斯，他曾将罗马宪法描述为由三种政体完美融合的理想宪法——君主政体（由执政官代表）、贵族政体（由元老院代表）和民主政体（由人民议会代表）。

对波利比乌斯和西塞罗等人来说，罗马的混合宪法最重要的一点是它能够有效预防君主专制、少数寡头专制（本质上由富有精英阶层组成）和多人暴政。在他们看来，希腊的民主制度则表现为一群未受过教育、易激动、不理智的暴民掌权，缺乏稳定和理性。

尽管西塞罗推崇"阶层和谐"（concordia ordinum），即不同社会阶层之间的协作，但这一理想似乎更像是一种美好的愿景，特别是考虑到下层阶级的不断不满。他们多次试图争取更多的权利，却往往被富有阶层操控，后者通过各种手段确保体制偏向自己的利益。

罗马共和国的"共和"概念与今天的理解大相径庭，尽管"共和"和"民主"在现代常常被等同，但这两个词在罗马共和国中的意义既相似又不同。罗马的共和制度并非建立在绝对平等的基础上，而是依照财富、性别等因素赋予不同的特权。虽然女性也是公民，但她们在社会上并未享有与男性平等的地位。此外,男性内部也存在根本差异——尽管所有公民享有自由,但在政府中的政治参与度并不平等,这取决于他们的出生背景和家族地位。

西塞罗与亚里士多德都提出了一个重要的观点:"自然公正并非普遍平等,而是一种比例上的平等。"学者尼尔·伍德在《西塞罗的社会政治思想》一书中进一步解释道:"比例上的平等发生在这样的国家:公民根据其价值(尊严)从最低级到最高级进行划分,形成法律的等级秩序。每个公民在这个等级制度中占据不同的地位或身份。"这种地位差异在罗马共和国的混合宪法中得以制度化,并始终用于"偏袒少数特权阶层,损害弱势群体的利益"。出身和财富赋予个人更高的社会价值,使他们天生优于那些没有财富、没有财产,只能通过养育子女来为社会做贡献的人。正如"无产阶级"(proletarius)一词所暗示的,它在拉丁语中意味着"后代"。

从这个角度来看,"罗马元老院与人民"(缩写为SPQR)这一术语表面上象征全民参与,但实际上掩盖了一个由旧贵族和富裕阶层掌控的有限寡头政治。在罗马共和国中,普通平民几乎不可能跻身政治金字塔的顶端。若一位平民成功地攀登至政治高位,他会被授予"novus homo"这一称号,意为"新人"。这一称号标志着该人物的家族历史中从未有人担任过公职。例如,西塞罗在依次出任财务官、行政官和裁判官后,于公元前63年被授予这一殊荣，证明了他的崛起源于个人才干而非家族背景。

罗马以其强大的军事力量闻名。除公元前390年被北方高卢人攻破外，几乎未尝败绩。自公元前4世纪起，罗马通过一系列胜利迅速扩张，巩固了其在亚平宁半岛的统治。一个新的扩张阶段开始于它将目光投向富饶且强大的北非城市迦太基，这座城市自公元前8世纪起便统治了伊比利亚半岛及地中海盆地。"布匿战争"是指罗马与迦太基之间长达百年的军事冲突。第一次布匿战争持续了20年，罗马先后夺取了西西里岛、撒丁岛和科西嘉岛，这些领土此前均属于腓尼基。第二次布匿战争中，罗马在公元前216年的坎尼一战遭遇惨败，迦太基将军汉尼拔率领5万军队和40头战象翻越阿尔卑斯山进入意大利，给罗马军团造成沉重打击。公元前202年，罗马将军大西庇阿在扎玛会战中通过卓越的领导力为坎尼之败雪耻，取得了决定性胜利。公元前146年，罗马粉碎了迦太基，将其夷为平地，并象征性地在土地上撒盐，以宣告其彻底灭亡。这体现了罗马对迦太基深刻而无情的仇恨，而政治家老加图的口号"迦太基必须灭亡"则成为这一态度的象征。

随着迦太基威胁的消除，罗马的扩张势头几乎不可阻挡。在短短几年内，罗马的统治范围不仅包括迦太基曾占据的伊比利亚半岛，还扩展到整个北非。随后，罗马于公元前148年征服马其顿，并在公元前133年征服希腊的其他领土。接着，罗马又将势力范围扩展至安纳托利亚、美索不达米亚、波斯及今巴基斯坦的部分地区，以及今黎巴嫩、叙利亚、以色列和巴勒斯坦的黎凡特地区。

强大的军事力量成就了罗马帝国，但如果缺少组织扩张领土的杰出政治管理能力，这种军力也难以发挥作用。部署在各省的省长和军官确保了帝国的和平与政治凝聚力，同时派往各地的收税人员负责筹集维持这一庞大体系所需的资金。

罗马权力的崛起令人惊叹，但这种成功也带来了挑战与复杂性。尤其值得关注的是贫困的小农，他们在摆脱军事负担后，人数最终超过了战争中被俘虏的奴隶，而这些奴隶则被富裕的上层阶级掌控的大庄园剥削。农民的权利被侵害，导致社会日益两极分化，富人无耻地滥用特权，而失去土地的农民无法与大庄园竞争，被迫出售或放弃土地，最终与帝国中其他被剥削者一道涌入城市。格拉古兄弟提比略和盖约抓住这一机遇，领导了一场改革，代表人民要求重新分配土地，以缓解下层人民的绝望。

格拉古兄弟的惨死震惊了整个罗马社会，而改革运动终于在公元前107年迎来了重大突破。当时，将军马吕斯提出了一种新的征兵制。由于小农场主已变得稀少，马吕斯鼓励失去土地的贫民充当志愿兵。除了提供训练和武器，他还承诺服役结束后给予他们土地红利。尽管马吕斯的改革颇具吸引力，但其带来的后果却极具破坏性——当军队的忠诚更多地倾向于将军个人而非国家时，这些领袖为了维护个人权威，公然违抗元老院的命令，导致严重的政治危机。

当一些通过战争掠夺积累了巨额财富的将军开始相互竞争时，局势终于恶化。他们纷纷向士兵和出资者赠送财物，以此扩大自己在罗马政界的影响力。

对胜利将军的追捧集中体现在凯旋仪式这一战争后举行的盛大游行中，也体现在罗马的建筑上——城市入口处的凯旋拱门被用来纪念这些胜利游行。斩首超过5000人的将军可向元老院申请，允许其军队穿过神圣的城市大门游行；而战果较少的将军则只能举办较小的欢迎仪式，接受掌声并以宰杀山羊和绵羊庆祝。当士兵骄傲地向欢呼的人群展示战利品和战俘时，头戴桂冠的将军会站在战车上，接受公众的崇拜，并以象征性地拒绝丰厚赠礼表现慷慨高尚。在凯旋门前，12名侍从手持象征生杀大权的束棒，衬托出将军的权威和荣耀。

将军脸上涂满的红色颜料，象征着大神朱庇特的降临，这一细节至关重要。就像古希腊的英雄一样，这些仪式赋予胜利者一种神话般的光环。然而这种荣耀的展示不可能永远持续。当游行队伍抵达朱庇特神庙时，将军必须摘下桂冠，低头将它安放在神像脚下。此外，一个奴隶会被安排在他耳边不断低语："记住，你只是一个凡人。"这句警示贯穿整个仪式，旨在遏制傲慢和过度自信。哪怕被视为神一般的人物，将军也必须牢记：胜利的辉煌仅属于短暂的一天。

最令人难忘的凯旋仪式发生在卢修斯·埃米利乌斯·保卢斯将军公元前168年从马其顿战役归来的那一刻。这场战役标志着希腊在地中海东部霸权的终结。普鲁塔克在其传记《埃米利乌斯·保卢斯传》中生动描绘了这一盛况。为了迎接归来的军队,罗马的所有神庙敞开大门,空气中弥漫着鲜花的芳香和香水的气息。伴随着小号的吹奏,250辆战车满载雕塑、绘画等战利品依次驶过。紧接其后的是更多载满铠甲、头盔、盾牌和宝剑的战车,所有这些装备都来自被俘的敌军。人群中还出现了大批被铐的俘虏,其中包括蒙羞的马其顿国王。普鲁塔克描述国王时写道,他因"极度的不幸"而显得"丧失了理智",震惊的神情令人唏嘘。

当人们想到俘虏为胜利者提供的伟大文化馈赠时,罗马人对希腊人表现出的蔑视,似乎显得不再那么有说服力。刚刚登上历史舞台时,罗马人以勇气、耐力和纪律赢得了名声——这些正是强壮、粗犷的军人特征,他们既不以天资聪颖著称,也不追求更高的智慧。然而在征服了希腊化世界后,罗马的掠夺本能受到其掠夺对象丰富文化的影响,开始发生意料之外的转变。正如诗人贺拉斯所言:"希腊在被征服的同时,也反过来奴役了野蛮的征服者。"

希腊的影响最初通过近邻伊特鲁里亚人渗透到罗马,他们与希腊人在亚平宁半岛南部和西西里岛建立的殖民地有过接触。但在公元前2世纪,希腊化世界被罗马所统治,这条最初的传播细流被彻底淹没了。正如西塞罗在《论共和国》一文中所言:"从希腊流入这座城市的,不是涓涓细流,而是道德和艺术教育的洪流。"

西塞罗说得不错:无论公元前200年以后罗马产生了什么,在其最深处都包含着希腊天才和创造力的肥沃颗粒。在这场巨大同化过程中,罗马的信仰也演变成希腊罗马诸神的混合体:宙斯与朱庇特、雅典娜与密涅瓦、阿芙洛狄忒与维纳斯、狄俄尼索斯与巴克斯,等等。

除了宗教,罗马人还大量借鉴了希腊哲学,采用实用主义的方法,将柏拉图式的正义、美丽和善良等抽象概念转化为实际的规则和法律。神话学者伊迪丝·汉密尔顿在《罗马之路》一书中准确地总结了希腊人与罗马人之间的差异,她说道:"希腊人理论化了,而罗马人则将这些理论付诸实践。"

但并非所有罗马人都沉溺于希腊文化。老加图是著名的元老院议员、执政官和审查员,西塞罗称他为"美德的领袖"。他无情地蔑视希腊人,认为他们是可怜、轻浮、浮夸的民族,沉迷于热爱裸体和抽象无用的精神活动。老加图坚持认为,如果罗马的纪律和美德长期沉沦于这些腐朽特征中,最终将导致城市的毁灭。

他在给儿子小加图的一封信中写道:"吾儿马尔库斯,适时我会与你谈谈我在雅典所见的希腊人,告诉你他们的著作毫无益处(而且不必太过严肃看待)。他们是一个无价值、不守规矩的民族。你可以把我的话当作预言:若这些人将他们的著作传给我们,必定会腐化一切。"

老加图最为厌恶的是女性化的特征,他认为这些特征是希腊人的专属,后者以爱美和性自由著称。他似乎在暗示,过多接触希腊人的品位和思维方式,可能会削弱罗马人最宝贵的品质——那种传奇般的男子气概。

这些负面观点主要受到亚历山大征服后希腊文化变化的影响。众所周知,亚历山大是希腊传统和价值观的崇拜者,他崇敬荷马,并常把自己视作阿喀琉斯的继承者。然而随着他在军事上的成功,这位年轻的头脑未能铭记荷马谦逊的教诲,最终违反了希腊人最尊重的中庸原则,掌握了绝对的权力,并自诩为神。

为了效仿亚历山大的奢靡生活,所有追随他的希腊君主都公然背离了古老的古典精神——节制与克制,转而养成了奢华、浮夸的习惯。罗马人认为,与他们同时代的希腊人情绪化、颓废,且带有"娘子气",他们喜好各种奢侈挥霍,这种行为主要源于托勒密树立的坏榜样。托勒密是亚历山大的将军之一,后来被赋予埃及的控制权,并在当地建立了类似法老的个人崇拜。我们可以看到,当埃及女王克利奥帕特拉登上罗马历史舞台,成为恺撒和安东尼的情人时,这种偏见加剧了。

在早期,从罗马人那种简朴、斯巴达式的眼光来看,没有什么比这更糟糕了——如果人类的精神和肉体的坚韧被颓废和奢侈所腐蚀,那么强大的罗马必然会崩溃瓦解。

尽管像老加图这样的道德家发出警告,希腊文化、风格和品位在罗马人心中却产生了如海上生明月般的魅力,具有磁性且不可抗拒。这种文化的吸引力带来了融合的契机,许多希腊人作为奴隶来到罗马。虽然一些希腊奴隶从事低贱工作,但不少人,尤其是那些有文化、有创造力的,被安排在更有尊严的职位上,如担任富人家庭子女的家教。

正是在这一时期,许多罗马人开始违反传统行为准则,将时间从公共事务中抽离,转而追求个人私事。最明显的标志是上流贵族纷纷在城外乡村建起豪华别墅,这些乡野曾是保卫城市的神圣边疆。别墅象征着与城市责任对立的休闲生活,这种生活与"天人合一"和"无为"的新概念密切相关。在别墅中,个人可以利用"闲暇"时间追求私人兴趣,而不是从事城市规定的"谈判"或"工作"。与过去形成鲜明对比的是,个人曾认为自己的身份与国家息息相关,而现在却变成了只关注私人事务的实体,这些事务往往与社会整体福祉相悖。

最初几代人强烈谴责对奢侈品的追求,但很快这一心态发生了转变。最明显的例证就是在意大利领土上拔地而起的宽敞、优雅的别墅,这些富丽堂皇的豪宅弥漫着希腊风格和时尚气息:从被称为中庭的开放式庭院,到装饰着成排美丽大理石石柱的门廊和凉廊,再到内部陈列的大量奢侈品,以及镶嵌着金、银、象牙的家居家具。一个人的社会地位,往往需要通过花钱打通门路来获得认可。丝绸、亚麻制品、珠宝、香水和化妆品的需求,在富家太太中激增;而她们的丈夫则参加豪华晚宴,雇用来自帝国各地的名厨。最奢华的菜单包括野猪头、母猪乳房、烤全孔雀、炖驴肉,以及各种鸣禽。

因为希腊的一切都代表着优雅和精致,富人渴望展露自我品位,艺术品的进口数量急剧增长。当战利品不足以满足这种巨大需求时,大批才华横溢的希腊奴隶被带到罗马,负责装饰富人的豪宅。成千上万的希腊式雕塑纷纷被制造出来(大多数是古典时代或希腊名作的复制品),还有色彩丰富的壁画。壁画的主题多种多样:一些装饰描绘了包含神话和寓言的场景,表现了希腊的习俗和信仰;另一些则描绘田园风光,画中现实的界限在幻想中被打破,充满了梦幻与童话的魔力。

这些画作常常带有感性甚至情色的暗示,尤其是在婚房里,人们相信这正是父系天才生殖能力的象征。拉丁语中的"住宅"(domus[1])一词,也让人联想到父辈一言九鼎的权力。在希腊传统中,父权在家族内部具有绝对的权威。

---

1 与拉丁语"主权"(dominium)一词有关。

别墅中的其他房间名称也体现了罗马人对希腊文化的推崇：图书室（lyceum）是收藏书籍的地方，墙上挂着诗人、哲学家和演说家的半身像；美术室（pinacotheca）专门用来陈列家庭的艺术珍品；餐厅（triclinium）布置为一张餐桌，周围环绕三张躺椅，通常会放置酒神狄俄尼索斯的神像；礼堂（lararium）则是供奉家族神祇的神圣空间。

为了提升个人地位，许多富豪养成了私人定制胸像的习惯：一些胸像被陈列在私人住宅中，另一些则出现在显赫家族的宏伟陵墓里。这种"罗马写实主义"艺术风格，主要归功于富有且自负的罗马人的虚荣心。无论年轻、年老、肥胖、瘦削、美丽或丑陋，甚至是牙齿缺失、满脸皱纹、秃顶——除了保持罗马庄严的尊贵气质外，这些富人还要求艺术家创作的肖像能够让他们的嘉宾一眼认出。

最初，肖像艺术主要用于祖先崇拜，祖先的蜡质面具被供奉在私人住宅的入口处。这些面具仅属于在罗马国内至少获得过某种头衔的重要人物。当这些大人物去世时，送葬队伍中会有演员戴着祖先的面具，演员们会一遍遍地朗诵祖先的名言。

在共和国后期日益盛行的浮夸风气中，富人的半身像和画像甚至成为常见的装饰。一些富有的资助者克服了最初对希腊裸体艺术的反感，甚至要求公开展示自己的裸体雕像。律师和官员们常常露出肌肉，炫耀着自己理想化的完美身材，试图让人联想到

这幅精美的彩色壁画发现于博斯科莱尔的P. 梵尼乌斯·塞尼斯特别墅的小隔间或者"卧室"里，现陈列于纽约大都会艺术博物馆

古希腊英雄的形象。

在这种开放、直率的新野心下，政治也未能幸免。由于获得显赫的政治地位已成为富裕家庭的一种追求，贿赂、腐败和权力斗争成了帝国首都的日常。西塞罗在评论金钱对罗马同胞的毒害时，悲伤地总结道：在罗马，一切都可以"待价而沽"。

当罗马还是一个较小的城邦时，元老院的权力足以保证政府正常运作。然而随着它成长为一个庞大、富庶的帝国，元老院逐渐失去了在更大社会中维持安定团结的能力，开始被不同阶层利益的对立和政治派别的竞争所困扰。政治上的不稳定催生了几位铁腕人物，他们巧妙地利用混乱来获得影响力。在自封独裁者的苏拉和试图推翻共和国的喀提林之后，公元前60年，史称"前三头同盟"的三位著名军事指挥官相继出现。

他们分别是雄心勃勃的恺撒、腰缠万贯的克拉苏（他在与帕提亚人的战争中早早死去）和实力强大的庞培，后者在西班牙、叙利亚、巴勒斯坦

罗马雕塑的风格更偏向写实主义而非理想主义

和地中海的战役中获得了巨大的声望，并成功解救了整个地中海地区免受海盗侵袭。在这三巨头中，最初的核心是庞培，他在征服非洲后被授予了"马格努斯"（Magnus，即"大帝"）的称号，这个称号与亚历山大大帝的荣誉相似。为了进一步凸显庞培作为罗马的亚历山大形象，他的雕塑被特别设计成与亚历山大大帝相似的狮鬃发型（如图，雕塑家利西普斯于公元前4世纪创作的亚历山大大帝的大理石胸像）。细节赋予了庞培巨大的威望，这种发型，鬓发在中央散开，犹如狮子般的鬃毛勾勒出他的面庞，既是一种独特的发型，也成为象征其命运的标志。许多人认为，庞培无疑是亚历山大大帝的继承人。

庞培的许多事迹都深受罗马人民的喜爱，其中之一就是他为市民建造了一座巨大的剧院——这座剧院最初是用石头而非木头建成的。为了确保罗马人永远记得他的遗产与慷慨，庞培在剧院的入口处摆放了一座宏伟的雕塑，以彰显他的伟大，周围则环绕着其他雕塑，这些雕塑象征着他为罗马征服的各个国家和领土。

尽管庞培一度辉煌，但很快便被恺撒的名声所盖过。恺撒成为意大利北部和法国南部的统治者后，率军战胜高卢（即现代法国），这一胜利意味着罗马征服了一个比意大利大一倍的领土。这场征服将罗马的疆界扩展至英吉利海峡，标志着一个历史转折点：不仅是对强大的高卢部落取得的惊人胜利，而且帝国的重心从此永久性地从地中海转移到了欧洲大陆（恺撒最先入侵英格兰，而短短一百年后，克劳狄乌斯皇帝统治时期，英国最终被完全纳入帝国版图）。

在高卢战争期间，恺撒始终认为，罗马的胜利高于一切，但元老院依然怀疑

这尊庞培胸像的发型与亚历山大大帝的发型相似是雕刻者有意为之，这也暗示了他们相似的命运

他的真实意图。这种不信任可以理解——元老院命令恺撒在返回罗马之前解散军队，然而恺撒在公元前49年毅然跨越卢比孔河，这条小河也是罗马疆域的南边界。元老院立即宣布国家进入紧急状态。应元老院的命令，庞培展开了反击，前往希腊招募更多军队。庞培和恺撒——这两位渴望成为罗马最高统帅的将军之间的矛盾冲突在公元前48年的法萨罗战役中达到高潮，最终恺撒获得了胜利。庞培侥幸逃脱，前往亚历山大港寻求庇护。当时年仅13岁的法老托勒密十三世和他的妹妹兼妻子克利奥帕特拉共同统治埃及（埃及王室兄妹通婚是传统）。

托勒密十三世答应庇护庞培的承诺瞬间被打破，为了取悦恺撒，他杀死了庞培并将其斩首，试图换取与罗马的同盟地位。然而这一行动让他惊讶的是，恺撒的反应与他的预期完全不同：一个外国统治者竟敢杀害一位罗马将军，这令恺撒勃然大怒，立即出兵占领了埃及。此时，克利奥帕特拉渴望摆脱哥哥的控制，并趁机成为恺撒的情妇，生下了他们的儿子。最终，托勒密在尼罗河战役中溺水而亡，克利奥帕特拉成为埃及的唯一女王。

当恺撒回到罗马时，他因惊人的胜利变得更加嚣张，突破了共和体制的底线，推举自己为军队最高指挥官和终身独裁者。为了庆祝这场胜利，他特意举办了一场盛大的凯旋庆典，这不仅是一场庆祝活动，更是一次强有力的宣传工具——这场盛典暗示着：只有一个强有力的领袖掌控国家，才能终结罗马长期以来的分裂与混乱局面。

恺撒镇压反对派的能力，以及他通过阴谋手段赢得民众尊重的策略，充分展示了他卓越的个人魅力与政治手腕。他能轻而易举地调动整个军团为己所用，这种轻松自如的手段，就像用手指梳理一绺头发般简单。历史学家普鲁塔克引用西塞罗的评价时写道："当我看到他梳理发型如此精致，并用一根手指整理头发时，我很难想象，这样的人会有心思去颠覆整个罗马帝国。"

恺撒掌握罗马政权后，迅速启动了一系列社会和政治改革，其中最重要的之一是创立了儒略历（Julian calendar）。这一历法以一年365天的太阳历取代了原有的月亮历[1]，极大地改善了时间计算的准确性和实用性。值得注意的是，英语中"七月"（July）一词即来源于儒略·恺撒（Julius Caesar）的名字，以纪念他在这一月份出生；而"八月"（August）一词则得名于他的继承者奥古斯都（Augustus）。

恺撒为巩固自身权威所采取的首要举措是借助东方领袖特有的神秘光环，强化自己的统治地位。为此，他效仿亚历山大的作风，暗示自己的领导力乃是众神赋予的神圣使命，与罗马的传奇命运完美契合。从那时起，恺撒的形象首次出现在罗马硬币上——这一殊荣此前仅属于众神，这一举动无疑为他的权威增添了神圣不可侵犯的色彩。

---

1 1582年，罗马教皇格里高利十三世颁布的《格里高利历》又取代了儒略历，并沿用至今。

为了巩固自己的新权威,恺撒采取了一个极具象征意义的举措——兴建一座全新的广场,紧邻自罗马建城以来的唯一商业、行政和宗教中心广场。在这座新广场上,他修建了一座主神殿,供奉维纳斯女神,并声称维纳斯将会直接降临其中。据史书记载,在被暗杀前不久,恺撒曾要求元老院在这座维纳斯神庙前与他会面。当德高望重的元老们靠近时,恺撒却傲慢地坐着,拒绝依照传统起身迎接。这一举动极为冒犯,挑战了罗马公民数百年来尊崇的神圣政体,令许多人无法容忍。

一切在公元前44年戛然而止。当时,以布鲁图和卡西乌斯为首的一群阴谋家打着"自由"的旗号刺杀了恺撒,因为他们认为,恺撒的独裁统治终结了共和国,剥夺了这座城市的自由。暗杀者的意图虽显而易见,但这一行为并未在民众中激起预期的支持反响。艺术史学者乔治娜·梅森在描述恺撒的火葬柴堆时写道:"在那场大火中,共和国彻底灭亡,而恺撒却浴火重生,不再是凡人。"广场上,民众竖起了一根立柱,这是在这一神圣区域内为凡人建造的第一座纪念碑。随后,在奥古斯都的统治时期,这根立柱被恺撒的祭坛和神庙所取代,恺撒也最终被正式神化。

在恺撒的葬礼上,一颗彗星出现在天空,持续了整整七天。这一异象被视为神圣的征兆,象征着恺撒已升入天堂,居于不朽的众神之中。从那时起,恺撒的肖像几乎都会包含这颗象征他神化的彗星——"恺撒之星",成为他神圣地位的重要标志。

奥古斯都和罗马帝国:权力与政治大戏

接下来的13年,马克·安东尼和年轻的屋大维展开了激烈的权力斗争。安东尼是恺撒的好友与门徒,屋大维则是恺撒的甥外孙,两人都试图确立自己为恺撒的合法继承人。他们拉拢雷必达,组成了"后三头同盟"。同盟的第一步行动是追捕刺杀恺撒的同谋。公元前42年,布鲁图和卡西乌斯在腓利比之战中战败后双双自杀。随后,三人以为恺撒复仇之名发起了一场大规模清洗运动,至少有300名参议员和2000名骑士丧命,其中包括西塞罗。他曾讽刺安东尼是"国家公敌",最终也未能幸免。安东尼下令将西塞罗的头和双手砍下,陈列在祭坛上,捍卫共和国的雄辩之声最终落得如此悲惨的结局。

在接下来的几年里,后三头同盟的两个主要成员(雷必达后来被排挤)将国家分为两部分:屋大维掌控西部,安东尼掌控东部。据普鲁塔克记载,安东尼抵达以弗所(今属土耳其)时,受到极尽奢华的庆祝。他被尊称为"狄俄尼索斯",姑娘们扮成女祭司迎接他,男人和孩子则装扮成森林之神和农牧之神,伴随着竖琴和笛子的乐声载歌载舞。安东尼迅速沉迷于这种浮夸的崇拜方式，而"致命一击"发生在他与埃及女王克利奥帕特拉会面之时。普鲁塔克描述了克利奥帕特拉的惊艳出场："她乘坐一艘船驶过塞德纳斯河，船尾镀金，紫色船帆展开，银色的船桨随着长笛、鼓笛和竖琴的乐声拍打水面。她本人躺在金色的华盖下，装扮得像画中的维纳斯，几个俊美的男孩如同丘比特般侍立两旁为她扇风。女仆们则装扮成海仙女……浓郁的香味从船上弥漫到岸边，令人如痴如醉。"

安东尼被这迷人的景象深深吸引，当即爱上了克利奥帕特拉。这段恋情传回罗马后，屋大维立即利用此事召集民众反对安东尼。他指责安东尼不仅抛弃了罗马妻子福尔维亚，追随埃及艳后，还自诩为狄俄尼索斯，而克利奥帕特拉则宣称自己是伊希斯女神的化身。罗马人民得知一位罗马将军因东方女王的魅力而堕落，甚至开始变得"娘娘腔"，无不惊骇万分。当谣言传出安东尼计划将罗马拱手让给克利奥帕特拉，并将政府迁至亚历山大时，民众的疑虑迅速转变为愤怒。他们视这对恋人为国家的威胁，于是掀起了讨伐战争。公元前31年，屋大维肩负重任，在亚克兴海战中迅速与安东尼及克利奥帕特拉的联军对峙，并最终击败了他们。战败后，这对恋人因害怕被当作叛徒和囚犯羞辱游街，选择双双自杀，结束了这段传奇且充满争议的爱情。

屋大维获胜后的庆典持续了三天，创下了前所未有的纪录。这场盛大的庆祝活动让民众热血沸腾，免费食物和葡萄酒充斥街头，各种体育活动也如火如荼地展开。最为重要的项目包括战车竞赛和狩猎活动。来自帝国各地的外来动物，如老虎、狮子、犀牛和河马，被带到罗马，残忍地被屠杀，以满足罗马人血腥的娱乐需求。为了进一步巩固自己的公众形象，屋大维为士兵们分配土地，并向市民发放金钱和礼物。

为了避免被人指责，屋大维在进城前迅速解散了军队。他的算盘是，在勇敢捍卫了罗马荣光之后立即交权，效法罗马人辛辛纳图斯的谦逊归隐。然而他心里清楚，人民永远不会接受他的退位。果然，每个罗马人都担心没有铁腕人物的控制，城市将陷入混乱，元老院因此请求屋大维延长执政期。他一向擅长表演，起初表现出犹豫和推辞，但最终还是接受了提议，似乎在证明自己始终把国家的安全和福祉放在首位，超过了自己想要安逸的生活。每次任期到期时，元老院都会主动延长，这使屋大维缓慢却踏实地走向了权力的顶峰。

尽管屋大维在巩固权力的独裁统治中负有直接责任，但他展现出敏锐的战略头脑，总能成功地遵守共和国的规则。与他粗鲁、急躁、政治头脑不够敏锐的叔祖父不同，他谨慎地成了一名独裁者，却没有激怒任何人。换句话说，尽管他的行为带有不合法的性质，但他从未失去合法性的象征。屋大维的聪明之处在于，他认识到，即使元老院已名存实亡，公开推行个人独裁也会让罗马人民自古养成的反君主情绪彻底失控。因此，他选择以救世主和保护者的仁慈面具作为掩饰,而非直接篡夺旧共和国的权力。

随之而来的自负情绪也就不难理解了——精疲力竭的罗马人早已被长年的内忧外患折磨得筋疲力尽,他们选择将庞大帝国的责任交托给皇帝,而心存感激的皇帝作为回报,也采用了"元首制"(principate,全称是"princeps senatus",意为"首席元老")这个不具威胁性的名词来描述他的帝国统治,以缓解罗马同胞的不安情绪。他宣称自己并非一夫独裁,而仅是元老院推举的领袖,让他的同胞们合理地相信自己仍是自由、自主社会的代表。在这出虚构的戏剧中,屋大维扮演了一个光辉的领袖——元首是通过与国家机构合作来治理国家,领导继承发展旧共和体制的政府,而非推翻政府。那些殷勤的元老继续争论着,地方法官们也在商量着,但在这一精明诡计的背后隐藏着露骨的真相:在一切政治事务中,屋大维的声音仍是唯一响亮的声音。除此之外的现实,都经过了虚构和歪曲——他是一个精明能干的野心家,一个对自己政治宣传能力心知肚明的人,他擅长以编织心计之网笼络人心。

当元老院满怀感激地将"奥古斯都"的称号授予屋大维时,他的精明能干确实无愧于这一荣誉。但他依然表现出推辞之意,似乎在暗示自己的谦逊态度,更倾向于被称为"第一公民"或"首席元老"。

尽管屋大维·奥古斯都表面上态度谦逊，但他从不放过任何机会强调自己家族源自奥林匹斯山的高贵出身——与恺撒一样，他被视为维纳斯女神的直系后裔。为了巩固这种个人崇拜，奥古斯都常常提及恺撒死后被神化的事实，人们也因此直接尊称他为"神圣儒略之子"。

但这一尖锐的称号也在一种民粹主义态度的影响下逐渐被弱化，这种态度贯穿于全体罗马公民，无论他们来自哪个阶级。在粮食短缺的年代，奥古斯都为穷人免费提供粮食，同时修建桥梁和庞大的道路网络，以促进贸易和商业，造福日益壮大的中产阶级。人们开始担心，他对中产阶级的支持可能会抹杀旧贵族体制最后的尊严。为缓解这种恐惧，奥古斯都继续向旧精英贵族放低姿态。他深知，对他们最有效的拉拢方式，就是穿着最完美的伪装——恭维和奉承。

在全国上下一心的基础上，奥古斯都推动了多项改革，包括建立一支帝国军队，这是第一支由金钱而非土地雇佣的职业军人组成的军队。为了稳定国家，奥古斯都还劝说他的追随者们，为修复社会结构一场道德改革势在必行。奥古斯都认为，为实现这一目标，必须采纳塞勒斯特、李维和西塞罗等罗马作家的观点，复兴古老的道德规范。这个时代，民众对财富和权力的崇拜已大大削弱了旧共和时代的礼节、谦逊和庄重，尤其是对公民义务的忠诚。为了扭转这种危险的趋势，奥古斯都授意元老院通过一些法律，以要求富人和贵族们遵守礼貌，行事谦逊，用法律约束这些人的粗俗和炫富行为。为了确保庄严的礼节，他规定所有参加会议的人都必须穿长袍。奥古斯都还利用他的权力来恢复和保护罗马家族的神圣，他试图把罗马家族重新变成纪律的堡垒，在共和国的早期，罗马家族曾是纪律的代表。他在公元17年或18年通过的《朱利安法》，包括对那些未婚生子的人，以及那些离婚或沉迷于通奸、卖淫和淫乱的人的各种法律后果。奥古斯都一定感到震惊和非常尴尬，他的女儿和孙女都叫朱莉娅，由于她们秽乱宫廷，奥古斯都被迫将其流放。甚至连著名的《变形记》作者、诗人奥维德也因为写了《爱的艺术》（*Ars Amatoria*）而被流放——这本书被认为公开挑战道德，因为主题是教人追求真爱。

为了重新点燃爱国主义的火焰，奥古斯都决定投入大量资金来美化城市的外观。为此，他不仅投入了大量个人财富，还动用了通过商业和贸易活动积累的公共资金——由于庞大的道路网连接着越来越多的帝国土地，这些商业活动变得异常活跃。

奥古斯都努力改善城市外观的原因在于他坚信，市民最需要的是一种生动的视觉叙事——这种叙事在美化罗马作为世界首都的形象时，将重新点燃人们对国家的热爱，并借此将人们的兴趣、激情和金钱贡献引导至公民目标的实现。许多世纪后，另一位崇拜奥古斯都的著名独裁者拿破仑也提出了类似的观点。他曾说："当你想唤起群众的热情时，你必须吸引他们的眼睛。"换句话说，耀眼的视觉效果是为了影响思想。

埃及人拥有宏伟的建筑和令人叹为观止的雕塑，他们早已意识到这一点。早在公元前5世纪，伯利克里巧妙地将艺术作为政治宣传的重要工具，这一选择开启了雅典的黄金时代，而罗马则以类似的方式再现了奥古斯都的黄金时代。根据《恺撒大帝传》作者、历史学家苏维托尼乌斯的记载，奥古斯都临终时留下了一句遗言："我发现罗马是用砖砌成的，于是用大理石覆盖了它。"

恺撒去世时，罗马已经是一个相对发达的城市中心。然而多年的内乱所造成的伤亡，再加上缺乏有效的城市规划，以及许多贫困平民居住在肮脏的住宅区，使得罗马的生活条件远低于许多东部城市的标准。为了改善这一局面，并赋予罗马应有的外观，奥古斯都采取了许多重要措施。首先，他投入大量资金，升级和修复了城市的基础设施，如道路、运河、桥梁和下水道。他在治安较差的地区部署了武装警察，甚至组建了第一支夜间消防队。此外，奥古斯都还通过修葺或建造新的渡槽，大大提升了罗马的供水水平。这个工程对富人有所裨益，富人们现在能够在私人住宅中享受高档的加热浴室，但更为重要的是，更多人也首次享受到城市中分布广泛的喷泉带来的舒适感，以及公共浴池或温泉浴场的乐趣——这些气势宏伟的建筑装饰着大量雕塑，墙壁覆盖大理石，游泳池、按摩室和汗蒸房的地板上铺满了精美的马赛克。

奥古斯都声称，众神对众多神殿的衰颓感到愤怒，并推动了大量神庙的修复。由于对国家的尊重日益增加,他的目标是重新点燃公民的宗教信仰。因此,正如恺撒大帝曾经所做的那样,公元12年,奥古斯都被封为罗马最高祭司,他的角色就像罗马人家庭中的父亲,负责执行仪式,以确保守护神保佑国家的安宁。奥古斯都利用最高祭司所代表的崇高威望,使得他的同胞们相信,他的领导是由众神直接选择的,众神就像家族中的父亲一样,把城市的监护权交托给了他。

为了赐予罗马一副体面的外表,奥古斯都的建筑师严格遵循希腊古典时期制定的指导方针:从使用的圆柱[1],到设计优雅的神庙和大教堂——这些建筑由侧面柱廊构成的细长大厅组成,通常用作法律和商业法庭。

为了给这种伟大的场景增色,奥古斯都的建筑还配置了各种彩色的石头和大理石,这些石材也成为提醒人们帝国惊人地理扩张的象征:努米底亚的黄色和赭色大理石、埃及的深红色斑岩、近东的晶莹剔透的雪花石膏、希腊的波罗斯岛或意大利露娜采石场的纯白大理石,以及来自不同类型花岗岩的各种粉红色、灰色或红色的色调。

为了进一步巩固罗马的声誉,奥古斯都的宣传活动将这座城市打造成展示战争中最负盛名战利品的橱窗,尤其是那些从埃及

---

[1] 结合了科林斯式(Corinthian)、爱奥尼亚式、多利安式(Doric),罗马人称其为复合式(Composite)。

掠夺来的战利品。埃及以其古老而传奇的文明神秘之美，始终激发着罗马人的想象力。最引人注目的战利品之一是赫利奥波利斯的宏伟方尖碑，这座方尖碑象征着光明和生育之神奥西里斯，是一个巨大的阳具形象。方尖碑到达罗马后，重新献给了阿波罗，并被放置在旧竞技场的中心石柱上，这座竞技场被命名为"马克西穆斯大赛场"，专门用于流行的体育项目，尤其是战车比赛。

让阿波罗成为这个广场的守护者是恰当的选择，因为在神话中，太阳神每天驾着四匹马牵引的战车穿越天空。赞美阿波罗，也就间接地赞美了帝国的领袖，因为他选择了阿波罗作为自己的守护神。值得注意的是，放置在奥古斯都凯旋门（以及他宏伟陵墓）上的帝国形象，正是太阳神阿波罗骄傲地驾着金色战车。与神的联系还被用来强化一个流行的谣言，称奥古斯都的母亲是由阿波罗使她怀上的，阿波罗在她睡觉时以蛇的形象出现在阿波罗神庙里。奥古斯都从未谈及此事，也从未公开否认，这似乎是一种间接的承认。神秘与魔法帮助他处理了复杂局面：皇帝很快便被罗马人民奉为神明。

尽管充满了希腊式样的影响，但奥古斯都时代盛行的建筑风格，更符合罗马人对庞大和宏伟的偏好，而非古希腊的简朴与雅致。这种风格展现出更为拘谨的平衡感和尺度，体现了罗马人在建筑上的独特审美。这一趋势在罗马工程师的指导下得到了显著发展，他们在此基础上进一步完善了对拱门和拱顶的应用。

即使罗马建筑更加高大、宏伟、华丽，但它所散发出的质朴与坚实感，同样在某种程度上反映了希腊所追求的清晰、比例和理性。维特鲁威是奥古斯都时代的著名建筑师和工程师，他在西方最早的建筑学著作《建筑十书》（*On Architecture*）中写道："建筑师应该是受过教育的人，具有算术、几何、哲学、历史、法律、天文学和音乐的知识。"维特鲁威对全面素养的强调，与古希腊的"派代亚"（paideia）教育理念密切相关。根据这一理念，教育不仅仅是知识的积累，更是精神成长和成熟的整个过程。

维特鲁威认为，如果建筑师想要表达美，首先必须理解美的永恒品质，这种美体现在对称和比例中。对于罗马人和希腊人来说，这种对称和比例贯穿一切自然事物。维特鲁威遵循了一种根深蒂固的哲学传统，将道德和教育的意图寄托于艺术之美——这种美就像修辞学中的精炼，能够激发观众的心灵与思想，使他们产生更伟大、更高尚的思想和理想。罗马的城市规划成为帝国其他城市的典范，除了一个核心的中央广场，城市还拥有许多剧院、神庙和公共浴场。

在奥古斯都的营造事业中，核心项目是一座以他名字命名的新广场，位于城市的中心，紧邻恺撒广场。广场两侧设有两排长长的柱廊。

在立柱之间的许多壁龛里，陈列着最著名的共和党人物的雕塑，这些英雄和传奇人物（如辛辛纳图斯）以坚忍无私的奉献，为共和国早期历史撒下了永恒、荣耀的光辉。"国父"奥古斯都自然矗立在美德金字塔的顶端，成为完美的典范。他那座高达14米的大理石像被安放在柱廊尽头的豪华大厅里。这种与共和国开国元勋的联系，含蓄地表明罗马的历史在奥古斯都的带领下达到了顶峰，奥古斯都则是罗马伟大的终极守护者。

在这座广场上，还有一座为纪念奥古斯都曾许诺要为之复仇的舅外祖父恺撒而建造的战神马尔斯神庙。学者保罗·赞克在其著作中提到，奥古斯都的这一选择也象征着回顾罗马的神话起源。传说中，战神马尔斯曾多次私自下凡，令阿尔巴隆加国王努米托的女儿、维斯塔贞女雷亚·西尔维亚怀孕，导致她的哥哥阿穆利乌斯继位。当西尔维亚生下双胞胎兄弟罗慕路斯和雷姆斯时，阿穆利乌斯为消除潜在威胁，试图将他们丢入台伯河淹死，但孩子们最终幸存下来，先被一只母狼抚养，后被一名牧羊人收养，视如己出。当这对双胞胎兄弟长大后，他们决定在台伯河岸边建立一座新城市。在选址时，兄弟俩发生了争执。罗慕路斯按照传统挖掘了一道深沟，标记城市的边界。雷姆斯越过了这条边界，罗慕路斯果断地杀了他，以兄弟的鲜血为罗马城奠基。这个神话的复杂运用表明，战神马尔斯培养了罗马的尚武精神，而维纳斯女神（恺撒自称的先祖）则确保了罗马的强大与繁荣。

为了庆祝公开讨论广场的成立，皇帝资助了许多热门活动，包括体育竞赛、杂技表演、战车比赛以及大量的动物狩猎。据说，仅仅为了庆祝广场的开幕，便屠杀了260头狮子，以取悦市民。

为了避免与希腊君主追求的浮夸自负形成不必要的对比，奥古斯都在日常生活中始终保持低调。他居住在一所简朴的房子里，家具朴素，饮食简单，穿着据说由妻子和侄女亲手织成的羊毛外衣。这种刻意展现的谦逊，旨在塑造皇帝作为冷静领导者的形象，以道德威望而非野心、狡诈或阴谋赢得权威。奥古斯都的住所靠近阿波罗神庙，这一安排意义深远：与因道德软弱而将自己比作酒神狄俄尼索斯的马克·安东尼不同，奥古斯都始终将自己视为阿波罗的忠实追随者——理性、节制、平衡与克制的化身。

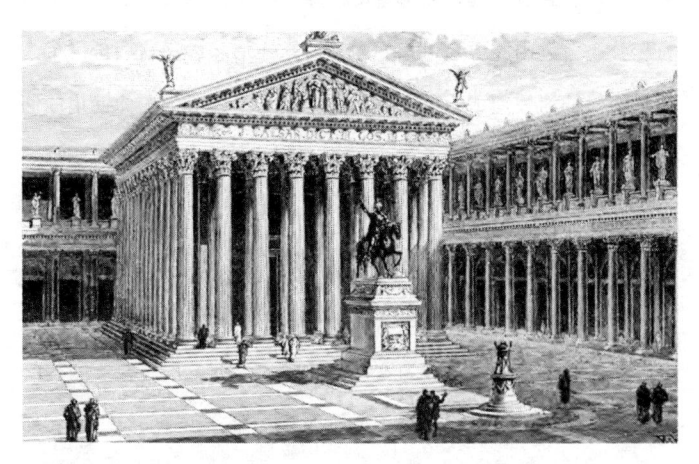

奥古斯都建造的新广场以各种方式将皇帝与善良英勇的旧共和国联系起来

广场上最重要的皇帝雕塑是《第一门的奥古斯都》。奥古斯都的雕像以坚毅、冷静、自信的姿态展现出帝王的伟岸,这种神性的美感与波利克里特的雕塑《持矛的战士》惊人地相似:两者都采用了一种引发特殊感受的动作——象征演说家的单手抬起。这个细节之所以重要,是因为可以追溯到希腊传统:自荷马时代起,希腊人便认为演讲在政治中至关重要,尤其是军事领袖,他们通过演讲激励士气,让士兵明白他们的牺牲将换取永恒的荣耀。然而随着诡辩家对演讲艺术的曲解,他们将精心设计的演讲视为政治舞台上的理想工具。对此,苏格拉底、柏拉图和亚里士多德提出批评,亚里士多德在《修辞学》(*Rhetoric*)中主张,演说家必须将理性的雄辩与道德结合,才能使语言摆脱煽动者的蛊惑。这种理念赋予奥古斯都宣传形象以严肃的意义,他的正义行为和公正言辞由此更显可信。为支持这一形象,奥古斯都以个人生活的简朴为佐证。苏维托尼乌斯记载,皇帝极力避免使用任何矫揉造作的语言修辞,称其为"牵强附会的臭味"。奥古斯都的目标并非以浮夸的演讲打动听众,而是以朴实而真诚的话语赢得民众的信任。

奥古斯都雕塑所传递出的冷静与沉着,彰显了一种明确的信念,同时也体现了皇帝作为安抚者的角色。他的职责在于为构成罗马联邦的多元种族、文化和宗教带来法律、和平与统一。而那些反抗罗马政权的人,则被刻画成奸诈小人,就如同他雕塑胸甲上描绘的蛮族帕提亚人。这一场景象征着罗马从帕提亚人手中收复失地的胜利——帕提亚人曾在帝国东部边境的战争中夺取这些土地。帕提亚人所占据的地区大致相当于今天的伊朗，他们是罗马在东方最强大的敌人。这一场面被精心选择，以展示野蛮的东方人在罗马高级贵族面前如何受到羞辱。

有趣的是，为了增强奥古斯都的神话光环，他的形象被理想化为英俊、强壮且永远年轻，这与罗马人普遍粗犷的现实主义态度和动作形成了鲜明对比。事实上，这是一幅极尽谄媚的肖像。据记载，他本人身体虚弱（根据苏维托尼乌斯的说法，皇帝经常饱受感冒、腹泻、膀胱病和风湿的困扰），外貌平平。为了掩饰其中等身材，奥古斯都甚至穿上了高跟鞋。然而时间虽能改变凡人的容貌，却无法动摇这位皇帝永恒的年轻与美丽，这种形象被用来将他抬升至神圣的高度。例如，雕塑中一个丘比特骑着海豚的细节暗

著名的《第一门的奥古斯都》，表现了一位自诩接近神的领袖形象

159

示他继承了维纳斯后裔的神圣血统（丘比特是维纳斯的儿子）。这一象征性设计旨在表明奥古斯都的权力提升并非偶然，而是由女神安排的神圣使命。

为了体现"虔敬"（pietas，意为"献身家园"），奥古斯都经常以最高祭司的形象出现。在他的理想化形象中，各种美德汇聚一身——刚毅、勇气、卓越的军事才能以及完备的道德智慧。某种程度上，奥古斯都让人联想到柏拉图理想中的哲学王，他被描绘为理念的化身，是一个充满正义、美德和法律的帝国的理想基石。

在罗马的雕塑和硬币上，这些标准化、理想化的皇帝形象被大量复制，传播至整个帝国。皇帝的无所不在和无所不能时刻提醒人们，对帝国的崇拜同时也是对祖先传统的致敬。作为美德的典范，皇帝被视为古罗马精神的最高体现，受到广泛的尊敬与效仿。

这种精心打造的皇帝崇拜还延伸到了对皇帝家族成员的推崇。他们的大理石雕像被安置在广场上，与描绘罗马历史伟人的雕塑并列。为彰显王朝血统，奥古斯都将许多著名建筑赠予亲属，如为妻子建造的利维亚门廊和为姐姐设计的屋大维娅门廊。他还为几位年轻的后辈——侄子马塞洛、继子德鲁索，以及孙子盖乌斯和卢修斯——修建了纪念性建筑，因这些人都被选为继承人，却不幸早夭。这些后辈的大理石肖像与奥古斯都极为相似，显然是刻意将他们塑造成皇帝的复制品。据说，为了让这些年轻人在"政治舞台"上更接近自己，奥古斯都甚至教他们模仿他的笔迹。

奥古斯都希望确保他的遗产得以延续，这不仅是为了保全他精心构建的神话，也为了为罗马人民创造一种有传奇色彩的身份。他的统治赋予了罗马人民一种崇高的历史地位。早期的罗马人是野蛮的征服者，追求通过掠夺和抢劫获得财富，而奥古斯都聪明地意识到，要实现政治共识，将这些粗犷的征服者转变为有纪律的公民，就必须创造一个宏大的叙事，使罗马的历史充满激励人心的意义。为此，奥古斯都的宣传

展现奥古斯都打扮成最高祭司形象的雕塑

强调，罗马人之所以能征服世界，不仅因为他们的武力，更因为他们作为美德的化身，受神选之命成为理想的民族。与此同时，

奥古斯都说服被征服的民族，使其认为加入罗马帝国并非一种屈辱，而是一种幸运，能使他们成为由理性、法律和道德准则塑造的卓越民族所创造的伟大文明的一部分。

为了强化这种令人敬畏的宏大叙事，奥古斯都不仅通过视觉艺术进行宣传，还通过作家和诗人的作品，讲述早期罗马的光辉品质。其中一位重要的作家是史诗巨著《罗马史》的作者李维，这本书讲述了罗马共和初期伟人们的故事，旨在鼓励罗马人效仿这些英雄人物，以维护城市的运势。在这些充满教化意义的故事中，李维回忆起罗马的创始人罗慕路斯在阅兵时神秘消失，被一阵猛烈的旋风卷上天空。过了一会儿，哀悼中的人群听到他从天上传来的雷鸣般声音："去告诉罗马人，我的罗马应该成为世界的首都，这是神的旨意。让他们致力于战争的艺术，让他们深刻理解这一点，并传递给他们的子孙后代——无人能抵挡罗马的军队。"

这些预言使罗马人相信，罗慕路斯的消失是神谕的象征——罗马的缔造者活着升上天堂，列入奥林匹斯诸神的行列。对于这位罗马的创始人来说，这无疑是一个应得的命运，他注定要将文明的崇高品质传播到全世界。建筑师阿古利巴是奥古斯都的亲密伙伴，他受委托建造的"万神殿"便建在罗慕路斯传说中消失的地方。这个坐落于巨大穹顶下的圆形开口被称为"眼洞"或"眼睛"（oculus），最初的设计便旨在暗示罗慕路斯升天的神秘景象。

在贺拉斯和维吉尔的帮助下,李维的散文预言性语调转化为对奥古斯都开创的和平与繁荣黄金时代的赞美诗篇。从这一意义上来说,最著名的莫过于维吉尔在《牧歌集》(*Eclogues*)卷四中的预言诗(也是一首赞美农民生活的诗)。在这首诗中,作者通过赞美新黄金时代的到来,写道:

> 我们的时代是预言书里预言的至高时代:
> 时间的诞生,一个新世纪的伟大循环
> 开始了。正义回到地球,黄金时代
> 回来了,它的长子从天而降。

那个从天而降拯救世界的神秘孩子是谁?一些学者认为,诗人可能暗示的是奥古斯都作为一个孩子。但更有可能的是,诗人仅仅是在以一种简单的方式宣布世界复兴的到来,而奥古斯都作为一个神话般的变革者(罗马的第二个创始人),已经实现了这一目标。我们将会看到,在基督教中世纪时期,当但丁笔下的维吉尔遇到的神秘孩子被认为象征耶稣时,这些诗句又被赋予了新的含义。但丁之所以选择维吉尔作为《神曲》(*Divine Comedy*)中的向导,是因为基督教徒的信仰,尽管维吉尔是异教徒,但这位被上帝启发的拉丁诗人,依然被赋予了预言的能力。

从赫西俄德开始,希腊人便悲观地认为历史必然走向衰落,并用"黄金、白银、青铜"来分别描述不同的时代,而善良、幸福的传统信仰只是一种遥不可及的过去。然而这一观念在奥古斯都时代的诗人们中被推翻,他们宣称自己所生活的时代是一个崭新的起点,与以往不同,它将构建一个美好的现在和辉煌的未来,使衰退和腐化难以渗透。

在奥古斯都时代的所有神话创作中,最伟大的莫过于维吉尔,他的《埃涅阿斯纪》(Aeneid)巧妙地将奥古斯都时代与最传奇的史诗起源——荷马所传唱的特洛伊战争联系在一起。这场战争不仅赋予了罗马高贵的历史,也为其辉煌的未来奠定了基础。维吉尔巧妙地构造了罗马与特洛伊的联系,旨在帮助罗马人摆脱那种既敬仰又忌惮的希腊人的自卑感。

维吉尔的史诗《埃涅阿斯纪》的主角是特洛伊贵族安喀塞斯与女神维纳斯的儿子埃涅阿斯。在这部史诗中,第一则神谕来自大神朱庇特,他告诉维纳斯的儿子埃涅阿斯,他注定要开创一座城市的历史,因为众神赐予了他无尽的荣耀与独特的天赋:"至于罗慕路斯的子民,我没有设定任何既定的目标……我已赐予他们无限的权力。"

埃涅阿斯被选为先驱,从这位冷静的英雄能正直地接纳他所承担的职责便可看出。在故事的开头,埃涅阿斯和他的手下逃过了特洛伊城的毁灭,又在海上遇到了可怕的暴风雨。被迫上岸后,他们来到北非的迦太基,受到女王狄多的热烈欢迎。在宫廷里,埃涅阿斯向狄多讲述了他在特洛伊灭亡过程中经历的戏剧性事件:从决定特洛伊人命运的木马,到他带着幼子阿斯卡尼俄斯和老父亲安喀塞斯(在登陆迦太基之前去世)逃离燃烧之城。

埃涅阿斯和狄多很快擦出了爱的火花,在迦太基度过了一个温馨的冬天。然而随着春天的到来,埃涅阿斯决定遵从命运的召唤,离开与爱人狄多的宁静生活。狄多因心爱之人离去而绝望自杀,但即便如此,也无法动摇英雄的决心。当爱人的葬火照亮远方的海岸,埃涅阿斯依旧毅然启航,继续他的使命。

那时的罗马人一定会在心中将埃涅阿斯与安东尼进行对比。安东尼因与东方女王的私情背弃了罗马妻子,显然不具备埃涅阿斯的品质——虔诚、尽职尽责与坚韧意志。与奥古斯都相似,埃涅阿斯毫不犹豫地舍弃个人生活,勇敢地履行众神赋予他的使命。

当抵达意大利海岸时,埃涅阿斯在库迈附近登陆。著名的库迈女巫允许他通灵,进入冥界拜访父亲安喀塞斯的灵魂。在这次来世之旅中,埃涅阿斯遇见了许多故人,包括他的爱人狄多。当他最终与父亲重聚时,安喀塞斯告诉他,有一天,"伟大的灵魂"将继承"特洛伊的名号"。安喀塞斯所描述的,正是众神赋予罗马的普世使命、救赎之责和神圣的命运:

别人(我完全相信)会锻造出比我们的呼吸还要精

致的青铜；从大理石上勾勒出生动的特征；更好地解释原因；用仪器追踪天空的运动，告诉你星宿的崛起。记住，罗马人，用你的力量统治列国（那将是你的技能），用法律为和平加冕，宽恕被征服的人，征服骄傲的人。

（《埃涅阿斯纪》卷六）

安喀塞斯的话赞扬了希腊人在艺术、音乐、修辞和天文学方面的卓越才能，这些成就令人钦佩，而其他希腊人则以才华横溢的形象被视为罗马的密友。然而这些辉煌成就并不足以与罗马人相比。罗马最终被神明选中，承担起确保整个世界的正义、法律与和平的神圣使命。

《埃涅阿斯纪》旨在向罗马人灌输一种信念——帝国不仅是通过残酷的武力建立的，更是得到众神认可的结果，唯有善良、勇敢的罗马人才能赢得这样的赞誉。

随着奥古斯都的登场，罗马的地位大幅提升，正如学者莉迪亚·斯托罗尼·马佐拉尼在《罗马思想中的城市观念》（*The Idea of the City in Roman Thought*）中所描述的："人间之城、文明灯塔、万国之母——最伟大、最自豪、最永恒、不可征服的、关切庇护的、神圣的城市。"

当然，这种神话所展现的伟大不应让我们忽视一些残酷的历史事实。正如历史学家J.M.罗伯茨所言:"在许多省份,叛乱往往是局部性的,通常由某届特别严厉或糟糕的政府所引发。"此外,贫困问题广泛存在,压迫着城市和乡村的下层阶级人群。尽管罗马社会强调城市化,但实际上它仍然是一个以农业和农村为基础的社会。

奥古斯都所宣扬的神话在著名的和平祭坛(Ara Pacis)上得到了生动的视觉呈现。环绕祭坛外部的大理石嵌板上雕刻的装饰性浮雕,旨在庆祝奥古斯都的功勋,其中描绘了他在传说中的埃涅阿斯身边向众神供奉祭品的场景。通过这种方式,埃涅阿斯和奥古斯都的联系得以突显,不仅强调他们同为维纳斯后裔的共同血统,也展现了他们作为国父的相似角色。

奥古斯都和他的家人,包括直系孙辈和养女,在浮雕画面中缓缓走向和平祭坛。

在祭坛入口处,皇帝母亲的形象被孩子、动物和充满生机的大自然所环绕,象征那个幸福新时代的和平与繁荣。

奥维德,这位奥古斯都时代的著名诗人,在其诗集《岁时记》(*Fasti*)中,以以下诗句赞美罗马人所缔造的伟大和平:

> 让士兵携带武器只为了压制武器。
> 让号角只为仪式而吹响。
> 让世界的尽头都敬畏罗马人。

若没有恐惧，就让爱存在。

祭司们为和平的火焰添香，

屠宰白色的牲祭。

愿那保证平安的屋宇，在和平中永存。

愿你向那愿意怜悯的神祈祷。

诗人认为，在历经数千年的战争之后，和平最终将在一个由罗马人主导的世界中实现。

奥古斯都的政治宣传试图缓解罗马帝国主义的尖锐特征。正如马佐拉尼所言，他将罗马对其他国家的控制塑造成一种仁慈的"保护"而非严酷的"统治"。然而，尽管奥古斯都表现出一定的开放与包容，他始终坚持将罗马人视为优越的民族。苏维托尼乌斯指出，奥古斯都不愿让罗马人的血统受到外族或奴隶血统的影响："他认为，保持纯正的罗马血统至关重要，因此反对任何形式的新罗马人产生。"根据奥古斯都的政策，公民身份依然是意大利领土以外的非罗马人无法享有的特权。直到212年卡拉卡拉皇帝执政，帝国中所有自由人才获得了完整的公民身份。

据说，伯利克里临终时曾表示希望人们记住他一生从未公器私用。类似地，苏维托尼乌斯记载了奥古斯都临终前的话："我在人生的闹剧中扮演的角色足够可信吗？"随后他又补充道："如果我取悦了你们，请用热情的告别来表达感激。"这一场景令人联想到谢幕时接受观众掌声的演员，尤为贴合这位在政治舞台上巧妙操控现实与虚构的皇帝形象。

奥古斯都的继任者

奥古斯都于公元14年去世，共在位44年。然而这种政治体制的危害性很快显现出来。当时的体制不再依赖元老院所代表的集体智慧，而是完全依赖一个人的任意决策。奥古斯都虽然野心勃勃，但他改善同胞生活的愿望毋庸置疑。为了避免人民税负过重，他常常用自己的财产来补充政府开支，这一细节体现了他对城市福祉的奉献精神。这种善良的专制并未延续到后来的胡里奥-克劳迪安王朝皇帝们身上——提比略虽然阴郁、克劳狄乌斯虽然残疾，勉强算得上是称职的统治者，但卡利古拉和尼禄则是两个彻头彻尾的暴君，他们将国家权力视为肆意滥用的私人特权。

卡利古拉在埃及的统治（公元37—41年）以极端的自大和暴虐著称。他常常把自己与法老相提并论，并要求臣民跪拜自己。苏维托尼乌斯记载，卡利古拉时常穿着镶满宝石的披风出现在公众面前，有时还会携带三叉戟，仿佛是海神尼普顿或手持神杖的墨丘利，甚至有时打扮成女神维纳斯。但他最喜欢装扮成自称

奥古斯都为了标榜自己而建造的和平祭坛

罗马的先后两位创始人：埃涅阿斯和奥古斯都

祭祀队伍中的奥古斯都家族

这块浮雕以寓言形式描绘了奥古斯都时代的和平与繁荣

为大神的朱庇特，因此，他把许多神像的头砍下，换上自己的头像。卡利古拉还与他的三个姐妹发生乱伦，并以折磨他人为乐。他命令士兵毒打囚犯，割下他们的肉，保留重要器官。他最爱的一句话是"让他慢慢感受自己的死亡"，这体现了他对折磨他人的乐趣。尽管他如此残暴，但他又是一个胆小鬼，苏维托尼乌斯提到，他每次听到雷声，就会急忙钻进被窝。卡利古拉还因沉湎于堕落的行为习惯而广为人知，如用冷热香水泡澡、把醋泡珍珠当饮料，以及在奢侈的娱乐项目上耗费大量时间和金钱。他曾为自己建造一艘豪华游轮，配有厨房、镶宝石的甲板、五彩斑斓的船帆、柱廊和宴会大厅，仅供一天的航行使用。此外，他还为自己的爱马修建了豪华马厩，远远超出了常人的享受范畴。为了资助这些奢华的开销，卡利古拉毫不犹豫地加重人民的税负，横征暴敛。

在这种腐败和无原则的领导下，奥古斯都所推动的道德准则很快变得腐朽。在邪恶与堕落的蔓延下，许多人开始转向宗教寻求安慰，特别是来自东方的神秘教派，它们承诺死后的救赎。比如，源自埃及的伊希斯教和源自波斯的密特拉教广受欢迎。密特拉教相信，太阳神密特拉自先知琐罗亚斯德时期起，领导了一场善恶之战，他的形象在一幅名为《巴贝里尼·密特拉宫》的罗马壁画中展现。画中，密特拉身披七星斗篷，正在杀死一头巨大的公牛。人们相信，天空的旋转与运行最初是从动物的血液流动开始的，随后，十二星座的有节奏舞蹈划分了四季，并在很大程度上决定了每个人的命运。

基督教源于犹太教，诞生于奥古斯都统治的末期，并在提比略统治时期于巴勒斯坦传播并逐渐消逝。最初，基督教也被视为一种神秘的宗教，其信徒会通过一种神秘的仪式——受洗，加入教会。

整体而言，罗马对其征服的民族的神灵始终保持宽容的态度，轻松地将外来的神祇吸纳进拥挤的奥林匹斯山，并未对其产生太大抵触。这种包容的心态源于一个观点：罗马人唯一应崇拜的神，是那些帮助他们建立辉煌历史的神明。对于信仰，罗马对其臣民的唯一要求就是全身心地奉献给那些造就城市运势的众神（否则，他们无法自由选择其他宗教）。比如许多学者指出，罗马对其征服地区宗教的宽容，有助于增强帝国的整体凝聚力，并带来许多积极的结果。

然而当基督教被卷入其中时，局势变得复杂起来。基督徒坚信只有他们的上帝才配受崇拜，坚决拒绝向皇帝和罗马守护神俯首称臣，导致他们很快成为罗马官方眼中的异端。坊间流传着许多敌视基督教徒的谣言，其中包括指责他们不道德和乱伦（因为他们互称"兄弟姐妹"），甚至声称他们食人肉——这显然是对圣餐仪式的误解，认为基督教徒食用了救世主的血肉。

在尼禄统治时期（公元54—68年），罗马发生了严重的政治迫害。许多学者推测,尼禄对基督徒的残忍迫害反映了他日益加重的病态表现,随着时间推移,他的神志越发不稳定。这个猜测从他的行为中得到证实:他冷酷地杀害了自己的母亲和妻子,并像卡利古拉一样,毫不犹豫地挪用国库资金来满足他挥霍无度的嗜好。尽管他曾受到斯多葛派哲学家塞涅卡的良好教育,但美德却未能根植于他的性格中。尼禄热爱音乐、诗歌和戏剧,身边聚集了许多作家和艺术家。他渴望出风头,喜欢被奉承和关注,因此常在公开场合举办盛大演出,演出中,他单独演戏、唱歌、弹竖琴,并朗诵自己创作的诗歌。为了继续自我陶醉,他要求观众给予夸张的掌声,演出常常长达数小时。他不允许任何人露出无聊或冷漠的表情,甚至不准有人离场。观众往往为了结束这种无休止的虚荣表演而昏倒或装作昏倒。尼禄还自诩为伟大的文化赞助者,创办了"尼禄尼亚节"这一新节日,以弘扬希腊艺术和传统。在节日期间,他强迫许多参议员以演员、舞者、音乐家和运动员的身份参加,嘲笑他们的庄重,这令许多法院官员震惊不已。

当罗马发生毁灭性大火时,尼禄立即将罪名加在基督徒身上,将他们集体处死。苏维托尼乌斯怀疑这场火灾可能是尼禄自己放的,他略带夸张地描述道,火灾蔓延时,尼禄竟然弹奏七弦竖琴,唱着《伊利昂之袋》(*Sack of Ilium*)。历史学家塔西佗也在《编年史》中提到尼禄对基督徒的迫害,描述了许多受害者的悲惨命运。有的基督徒被兽皮随便裹住,甚至被狗啃食;另一些则被浸满油脂钉在十字架上,点燃后作为夜间的火把。

尽管遭受巨大的痛苦和羞辱,基督徒依然坚定不移,死亡未能使他们屈服。相反,他们视殉道为上帝赐予的特权,认为这是通往永恒救赎的必经之路。殉道者查士丁尼曾说道:"因为我们关心的不是现世,所以当有人处死我们,我们并不在意。无论如何,死亡是我们必须偿还的债务。"

一个国家如何能镇压那些如此平静面对死亡的人?罗马历史上从未遇到过这种情况。尽管这些基督徒放下了武器,但他们依然成为罗马人前所未见的强大敌人。

许多罗马人认为,尼禄才是纵火者,实际是为了清理土地,便于建造一座奢华的别墅——名为"金宫"(Domus Aurea)。据说金宫像是一个微缩的世界,是为了满足自诩为宇宙主人的幼稚皇帝而建造的庞大玩具房,仿佛他就是一位神祇。

据说当尼禄为这座宏伟的宫殿举行落成典礼时,他忽然叹了口气,说:"我终于能像你们凡人一样生活了!"根据苏维托尼乌斯的记载,一座巨型裸体太阳神像被安置在金宫入口,太阳神的头顶射出光芒,但其面容明显是尼禄的。

为了分散人们对他无节制生活的关注,尼禄资助了许多血腥的竞技比赛,并新建了一座巨大的圆形剧场。据说,圣彼得就是在这座剧场中倒着被钉死在十字架上的——这是他自己的请求,因为他认为自己不配与基督的牺牲相提并论。

尼禄的异常行为所带来的绝望气氛，使许多人相信罗马世界已经踏上了不可逆转的灭亡之路。历史学家塔西佗在其著作《编年史》和《历史》中，描述了提比略、克劳狄乌斯和尼禄的统治时期，揭示了绝对权力的腐败和错误的共谋如何影响社会的各个阶层：上层阶级为了保护自己的利益而虚伪地顺从皇帝，而无知盲目的平民则容易满足于免费食物和免费观看血腥的马戏表演。诗人尤维纳利的一句名言揭示了这种堕落："曾经赐予执政官、军团和其他一切的人民，如今已不再关心政治，他们只渴望两样东西——面包和马戏。"

事实证明，在罗马，邪恶战胜了美德，并且比善良更为普遍。像其他那些将共和国历史理想化的道德家一样，塔西佗批判帝国的权力，否定希腊文化，在他看来，这些文化极大地软化了罗马人的刚毅。他对尼禄戏剧化的行为感到反感，谴责尼禄对诗歌和音乐的过度迷恋，认为这过于放纵。他用最糟糕的词汇来形容那些受希腊风潮影响的人，如"演员、妓女、太监、芭蕾舞演员、歌手、占星家和同性恋者"。他还严厉谴责犹太人和基督徒，认为他们拒绝向传统罗马众神致敬，导致罗马时代的衰落。

评论家罗纳德·梅勒认为，维吉尔和塔西佗是两种截然不同的神话的创造者。维吉尔把奥古斯都时代歌颂为和平与繁荣的开端，而塔西佗则哀悼城市昔日的辉煌。在他看来，罗马已经被邪恶与腐败永久玷污。奥古斯都的宣传旨在通过善的面具掩盖帝国主义统治罗马的真相,而塔西佗则揭露了这一假象。他指出,罗马所谓的文明其实只是压迫、剥削和虐待。可悲的是,塔西佗意识到这一事实,并在《阿格里科拉》一书中通过一个野蛮人的口述,严厉控诉罗马的行为:"他们大肆掠夺、杀戮,用虚假的借口攫取,所有这些都美其名曰建设帝国。当他们醒来时,除了沙漠一无所有,而他们称之为和平。"

尼禄被元老院谴责为国家公敌,他被暗杀后,几个野心勃勃的继任者之间展开了激烈的斗争。最终,继任的皇帝是苇斯巴芗,他出生于弗拉维安的一个非贵族家庭,通过商业和政治婚姻积累了财富,并在军队中获得了声望。苇斯巴芗意识到自己的家族缺乏胡里奥-克劳迪安家族那样的显赫家世,因此他大力支持多个项目以赢得民众的认同。其中最具代表性和重要的行动是拆毁了尼禄的金宫,并抽干了曾装点别墅花园的湖水。为了与前任区别开来,苇斯巴芗决定在尼禄金宫的旧址上赠送给罗马人一份礼物——一座崭新、宏伟的圆形竞技场,即后来的"罗马斗兽场"。

罗马斗兽场这个名字源自最初矗立在金宫旁的巨型太阳神像。尼禄去世后,这座雕像被更换了新的头部,具有太阳神原本的特征,并安置在弗拉维安竞技场附近。由于这尊巨像的存在,罗马斗兽场因此得名。8世纪以前,这尊雄伟的雕像一直被作为罗马的国家象征使用,所有公民都必须在其脚下献上祭品和祈祷，以表忠诚。

令人不安的是，为了建造罗马斗兽场，苇斯巴芗和他的两个儿子提图斯及图密善利用他们在罗马积累的财富镇压犹太人起义，占领耶路撒冷，并在公元70年摧毁了犹太圣殿。这一历史事件如今可以在提图斯拱门上的浮雕壁画中看到，画中描绘了军队将从耶路撒冷圣殿掠夺的烛台和其他贵重物品带回罗马的情景。

在经历了前几任皇帝的挥霍无度后，苇斯巴芗的才干和温和的领导风格赢得了人民的高度赞誉，尤其是在他成功稳定帝国财政方面。然而与奥古斯都不同，苇斯巴芗从未被视为理想的虔诚者或道德楷模。从这一点来看，他那尊粗糙的半身像反映了自然和朴实的特质，这在奥古斯都去世仅半个世纪后的罗马社会中尤

提图斯拱门上的浮雕壁画，描绘了罗马士兵对耶路撒冷圣殿的掠夺

为显著。那个时代的罗马，已逐渐变得愤世嫉俗，民众只相信皇帝应是强壮、熟练且经验丰富的将军。尽管苇斯巴芗的领导方式务实有效，但将权力神话化，依然是罗马社会的惯有思维。

据苏维托尼乌斯记载，苇斯巴芗临终时幽默地说道："哦，亲爱的儿子，我想我要成神了。"他的话并非空穴来风——他刚刚去世不久，儿子提图斯便开始把他进行神化。这种做法在所有表现出一点礼貌的皇帝中并不罕见，成了常见的传统。

苇斯巴芗是比奥古斯都更务实的皇帝，但仍被自己的儿子提图斯神化

后来，在提图斯和兄弟图密善的领导下，罗马斗兽场终于竣工。这座能容纳超过五万名观众的庞大竞技场，其落成庆典持续了整整100天，其间上演了各种血腥的娱乐活动：角斗士的生死搏斗，人与狮子、老虎、大象等野兽的对抗。最为骇人听闻的事件发生在竞技场被灌水变成人工湖时，在这片小型的海面上，举行了模拟海战，数百人或被剑砍死，或被水淹没。而罗马著名的纳沃纳广场（Piazza Navona）名称中的"nave"一词，源自意大

利语"船",因为它曾是一个圆形剧场,定期举行模拟海战演练。

当代历史学家玛丽·比尔德写道:"尝试理解罗马人的心态,难度堪比走钢丝。"这一说法揭示了罗马文明的复杂性。一方面,我们今天仍然能够欣赏他们在艺术、建筑、工程和法律方面的伟大成就,但另一方面,我们却看到一种令人震惊的反差——那些自诩为文明的人,如何能对可怕的奴隶制度视若无睹,同时却沉迷于残忍的斗兽场表演?这让人不禁联想到希腊人将外国人视为野蛮人的偏见。同样地,那些粗暴的罗马人认为,所有不符合他们文化标准的人——如外国人、战俘、奴隶、死刑犯和基督徒——都不值得尊重与同情。这些血腥的游戏在他们的潜意识中是对战争的重演,旨在维持对异类的偏见与蔑视,而正是这些情绪支撑了罗马帝国扩张的侵略性本能。

弗拉维安王朝的末代皇帝图密善是一个狂热、残忍且偏执的奇特人物。他对自己非贵族的血统深感不安,认为这是他的政治软肋,因此通过宣扬自己拥有神圣血统来提升自己的声望。尽管他的父亲苇斯巴芗和兄弟提图斯都明白,向元老院表达一定的尊重,对君主政体的稳定至关重要,哪怕这种尊重如同奥古斯都所教导的那样,仅仅是做做样子,但图密善却完全拒绝这一传统,公开表示厌恶元老院,并傲慢地拒绝了他们的提议。为了加强个人崇拜,他要求民众称他为"我们的主和神"(dominus et deus noster)。在一次由法院官员组织的密谋中,图密善最终被谋杀,元老院通过一项名为"除忆诅咒"的法案,将他从人民的记忆中彻底抹去。法案包括熔化所有带有他形象的硬币和雕塑,摧毁所有与他相关的纪念建筑物。

图密善之后的五位皇帝——涅尔瓦、图拉真、哈德良、安东尼·庇护和马可·奥勒留——被18世纪著名历史学家爱德华·吉本誉为"五贤帝"。他在《罗马帝国衰亡史》中称赞这五人统治的时期是史上最幸福的时代:"如果你找一个人让他讲出罗马史上最幸福、最繁荣的时代,他会毫不犹豫地脱口而出'从图密善死亡到康茂德登基前的时期'。"

即使吉本所赞扬的那个时代确实拥有完善的经济政策和稳定的政局,他的评价也有些言过其实。尤其是当我们想到奴隶制的恐怖仍旧肆虐,妇女仍被剥夺公共话语权,普遍的贫困困扰着社会,一种深不可及的残忍仍在逐渐腐蚀罗马社会,仿佛一种顽固的癌症。

在五位"贤帝"中,最受赞扬的是西班牙人图拉真,他是第一位非意大利人皇帝(98—117年在位)。之所以受到如此敬重,是因为他是第一个建造大量福利设施的皇帝,旨在为孤儿提供食物和住所。一些历史学家认为,图拉真的动机与其说是人道主义,不如说是需要应对因疾病和瘟疫急剧减少的人口。不论他的动机如何,他对非公民人群的救助,足以让他成为后世几百年的传奇人物。

后来，中世纪流传着一种谣言，说教皇格里高利一世（590—604年在位）施法复活了图拉真，只为给曾皈依基督教的他补办洗礼，仪式完成后，图拉真立即再次死亡。在但丁的《神曲》中，图拉真也扮演了一个重要角色。当诗人登上炼狱山时，他看到了一些刻在岩石上的小故事。根据但丁的描述，这些小故事是神圣的寓言，用来教育正在赎罪的灵魂保持谦卑。其中包括"圣母马利亚和天使报喜""大卫在方舟前跳舞"和"图拉真与寡妇"。在故事中，图拉真在一次征战途中遇到一位寡妇，她要求他为自己儿子的死负责。根据但丁的描写，图拉真展现了极大的仁慈，他被寡妇的请求感动，决定暂时停下脚步，允许她为儿子报仇——尽管这可能导致真正杀害她儿子的凶手逍遥法外。

理解这一点时，我们不应忘记，但丁所处的时代和我们今天的时代有很大不同。在那个时期，"好"的含义并不完全等同于我们今天所理解的道德标准，而是与统治者的仁慈和统治方式密切相关。因此，图拉真显示的关怀，尤其是在面对弱者和苦难时，成了被视为"好"的象征。尽管他身为皇帝，拥有决定生死的大权，但这一行为从当时人们的角度来看，仍然反映了他所倡导的慈悲和人道主义。

图拉真可能并非如传说中所暗示的那样谦卑。当我们了解到，这位被誉为谦卑的皇帝却无法抗拒为自己的荣耀建造一座宏伟的新广场时，这种怀疑似乎得到了印证。在广场的开幕式上，为了取悦罗马民众,人们举办了长达120天的娱乐活动,在这些游戏中,角斗士、囚犯和动物血流成河,展现了鲜血淋漓的"狂欢"场面。

图拉真还在广场附近建造了一座巨型市场,并为罗马人民修建了一座大型浴场,其入口处矗立着一座他本人的宏伟雕像。他最著名的纪念性地标是广场中央的一根庄严宏伟的圆柱(这是少数保留至今的伟大古代遗产),柱身上的浮雕生动地再现了罗马人与达契亚(后来的罗马尼亚)战争的场景。这根柱子由希腊波罗斯岛的纯白大理石雕刻而成,其创新之处在于柱身螺旋状延展的大型浮雕,这些画面如同叙事般逐步引向柱顶,记录了这位杰出领袖及其军队的辉煌事迹。图拉真死后,他的骨灰被安放在圆柱底部的金匣中,而他的青铜像则被置于柱顶,以纪念这位被神格化的伟大领袖,他通过为罗马带来繁荣,在不朽的众神中赢得了一席之地。

后来,当罗马成为基督教的首都和教皇的居住地,许多异教纪念碑被重新赋予基督教意义。1588年,为了抹去异教的历史,同时也为了彰显教会的权威,教会决定移除图拉真圆柱顶端的皇帝雕像,换上圣彼得的雕塑。此后,圣彼得的形象在刻满军队和战争场景的圆柱上俯视着这座城市,形成了一种不协调的画面。然而罗马这座城市最有趣的特点之一,也许正是在神圣与渎神之间的奇妙交融——在罗马,这种鲜明的对比总能以一种诡异而又和谐的方式共存。

随着图拉真征服罗马尼亚,罗马帝国迎来了鼎盛时期。加强帝国边界防御,成为图拉真的堂兄兼继任者哈德良的首要任务。他在北部边境修建了一道巨大的防御城墙。哈德良是一个文雅、有教养的人,对美和艺术充满热情。这种热情使他在21年的统治生涯中,有12年时间在帝国各地游历。他最终在距离罗马数千米的蒂沃利建造了一座别墅,设想为一座私人博物馆。别墅内包括浴室、图书馆、剧院和风格多样的神庙,其设计灵感均来源于哈德良在周游帝国期间欣赏过的美景。

哈德良将别墅建在城外,正是沿袭了从共和国末期开始流行的模式。当时的精英贵族往往将乡村庄园视为远离城市喧嚣与公务(negotium)的休闲场所(otium),专注于娱乐与放松。当然,这一选择或许也是哈德良为保持其对艺术奢华和昂贵热情的一种策略,借此与其他公民的审视和批评保持安全距离,以避免可能引发的反对声浪。

在罗马,哈德良的名字始终与两个极为特殊的建筑项目紧密相连:一是万神殿的竣工,二是为自己及家人建造的宏伟陵墓。这座陵墓的规模堪比奥古斯都的陵墓,其巨大的体量在随后的岁月中足以被改建为教皇的堡垒,并自那时起被命名为圣天使堡。

哈德良的管理风格在其继任者马可·奥勒留身上得以延续,后者因践行斯多葛派哲学而获得"哲学皇帝"的美誉。自塞涅卡以来，斯多葛派哲学已从西塞罗所推崇的公共政治哲学转变为一种逆来顺受的人生哲学。正如伯特兰·罗素所说，在这个幻灭的时代，斯多葛派关注的不是"人如何才能创造一个好国家"，而是"人如何在邪恶的世界中成为有德之人，在苦难中寻找幸福"。作为尼禄的导师，塞涅卡目睹了人性的暴行，认为在充满暴力与黑暗的世界里，坚持逆来顺受似乎是唯一可行的救赎之路。

韦斯巴芗是比奥古斯都更务实的皇帝，但仍被自己的儿子提图斯神化

当塞涅卡对在尼禄宫廷里所见的一切感到沮丧时，他请求告老还乡，皇帝答应了。然而塞涅卡隐退后的和平绿洲并未能幸免于尼禄的残暴。尼禄很快便指控塞涅卡参与密谋行刺，最终逼迫他自杀。

塞涅卡一生中常被指责为虚伪之徒，因为他与皇帝的关系亲密，生活安稳。然而他面对死亡时的尊严使他获得了一种荣耀，抵消了以往的一切奢侈。正如学者威尔·杜兰特以一贯的智慧文笔所写："尽管有很多缺点，但（塞涅卡）仍是最伟大的罗马哲学家……是仅次于西塞罗的第二可爱的伪君子。"

按照塞涅卡的斯多葛派原则，马可·奥勒留声称：获得内心平静的唯一途径是有尊严地接受生活中无谓的苦难。这种宿命论表明奥勒留是个内心极其复杂的人，他可能渴望离开这个世间，专心修养灵魂，但作为皇帝又不得不履行与自己的主张完全相悖的现实义务。事实上，在与野蛮的马科曼尼人作战之余，他写下了《沉思录》，这对他而言至关重要。每晚他都会在帐篷中记录关于美德、顺从和纯洁精神的思考，但天一亮，他又立刻放下笔，从军中出发，率军杀入敌阵，敦促士兵砍下敌人的首级以获

哈德良奢华的陵墓，后来变成了教皇的堡垒，即圣天使堡

取功勋。

一想到这种矛盾，再次读到《沉思录》中的优美句子，便能品味出一丝不同的意味："要经常思考宇宙万物相互之间的关系，因为事物在某种程度上是彼此联系的，而且是以一种友好的方式彼此联系的。"

不可否认，这句话确实优美，但我们也要记住，在马可·奥勒留的时代，斯多葛派所主张的"天下皆手足"的理想仍带有一种强烈的偏见，因为这排斥了所有奴隶和那些不够文明的人，如生活在罗马帝国之外的所谓"蛮族"。

堕落的康茂德头戴狮皮的雕塑，他把自己想象成大力神，并将这一形象传播于整个帝国

接替马可·奥勒留的，是他的儿子康茂德，罗马历史上最堕落的皇帝之一。康茂德常自诩为披着狮皮的大力神，时常在罗马斗兽场亲自表演。他最钟爱的节目是骑马追逐被惊吓的鸵鸟，并一个个砍下它们的头。在选择角斗对手时，他偏爱挑选那些受伤或被截肢的囚犯。

帝国的衰落

随着时间的推移，维系庞大帝国的任务变得越来越艰难。公元3世纪，几场重大灾难进一步加剧了本已危险的局势——严重的经济危机、饥荒、瘟疫，以及帝国边界外敌的侵扰。针对外部威胁，罗马人采取了多种策略：从签订和平条约到招募友好的野蛮人作为雇佣军。为了应对这些问题，皇帝戴克里先（284—305年在位）建立了专制政权，为士兵分配政治职务。为加强国防，戴克里先决定与心腹将军马克西米安共同分享"奥古斯都"头衔，马克西米安负责西部，戴克里先则控制东部。戴克里先更偏爱自己的家乡达尔马提亚，因此他更倾向于东部。为了协助两位奥古斯都，又设立了两位共同执政官，并授予他们"恺撒"称号。如此庞大的统治成本迫使罗马建立了复杂的官僚体系，以确保更加高效的全国征税。

为了巩固权威，戴克里先自称是朱庇特的化身，并自封"Dominus"头衔，意为"主人"或"上帝"。他还重新启用王冠作为象征，这一装饰曾被早期罗马人视为东方专制的象征而厌恶。历史学家爱德华·吉本曾写道，随着时间推移，皇宫生活变得"越发烦琐，因为新增了大量仪式。宫殿的主通道由内务官员严密看守，而宦官则负责守卫内室。他们人数的增加及影响力的扩大，成为专制主义抬头的标志之一。如果一名罗马人被准许进入皇宫,不论地位高低,都必须跪伏在地,按照东方传统对皇帝进行膜拜,将其视为神圣的君主和主宰"。

基督教迅速传播至帝国各省,却因宣称信奉唯一的神而遭到图密善的暴力镇压和宗教迫害。根据敕令,基督徒的财产被没收,教堂被摧毁,集会被禁止,许多信徒惨遭折磨和杀害。人们常说"文字是最有力的武器",而帕特摩斯岛上的约翰为罗马人写下的文字正是这一谚语的生动例证。早期基督徒相信,约翰是福音书的作者之一,但现代学者对此表示否定。普遍认为,真正的约翰是在图密善时期逃离罗马在巴勒斯坦的迫害,抵达了现今土耳其海岸附近的帕特摩斯岛。据说,约翰在岛上遇见一位天使,并接受了名为《启示录》(*Apocalypse*)的预言。这篇预言旨在安慰受迫害的基督徒,书中将救世主弥赛亚描绘为一位复仇者,骑着白马践踏敌人,带来正义的胜利,并开启一个新时代。在他的叙述中,罗马帝国被谴责为万恶之首,而罗马城则被描绘为堕落的巴比伦,一个吸吮圣徒鲜血的妖女。

基督教的历史在君士坦丁皇帝统治时期发生了巨变。他在父亲去世后继承了西罗马的皇位,与东罗马皇帝马克森提乌斯展开对峙。决战前夕,君士坦丁梦见一个十字架,上面写着预言:"你必在这标志之下取得胜利。"君士坦丁将这一梦境视为上帝的直接启示,遂将基督教象征的十字架绘制在所有军旗上。最终的胜利让他心存感激,下令废止前任对基督徒的迫害政策,并宣布其为非法行为。313年，随着《米兰敕令》的颁布，君士坦丁赋予所有臣民平等的宗教信仰自由。

除了归还基督徒被没收的财产，君士坦丁还挪用大量资金用于修建基督教教堂。其中最重要的一座是献给圣彼得的教堂，建在尼禄旧圆形广场附近，据说圣彼得正是在那里被钉死在十字架上的。为了容纳众多参加基督教仪式的会众，君士坦丁的建筑师们采用了旧大教堂的设计模型：一种细长的矩形结构，尽头设有罗马人曾用作法庭的后殿。

4世纪，作家欧瑟比在《赞美君士坦丁的演讲词》（*Oration in Praise of Constantine*）中写道，上帝因君士坦丁的英勇与虔诚选择他为地上的使者和代言人。他赞颂道："我们的皇帝如同灿烂的太阳，照耀着帝国中最遥远的臣民……他被赋予象征神圣主权的外表，仰望上天，以神圣本源为蓝本构建世俗政府，展现出与上帝君主政体相匹配的力量。"

欧瑟比对君士坦丁宗教品质的赞美过于夸张，许多学者指出，君士坦丁直到337年晚年才皈依基督教。这似乎表明，他接受基督教并非出于虔诚信仰，而更像是一种精密的政治算计——通过站在基督教上帝的立场上，他意图与更强大的宗教结盟，以巩固自身权威，同时增强帝国臣民的向心力。

君士坦丁或许低估了基督徒内部的复杂性和矛盾，他很快发现基督徒并非他最初以为的温顺平和之徒。一旦基督教被合法化，教派之间的残酷斗争便浮出水面，各方都试图将自己的信仰强加于人。在众多教派中，阿里乌及其追随者尤为激进，他们挑战"圣三位一体"的教义，不承认基督与上帝拥有同等的神性。为平息因阿里乌派引发的激烈争论，325年，君士坦丁以帝国政治和宗教领袖的身份在尼西亚召开会议。会议决议明确宣布基督与上帝等同，阿里乌派被判定为异端。

与他推行的宗教合法化所倡导的贫穷与谦卑理想截然相反，君士坦丁依旧过着罗马皇帝惯常的奢华生活。他也延续了异教徒的传统，同时崇拜多个神明，如大力神、阿波罗，尤其是当时备受推崇的"无敌太阳神"（Sol Invictus）。君士坦丁将周日定为基督教的神圣日，而非犹太人的安息日（周六），并将12月25日（原为太阳神的主要节日）设为圣诞节。这种做法显示出他深受罗马信仰混杂传统的影响，认为将基督教的习俗与异教节日结合既合理又合法。

由于东方蛮族带来的国防压力，帝国需要一个比罗马更具战略防御优势的首都。330年，君士坦丁大帝在博斯普鲁斯（今伊斯坦布尔）建立了新首都。这座城市虽被称为"新罗马"，但从一开始便以创始人之名命名为"君士坦丁堡"。君士坦丁召集大批建筑师、工程师和工人，对城市的外观和功能进行全面优化提升，使之成为历史上最引人注目的首都之一。君士坦丁堡拥有坚固的防御城墙、宏伟的宫殿、铺满石块的街道、古典柱廊式门廊、开阔的广场以及著名的赛马竞技场。随着君士坦丁下令禁止角斗，这座城市在随后的1200年中始终享有盛誉。

和以往的罗马一样，在君士坦丁堡，艺术家的创作主题被严格规定为纪念这位带有传奇色彩的皇帝，他希望被视为帝国多样性与伟大的象征。学者玛丽莲·斯托克斯塔德在《中世纪的艺术》（*Medieval Art*）中写道，阿波罗的青铜神像被塑造成皇帝的容貌，矗立在一根由斑岩雕刻而成的柱子上，而柱子上装饰着来自不同宗教的珍贵文物："在犹太人看来，这是诺亚建造方舟用的扁斧……这是基督奇迹般喂饱五千信徒的面饼碎屑……在骄傲的罗马人看来，这是其神话缔造者埃涅阿斯王子带到罗马的量尺。"

君士坦丁过分地崇尚自我意识以及对基督教的粗浅理解，这一点在他决定在君士坦丁建立一座豪华教堂中得到了体现。此教堂旨在纪念十二使徒，被称为"圣徒教堂"；他甚至提议死后安葬于此，暗示自己将成为第十三使徒。然而这一提议即便对于罗马人民来说，也显得过于浮夸，最终被否决。最终，君士坦丁的遗体被安葬在教堂附近的陵墓中。

狄奥多西一世的继位标志着基督教的确立为帝国唯一国教。379年，他宣布所有异教活动均为非法。然而维持政治利益与教条之间的平衡远比他和君士坦丁预料的要困难得多。狄奥多西在米兰主教圣安布罗斯的严厉批评下意识到了这一点。在帖撒罗尼迦发生的暴乱中，一名罗马军官被杀，作为报复，狄奥多西下令屠杀7000名平民。圣安布罗斯对此事件极为愤怒，严厉斥责皇帝，并要求他忏悔。圣安布罗斯坚信教会的精神力量高于国家的世俗权力，一旦遭到拒绝，便将狄奥多西逐出教会。面临这一局面，狄奥多西在恐惧中屈服，担心自己死后遭遇报复或因反抗主教而引发不利政治后果，最终不得不妥协。

另一个著名的例子是罗马执政官叙马库斯，他曾要求元老院重建382年被皇帝格拉提安下令拆除的异教徒胜利祭坛，并恢复该宗教的特权。得知此事后，主教圣安布罗斯立即致信瓦伦蒂尼安二世，敦促他谴责叙马库斯的亵渎行为。瓦伦蒂尼安二世回应道："我们每个人凭借哪一种智慧获得真理，又有何妨？通往崇高神性的道路肯定不止一条。"尽管叙马库斯热衷于捍卫宗教自由，但他的辩护并未打动保守派的圣安布罗斯，最终，主教再次取得了胜利。

狄奥多西死于395年，他将东西罗马的统治权分别传给了两位年幼的儿子——18岁的阿卡迪乌斯和11岁的霍诺里乌斯（由于霍诺里乌斯年纪尚小，斯蒂利科辅佐他）。

4世纪初，匈奴人开始从中亚向西迁移，大约在350年，他们进入了俄罗斯南部。匈奴的暴虐扩张带来的威胁，使许多生活在罗马边界以外的蛮族部落纷纷大规模西迁。

几个世纪的缓慢衰落渐渐蚕食着日渐衰弱的帝国，而对它而言，致命的一击发生在410年8月。那时，西哥特人首领亚拉里克越过帝国边界，突袭意大利，并随后进攻罗马。尽管罗马早已不再是帝国的行政中心，但这座传奇城市所遭受的屈辱，依然在世界范围内激起了一股恐怖与沮丧的冲击波。

为了凸显帝国的普遍堕落，历史学家普罗柯比讲述了一件关于西罗马皇帝霍诺里乌斯的离奇逸事。一天，一个信使前来禀报："罗马城灭亡了！"皇帝一脸难以置信地喊道："怎么可能！早上我还在亲手喂它吃饭呢！"皇帝说的是他的宠物大公鸡，名叫"罗马"。当信使明白了以后，解释说他指的是罗马城时，皇帝这才松了口气，说："哦，天哪！有那么一会儿我还以为是我的鸡死了呢！"

在410年被洗劫一空后，罗马城于455年再次遭到汪达尔人的入侵。此后，西罗马帝国苦苦挣扎了十几年，最终在476年瓦解，末代皇帝罗莫洛·奥古斯托洛被蛮族酋长奥多亚塞推翻。建立700年后的罗马城，连同这个象征往日辉煌的末代皇帝，最终走向了灭亡。

圣奥古斯丁的双城

尽管罗马的声望从3世纪初开始逐渐下滑，但这座城市的神话依旧广为流传。当罗马被蛮族攻陷时，世界各地的同情与关注纷至沓来。那么，究竟是什么导致这座曾以权力掌控大多数的辉煌之城最终走向衰落呢？许多异教思想家一致认为，罗马的衰败是由于基督徒不再崇拜异教众神，失去了那些自古确保城市兴盛的神祇的庇护。若非最有影响力且思想深邃的基督教学者圣奥古斯丁强有力地反驳这一观点，基督教或许会面临一场严重的危机。

354年，圣奥古斯丁出生于北非的塔加斯特镇，17岁时前往迦太基学习修辞学。迦太基曾在布匿战争中被摧毁，后重新建设成罗马城市。在《忏悔录》中，圣奥古斯丁深感羞愧地回顾自己的早年生活，他坦言，那时的自己过着放纵纵欲的生活，与情妇长期保持关系，还生下一个私生子。尽管他的行为让虔诚的基督徒母亲莫妮卡十分反感，他依旧未曾改变。奥古斯丁那句著名的祈求"请赐予我贞洁和自制，但不是现在"正是出自这一时期。直到他读了西塞罗的《荷滕西斯》演讲稿（该文现已失传）才幡然醒悟，开始对哲学产生浓厚兴趣。在皈依基督教之前，圣奥古斯丁曾被新柏拉图主义和摩尼教深深吸引。摩尼教是波斯先知摩尼创立的宗教，吸收了许多古代琐罗亚斯德教的信条，认为宇宙是善恶长期斗争的产物。最终，圣奥古斯丁与米兰主教圣安布罗斯的相遇，使他最终皈依基督教。

在早年受到其他宗教影响的基础上，圣奥古斯丁逐渐创立了"上帝之城"理论，他描述了两座相对立的城市：一座属于上帝，即"上帝之城"；另一座属于人类，即"地上之城"。他引用《创世纪》作为论据,地上之城的根本特征是该隐谋杀兄弟亚伯时留下的血迹和暴力。人类之城从一开始就通过这种可怕的暴力行为违背了它本应代表的理念——和平共处的兄弟情谊。他进一步指出,罗马同样建立在类似的兄弟谋杀案的基础上(罗慕路斯在杀死兄弟雷姆斯后建立了罗马)。显然,他试图证明人类本性充满狡猾、残忍与暴力。

圣奥古斯丁写道:"该隐像罗慕路斯那样为了独揽大权,为了将私爱强加于人而谋杀了兄弟,而亚伯怀着谦卑的信念和希望,将无私之爱投向造物主。该隐则建立了一座亚伯城:'世界上的朝圣者和陌生人……因神的恩典而注定在下界成为朝圣者,在上界成为公民。'"

该隐与亚伯、罗慕路斯与雷姆斯的故事揭示了人类道德的缺失,表明在地上建立一个正义与兄弟情谊的城市几乎是无法实现的美好愿景:"两种爱,创造了两座城市、两种群体。地上之城建立于伤害上帝的自爱,而上帝之城则建立于自我牺牲与对上帝的爱。"

在罗马的异教文化中,人类被视为历史的代言人和文明的推动者。与此截然不同的是,基督教将人类描绘为天生的罪人,注定要在陌生而残酷的宇宙中为自己的狂妄赎罪。被赶出家园之后,人类只有将自己的人生转化为通往超自然上帝之城的旅程,才能获得救赎。

圣奥古斯丁写道："基督徒即使身处家中，生活在自己的城市里，依然感到自己是外乡人。因为我们的祖国在天上，那里的我们不是外乡人；而在这世上，尽管身处家中，每个人都觉得自己是外乡人。"随着基督教的兴起，信徒对家庭和城市的虔诚逐渐变得不再重要。正如《新约》中所提到的，为了服侍上帝，人类必须放弃对旧社会和家庭理想的所有承诺。

真正的信徒如同朝圣者，时刻准备离开自己曾珍视和拥有的一切。救赎之路注定是一条充满放弃、降服和自我否定的道路。罗马人的美德在于勇气与刚强的自信，而基督徒的美德则体现在温顺与谦卑之中。为了进一步否定人类成就的价值，圣奥古斯丁甚至断言，人类傲慢地认为自己创造的一切注定消失于黑暗。罗马的命运恰恰验证了这一深刻真理——人类成就的持久性不过是一场幻觉。罗马帝国的衰落证明，如果没有上帝的怜悯与恩典，哪怕是史上最强大的帝国，也注定会瓦解成路边的碎石、木屑与泥土。"罗马如今不过是一堆石块和森林……人类所建造的一切，终将消亡。"

在圣奥古斯丁看来，基督徒的心中充满了挥之不去的罪恶感和空虚感。人生不过是一场"走向死亡的赛跑"，短暂的时间赋予每个人平等的机会，通过谦卑的奉献来为亚当与夏娃的原罪所引发的毁灭性后果赎罪。

学者理查德·塔纳斯在《西方思想的激荡》(*Passion of the*

Western Mind）一书中写道："对上帝的爱是圣奥古斯丁宗教信仰的精髓和目标，只有成功克服对自我和肉体的私爱，上帝之爱才能成长与壮大。"这也要求人类克服对知识的渴望，而这种渴望，正如《圣经》所言，源自夏娃的贪欲。柏拉图和亚里士多德将灵魂视为理性的核心，从而在灵魂与心灵之间建立了一种内在联系。正如苏格拉底所说，不学哲学便无法获得更高的智慧，希腊人也养成了"知识即美德"的信念。我们将在下一章进一步探讨，基督徒通过将心灵与灵魂分离，彻底否定了异教徒对理性的信仰，认为人类心灵对知识的渴求，实际上与对不纯洁、不适当的肉欲过度依赖相关。这一观点等于宣告了哲学的终结，而神学则随之成为真理的唯一藏宝室，取代了西塞罗等希腊、罗马思想家通过伦理、政治和科学等哲学框架所传承的真理。

基督教的理念使教会的地位达到了新的高度，正如圣奥古斯丁所言，拯救人类的关键在于教会的引领。"代表上帝之国的教会源于亚伯，而世俗之国则源自该隐，因此，后者本身没有最终目的，应该服从前者的需求。"

整个中世纪时期，圣奥古斯丁的观点被广泛引用，以证明由于世俗世界道德的缺陷，教会应当高于国家，并在维护世界的正义与和平方面发挥不可或缺的作用。然而圣奥古斯丁未曾预见到的是，当教会受到权力的诱惑并开始渴望更大的政治影响力时，它将声称神权统治的卓越地位，这与基督教早期追求的精神纯洁几乎背道而驰。一个标志性的转折点出现在公元800年,当查理大帝在教皇的加冕下成为罗马帝国(剩余部分)的皇帝。如果圣奥古斯丁还在世,他必定会感到震惊。他心中的教会是一个使徒团体,而非一个意图建立世俗政治帝国的组织。学者弗农·J. 伯克在其著作《真实的圣奥古斯丁》(*The Essential Augustine*)中解释了人们对圣奥古斯丁意图的误解:"从查理大帝开始,神圣罗马帝国受到了对圣奥古斯丁《上帝之城》的误读。许多人认为,圣奥古斯丁计划在地上建立一个上帝之国,形式上就是由基督教复兴的古罗马帝国。然而这并非他的真正意图。圣奥古斯丁的理想是超凡脱俗的,他区分了两种人、两种社会,它们永远不会被正式制度化。在最终审判后,这两种人将分别进入天堂和地狱。"

第三部分

中世纪早期

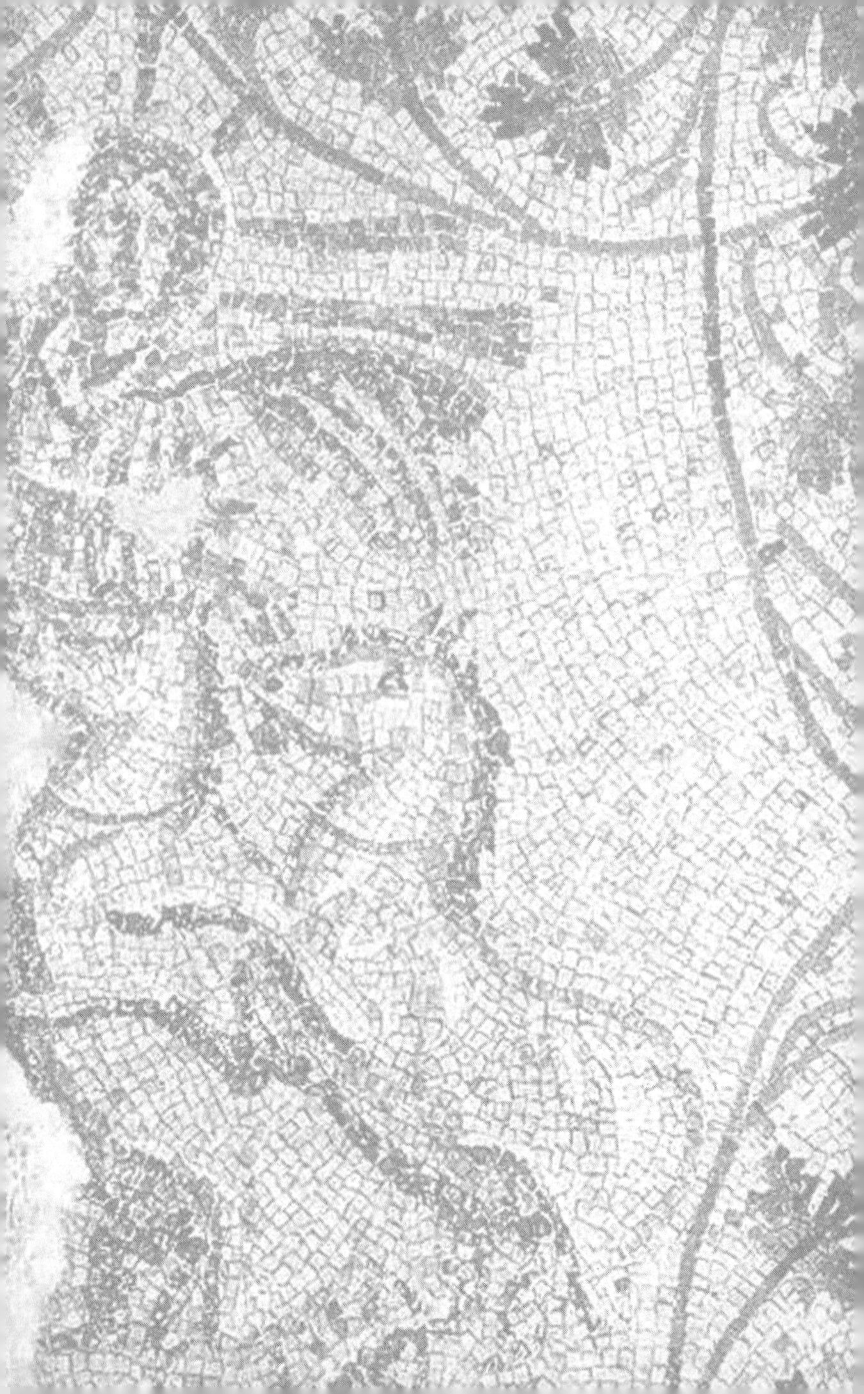

理性的消亡

基督教在公元后诞生于罗马的统治下,其文化心理深受希腊化地区的影响,因此在演变过程中吸收了大量希腊传统思想。值得注意的是,除了纯粹的希腊影响(如毕达哥拉斯、柏拉图、亚里士多德、斯多葛派等),还包括许多来自亚历山大东征时从东方获得的思想和传统。许多神秘教派,如俄耳浦斯秘仪,正是希腊化扩张的产物,而波斯的琐罗亚斯德教、摩尼教等也发挥了重要作用。此外,基督教的仪式传统(如诵经、使用蜡烛、香和圣水)以及祭司制度,可能源于叙利亚、埃及、巴比伦和波斯。尽管如此,在所有这些文化来源中,最为根本的影响还是犹太教,它与基督教紧密相连,深刻影响了基督教的核心思想。

古希腊哲学家认为,宇宙秩序是由非人化的造物主创造的;然而基督教则将世界视为造物主爱的体现,强调上帝对自己创造的深切投入。他的爱超越了所有身份、特权和财富的差异,尊重每个人的神圣性。

对一个具有阶级意识的古希腊诸神时代社会来说,这一变化无疑是革命性的——所有曾被排斥和遗忘的人(如被剥夺财产者、被驱逐者、奴隶、妓女)都被上帝之国接纳和欢迎。伯利恒之星向伟大的国王和贫穷的牧羊人宣布了弥赛亚的诞生,这标志着一个新的正义理想的诞生——在这个理想中,人人都被赋予同等地位，并在上帝子民的名下，受到平等的重视与尊重。

这一理想并未立即得到实现。事实上，为了消除奴隶制和对妇女的歧视等深重的社会弊端，人类付出了数个世纪的努力。尽管如此，基督教所倡导的人类内在神性的尊严理念，仍对西方文化的发展产生了深远的影响，在法律和司法领域尤为显著。

这一理念为人类生命赋予了非凡的价值，其起源可追溯至犹太人在《创世记》中的叙述。据记载，上帝在创造世界后，用黏土塑造了一种生灵，并以自己的"形象和肖像"为蓝本完成了这项杰作。

上帝从人类中选定了一个与自己相似的存在，一个能够与他共享永恒对话的伴侣，并在他身边成为万物的主人。这一特权地位在上帝赋予此人命名其王国中所有动物的权力时得到了充分体现。《创世记》中记载道："上帝……将动物带到亚当面前，看看他会如何称呼它们。亚当给它们取什么名字，它们就叫什么名字。"

这种与上帝的微妙联系使人类的价值达到了前所未有的高度。然而这种理想状态因亚当和夏娃的行为而骤然改变。根据《创世记》的记载，上帝用亚当的肋骨造出了夏娃，二人却因偷食智慧树上的禁果而导致一切急转直下。智慧树上的禁果是上帝严令他们不得触碰的，但他们最终未能抗拒诱惑，从而引发了不可挽回的后果。

一条蛇诱惑了亚当和夏娃，向他们许诺偷食禁果便可获得如同上帝般的认知。然而这一承诺最终证明不过是虚妄的谎言。他们因违背禁令而受到严厉的惩罚，从天堂堕入尘世。灵魂被剥去了原本光辉的外衣，犹如在黑暗的坟墓中披上了一件注定腐朽的外袍。

由于人类的主观选择，他们永远失去了上帝的客观庇佑。从此，历史取代了永恒，生命被无情地禁锢在时间与空间的桎梏之中。《圣经》记载，那一刻，亚当和夏娃意识到自己赤身裸体。这种赤裸正是他们新状态的象征——脆弱与贫乏从此成为人类的存在特征：孱弱的肉体、有限的思想、时间的流逝，以及不可避免的死亡结局。

亚当和夏娃从他们的过错中并未获得优越的认知能力，反而得到了充斥于这个破碎世界中的无知、痛苦和困惑。他们所处的世界的显著特征是，所有生物都在为统治和生存进行残酷的竞争。在这场竞争中，亚当和夏娃被降格到与他们曾统治过的动物相同的层次。为了形象地描述人类堕落后的身份，宗教艺术创作者经常使用"野兽化"的隐喻。在中世纪的许多作品中，亚当和夏娃被描绘成覆盖着毛茸茸皮肤的形象，用以象征他们堕落后近似于动物的状态。

自那时起，人类的存在就变成了一种远离故乡的流浪生活。换言之，人类成了四处漂泊的异邦人。

基督教思想家在描述地球维度中令人厌恶的原始物质（hyle，

希腊语中意为混沌的无形物质）时，将这个世界定义为一个"不一致的区域"，或者借用《旧约》的语境，称之为"物质的埃及"（Egypt of matter）。他们用这些带有贬义的词汇形容现实世界，意在强调它是一座充满痛苦的牢笼，与失乐园中曾体验到的幸福与和谐形成鲜明对比。

一幅中世纪绘画中描绘的亚当和夏娃被逐出伊甸园的场面

一种被物质的迟钝与黑暗紧紧束缚的生灵，如何能够重新获得精神上的光明，最终飞回上帝的国度呢？

信徒对此给出的答案是一个充满希望的故事：尽管罪恶带来了缺陷与磨难，但宽容的上帝通过耶稣基督的降世成肉身，引领人类走向救赎，回归那原始的纯净状态。

"仁慈的造物主"这一思想起源于犹太教，上帝曾以无尽的爱关怀以色列人，并真诚地扶助他的选民。从他们在埃及的苦难中解救出来，到引领他们征服一片与上帝神圣意志相契合的土地，上帝始终陪伴在侧。最终，以色列人在正义与自由的光辉中欢欣鼓舞，感受到上帝无微不至的仁慈与眷顾。

基督教与犹太教的相似之处在于，它们都将人生视为一段摆脱枷锁、走向自由的旅程。其主要区别在于故事中的人物和最终的目的地。犹太人渴望建立一个符合上帝选民利益的、充满正义的地上王国，而基督教徒则专注于建立一个精神性的王国，而非世俗的王国：一个接纳全人类的、超越历史与地域的应许之地。

为了重返天堂的家园，人类必须找回那片失落的神性碎片。它如同一颗珍贵的宝石，始终在世俗的破碎本质中闪耀着微弱却坚定的光芒。

上帝的荣耀存在于人类精神的最深处，远离尘世苦难的悲凉。正如保罗所言："我们在肉身当中时，是与主相离的。"

由于没有基督的介入，犹太人无法从流放中逃脱；而如果没有"基督之言"的转化，也不可能对基督有真正的认识。《新约》的主要内容集中在基督的生平和教导上，虽然这些内容并非他本人所写（就像苏格拉底一样，他没有留下任何书面文字），而是散见于四大福音书的记载。历史学家已证实，这些福音书（"福音"原意为"好消息"）并非像过去人们所认为的那样由他同时代的人所写，而是成书于1世纪末，并在2世纪前后被编入《新约》。

"符类福音"（synoptic）这一名词恰如其分地描述了福音书，指的是这些文本叙述在主题上高度一致。唯一的例外是《约翰福音》，这本复杂且难解的书籍，其中上帝之国被描绘为光辉的胜利成果，与黑暗的俗世形成鲜明的对比。《约翰福音》所采用的神学方法，关键在于将上帝定义为"逻各斯"（Logos）——这个词在希腊语中同时具备"言语"和"理性"（reason）两层含义，在希腊哲学传统中，表示神圣且理性的秩序力量。福音的开头通过"逻各斯"来阐述上帝的创造能力，并将这一概念转化为基督教的说法，即"道"（the Word）。

柏拉图主义贯穿《约翰福音》的整体脉络，这一发现主要归功于保罗——一位希腊化时代受过教育的犹太人。保罗早年曾积极参与迫害基督徒，直到在前往大马士革的途中突然皈依基督。据《使徒行传》记载，保罗（原名扫罗）在某一刻突然获得启示，从此他将自己的一生奉献给基督。根据考证，保罗最终死于67年，在尼禄对基督徒的迫害运动中遇害。保罗在写给他所创立的教会的书信中，将基督教的救世观念提升到一个全新的层次。

为了阐释基督使命的本质意义，保罗特别强调洗礼仪式的作用。他通过宣讲洗礼的象征意义，鼓励信徒模仿基督的牺牲。基督在十字架上的死亡，被视为将人类的灵魂从物质的牢狱中解放出来的关键事件。洗礼象征着肉体的死亡和灵魂的复苏，这与基督在十字架上的牺牲遥相呼应。换言之，基督作为人类完美的原型，扮演了"新亚当"的角色，取代了旧亚当。保罗多次称基督为"新亚当"，他写道："在亚当身体里，所有人都会死；但在基督身体里，所有人都会活着。"

信徒的目标是谦卑地舍弃自我，从而逐步迈向上帝所展现的更高层次的完美。这种转变并非仅限于身体层面：正如保罗所解释的，基督的使命同样包含了对人类过度注重心灵价值的深刻批判。

毕达哥拉斯、苏格拉底和柏拉图都认为，灵魂是理性所在，而理性是人性中最崇高、最优越的品质。然而在基督教思想中，理性虽然重要，却被视为附属于有缺陷与欲望的身体，无法独立高于物质层面。保罗多次强调，超越一切的上帝同样也超越了人类的认知能力。

与古典传统相反，保罗拒绝承认理性思维的至高地位。他认为，除非借助神的恩典，理性思维仅仅是一种不足以通向高级认知的工具。为了突出理性的局限性，保罗甚至将人类比作无助的哺乳婴儿，依赖教义提供的"牛奶"才能生存与成长。如果没有这些"牛奶"，他们便无法消化和吸收真正深邃的智慧之食。

基督教主张，自亚当和夏娃堕落以来，人类因智力的缺陷而被禁锢于事物的表象，无法真正洞察、倾听或理解事物的内在本质。为克服这种肤浅且局限的认知障碍，基督采用了一种神秘而间接的方式传递教义，通过挑战固有的思维习惯与先入为主的观念，激发人们更深层次、更细致的认知能力。

圣奥古斯丁在其著作《论宗教真理》（*On Religious Truth*）中对基督的教导方式作了如下阐述：

> 上帝不带蔑视……用隐喻、明喻来玩弄我们幼稚的思想，用这种黏土医治我们灵魂深处的眼睛。

当面对上帝的宏大与浩瀚时，人类残缺的能力显得极为渺小，甚至难以承载其全部意义。因此，必须借助寓言、符号、隐喻和明喻等间接的语言形式来传递神的核心信息。为什么要这样做？圣奥古斯丁指出，这就像通过童话向孩子传授道德准则一样，这些形式将神圣话语的复杂性降到最低，使人类能够以其有限的理解力去接近和把握其中的真理。

使用比喻的目的在于，通过故事激发人们的情感和直觉意识。这些故事鼓励人们突破逻辑与理性线性思维的局限，去探索更深层的真理。因此，3世纪的学者、来自亚历山大的辩护者克莱门，将基督比作一位教育者与导师。他不仅启迪信徒的内在潜能，更超越了以往所有理性与经验话语的单调与无效，将其引向一种更具活力与意义的精神成长之路。

根据这些准则，初学者被教导，不应仅仅停留在字面意义上理解经典中的话语。正如真理深藏于世界表象之下，经典中的语言更应被视为指向其他事物的线索——一种引导精神不断前行的隐喻。其最终的意义只能以间接的方式暗示，因为它超越了任何世俗认知方式的局限，无法被完全揭示或还原。

为了进一步阐释这些信息的启示性，圣奥古斯丁将文字的内在意义比作身体中的灵魂。他写道,这些文字犹如"肉身的外袍",包裹着藏匿其中、等待揭示的更深层次含义。唯有通过"灵魂之眼"而非"肉眼"去探索,这些信息的真正意义才能被领悟。

这一观点反映了犹太传统的深刻影响。在犹太文化中,文本与解释并非两个独立的实体,而是启示的两个相互关联的方面。学者乔治·施泰纳在《真实的存在》(*Real Presences*)一书中解释说,犹太诠释学的目标是不断扩展《圣经》中包含的信息,这是一种无尽的赋予意义的过程。他写道:"在犹太教中,无休止的注释以及对注释的注释是最基本的……阐释的灯火在会幕前永不熄灭。我相信,犹太人不灭的诠释学与他们在流亡中的生活息息相关。"

经典中的每一个字、每一个形象,随着意义的涟漪不断扩展,持续唤起上帝形而上学的无限性——这正是赋予整个宇宙生命与形式的不可测量、不可描述、不可触碰的逻各斯。

学者诺斯洛普·弗莱在《伟大的密码》(*The Great Code*)一书中描述了经典文本的神秘性所要求的无尽阐释,称其为"一个在微妙与全面中不断成长的单一过程",旨在表达"不同的感官,而非不同强度或更广泛的连续感,像种子中的植物一样展开"。

这句话与《马太福音》中的一段话遥相呼应,基督将他的话语比作种子:"种子虽小,但如果种在适当的土壤里,就会充满创造力。"

但是，把种子撒在好土里的人，就是听了道并且理解道的人。

就像一颗小小的种子长成一棵大树，经典文本中质朴的语言，如果播种在因丰饶的信仰而变得肥沃的灵魂土壤中，便会绽放出天堂般的光彩。

圣奥古斯丁写道："不要试图理解你可能会相信，但要相信你可能会理解。"这句话的意思是，信仰对于实现真正的认知至关重要。在过去的千百年中，人类理性被视为至高无上的力量，但如今它被一种信仰所超越，这种信仰与实在的真理、理性论证和逻辑结论常常直接相悖。除了心智的智慧，通往上帝之城所需的，还是心灵的智慧。当基督要求人类与他一同深入某一深度时，就像在洗礼仪式中那样，这种深度呈现为灭亡与存在、黑暗与光明、盲目与可视、生与死的矛盾统一体。

人们还强调，神的超自然干预具有变革性质，这是为了在人口中维持一种书面的宗教传统，而这些人口在很大程度上是异教后裔，他们习惯于将信条的确认归因于纯粹的口头练习。历史学家查尔斯·弗里曼在《西方思想的终结：信仰的兴起和理性的衰落》(*The Closing of the Western Mind: The Rise of Faith and the Fall of Reason*)一书中写道，直到135年，第一批有异教徒背景的基督徒才开始接受《圣经》文字的价值，承认其对口头传统的权威。数百年来，口头传统一直被认为是宗教传播的唯一合法途径。

如我们所见，人们对文字的不信任可以追溯到古希腊。在对话录《斐多》（*Phaedrus*）中，柏拉图借"另一个我"苏格拉底之口批判了书面文字的僵硬与静态，认为一旦将交流固定于文字中，就会导致一种危险的精神萎缩状态。柏拉图通过对话来发展他的哲学思想是有意为之，他希望保持口头辩论中那种活跃的起伏，认为缺乏这种动态，知识就难以不断进步。

几个世纪过去了，思想家对文字的敌意缓慢消退。但当基督教继犹太教之后，将自己描述为一个建立在文字权威基础上的宗教时，那种古老的对书面文字的担忧难免再次出现。为了避免任何潜在的批评，信徒们按照犹太教义，拾起了"象征"的力量。

"象征符号"（symbol）一词源于"symballo"，即希腊语的"重聚"，它可以帮助我们理解这一找回意义的伟大过程。在古希腊，当双方签订协议时，一件物品会被一分为二，以保证在双方重聚之前履行协议所规定的承诺。这件物品就是"象征符号"，它将随着双方重聚而完整。类似的解释也与《圣经》中所表达的神圣话语相关：一种符号或象征，通过不断地指向过去，吸引完全投入的读者（信徒）的积极参与。

与希腊人对书面语言带来的"死"与被动习得的恐惧相反，《圣经》的象征性话语被视为一个"活"的过程，通过读者与文本之间的对话，使人们对神的认识越来越深入。如果没有超越直接经验的表象，便意味着将被困于事物的字面意思，这些只是外在的、肤浅的含义——在保罗看来,"文字可杀人"(letter that kills)正是指一切非信徒的世俗理性。

为了强调神的卓越知识,信徒借用了"基督复活"的形象——通过作为一个人死去,作为神复活,基督将人类的认知境界提升到了超越身体、精神和语言限制的理性。基督象征着将灵魂从凡人的肉体(soma)中解放出来,也代表着将人类的语言从世俗的坟墓(sema)中释放出来。耶稣基督这一形象,或称神圣的逻各斯,体现了从可见到不可见的过程,象征着普通的生活事件转变为神秘的事件。

耶稣基督这个形象,在将人与神的维度结合在一起时所产生的调解和干预效果,正对应着《圣经》象征性的功能,恢复了原罪打断的神与人之间的宇宙对话。基督的话语,作为上帝之爱的终极象征,实现了疗愈与拯救。与上帝之道所代表的疗愈行为相反,邪恶的分解力量(在希腊语中为"diabolos")象征的反义词是分心,代表了分裂——自亚当和夏娃获罪以来,一道巨大裂痕已将人类与上帝彻底分开。

艺术的象征话语

传统上,艺术关注的是事物的有形外观,但它是否能够成为一种更高层次的沉思载体呢？换句话说，艺术是否能被置于无形的精神现实的服务中？这个问题变得更加复杂，因为犹太传统一直培养着对偶像崇拜的反对思想，这种思想认为在任何雕刻的形象中都包含了罪恶。

犹太人认为，上帝的神秘性无法通过任何地上的形象来体现，这一观念同样延伸至语言层面。因此，他们严格遵守这一规则，上帝的名字"耶和华"在希伯来语中最初是写作"YHVH"，没有元音字母，使其根本无法发音或阅读。

禁止使用图像的禁令对早期基督徒产生了深远的影响，这一禁令在宗教艺术出现之前大约200年便已存在。然而在大多数人都是文盲的时代，克服这种禁忌变得必要，因为视觉叙事提供了一个有效的途径，帮助传达新宗教的理念和信息。

通往基督教视觉语言的第一步可以追溯到地下墓穴，那些早期基督徒将地下通道作为埋葬场所。这些墓穴中的壁画最显著的特点是草率且粗糙的风格。一些学者提醒我们，不应将早期基督教的表现视为幼稚，他们认为，如果这些视觉见证显得谦卑和朴实，那并非因为基督教艺术家缺乏能力或经验，而是因为他们有意选择了简单的风格。

基督教艺术家为了表达精神的优越现实，故意避开自然主义的相似性，选择了一种隐晦的叙事方式。尽管这种方式间接，但它仍然被认为超越了所描绘事物的表面形式。在地下墓穴中看到的这些极其简单却意义重大的图像，展示了艺术家对精神优先于物质的转变。他们采用了粗糙且常常笨拙的图像，而非追求现实且美学上的完美表现，这种简陋的风格并非因为技艺的不足，而是为了激发观众的创造性想象力，避免将注意力局限于表面。图像越显得稀疏和不完整，观众就越被迫去寻找更深的含义，去探索视觉之外的精神层面。

为了激发更深层次的理解，基督徒常常研究《旧约》，寻找有关基督使命的暗示。

《旧约》在为基督的到来做准备和铺垫方面起到了至关重要的作用。然而如果没有基督赋予人类生命的教义，这一切的预示和准备就会显得毫无意义。通过基督的启示，人类的精神旅程最终得到一个完整的、深远的结论，探寻并领悟了与神性之间的真正联系与深刻理解。

带着这些想法，让我们来看圣普里西拉地下墓穴中的一幅壁画：画面中以最简洁、最粗略的细节描绘了一位牧羊人和他的羊羔。如果你询问如何解释这幅画，早期的基督徒可能首先会联想到《旧约》中的相关段落，或者是多数宗教仪式（包括犹太教）中常见的牲祭。虽然这种解释有其合理性，但如果缺少《新约》中更深层次的解读（一个基督教学者应能立刻识别），这解释便显得不完整。在福音书中，基督也被描绘为一位神圣的牧羊人，带领一群人类的羔羊回到天堂的牧场，而他自己则作为最重要的羔羊，为拯救世间的罪孽而献身。

对于上帝的羔羊基督，旧有的牲祭仪式已显得累赘、陈腐，正如施洗者约翰所言："看哪，上帝的羔羊除去世人的罪孽。"

为了证明基督是上帝的最终启示，《旧约》中的图像被反复用作预言。最常见的故事包括以撒的父亲亚伯拉罕在祭刀下被救出来；约拿被鲸鱼吞入腹中后又被吐了出来；但以理被困在坑中，四周围着被法力驯服的狮子；三名少年奇迹般地幸免于火炉中的火焰。

当不同的支流把它们的水汇于一处时，这些叙述都被重新用来预见后来的高潮：基督的死亡和奇迹般的复活，作为所有过去

圣普里西拉墓穴壁画中的牧羊人基督

叙述的综合和完成，代表着善战胜恶的最后胜利，精神重于物质，生命重于死亡。

学者亚伯拉罕·约书亚·赫歇尔在《犹太教哲学：上帝找寻人类》(*God in Search of Man: A Philosophy of Judaism*)一书中恰当地描述了维持这种强烈信仰所需的敬畏感："在宗教传统为我们留下的众多遗产中，有一件是'奇迹的遗产'。如果要抑制我们理解上帝本质的能力，强调敬拜的作用，那么最好的方法就是把这一切想得理所当然。"赫歇尔认为，宗教面临的最大威胁是人们不再相信奇迹，以及对所有神秘现象都能合理解释的信念。

他接着说道："对神的感受始于奇迹。它是人类对自身行为缺乏理解的结果。奇迹意识遇到的最大障碍，是我们对传统观念和陈词滥调的灵魂观念的适应。因此，对某些文字和观念的不适应，正是真正意识到这一点的先决条件。"

对于古希腊罗马时期的犹太人或基督徒来说，这些文字所表达的激情能引起读者的强烈共鸣。究其原因，人们认为，发展更高级的认知方式需要锻炼思维，使其能够长期与人生的难测和由此引发的不安共存。因此，信仰被视为一种大胆、激进的体验，而非平和、被动的体悟。信仰要求激情和决心，即便最终目标仍然神秘莫测，也要勇敢地坚持追求。

对基督徒而言，信仰并非单纯的理性认知行为，而是一种狂喜与醒悟的过程：当充满爱的"我"与充满神性的"你"彼此交

约拿被鲸鱼吞入腹中，同样出自圣普里西拉的墓穴壁画

三名少年奇迹般地在火炉里幸存

融时，便带来了深刻的情感满足。

与异教文化自豪地宣扬对人类理性的信任截然不同，基督教的救赎承诺并非源于知识的满足，而是对上帝无法抑制的热情。上帝始终是难以捉摸、不可知的，因为世上所有语言、思想和图像都不足以揭示其伟大的神秘性。

为了强调上帝超越尘世间的一切视觉，基督教艺术家承诺永不直接描绘天父，仅通过基督的形象作为替代：无形的上帝借助基督的形象向世界展现自己。

根据这一原则，中世纪艺术家唯一敢描绘的天父特征，仅是一只若隐若现的手伸向天空。除此之外，不可知、无法描述的上帝只能通过基督这一中间形象显现。基督降世的目的，是按照上帝的形象塑造人类。有趣的是，尽管基督的形象极为重要，但早期宗教艺术有意避免直接展现他在十字架上的血腥场面——这一表现方式在几百年后才逐渐变得普遍。

如何理解艺术家的这种选择？我们可以将基督弥赛亚与犹太人期待的先知弥赛亚进行对比：根据预言，弥赛亚将成为一个强大的军事领袖，最终确保以色列的胜利，为上帝的选民带来福祉。然而基督与犹太人所期待的弥赛亚有着显著的区别：基督并未承诺一个庇佑信徒的世俗王国，而是承诺一个让人们放弃物质需求、追求精神自由的应许之地。基督教的这一激进观点，也体现在基督在十字架上的受难上——一方面，这是一种人们眼中

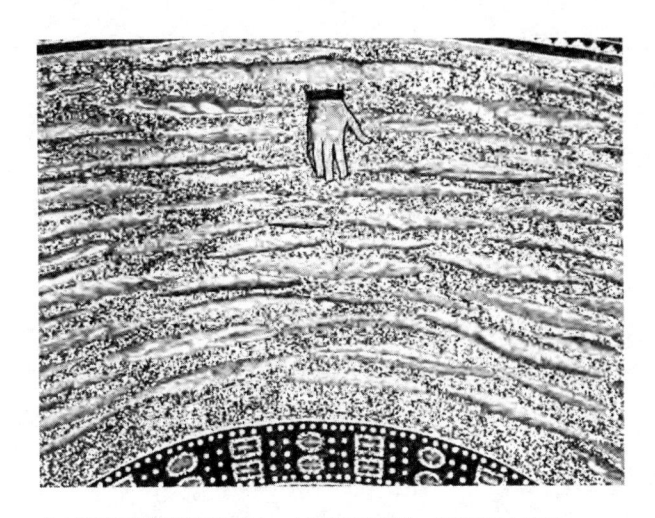

在中世纪早期的基督教艺术中，上帝的形象都是一只来自天上的手

上帝的羔羊和用十字架作为胜利旗帜，出自罗马达米亚诺科斯玛大教堂，7世纪

最耻辱、最令人厌恶的死亡；另一方面，这种死刑只适用于罪犯、奴隶和贫民。异教徒和犹太人无法理解，一个自称上帝之子的人，怎能遭遇如此可怕的羞辱？许多人愚昧地嘲笑基督受难的意义，这在罗马帕拉蒂尼山出土的壁画涂鸦中得到了体现：为了讽刺一位名叫亚历山梅诺斯的新信徒，人们画了一个被钉在十字架上的驴头人，旁边写着"亚历山梅诺斯崇拜他的上帝"。为了回应这种敌意，基督教徒将十字架作为胜利的象征，绣在旗帜上，而十字架上饱受折磨的基督肉体则被隐去，成为精神胜利的象征。

一种新词汇的诞生

如我们所见，基督教面临的最大问题是如何证明基督在十字架上的牺牲是正当的。反对者认为，这种牺牲与基督的神性不符。为了反驳这一观点，早期基督教思想家德尔图良采用了一种极具挑战性的修辞方式："你必须相信上帝之子确实死了，因为这很荒谬。他被埋葬了，又复活了。这是板上钉钉的，因为这不可能发生。"

在这里，德尔图良运用了"荒诞化"的文字技巧，刻意摒弃了逻辑的常规，试图在读者内心激起一股心灵的火花。

德尔图良试图通过悖论来歌颂无知,而非像异教哲学家那样自豪于理性。他接着将从信仰中汲取的智慧比作一朵孤独地绽放在乡间路旁的花朵,远离学校、学院和图书馆中那些空洞的说教。他写道:"我不呼唤那些在学校中培养出的灵魂,那些在图书馆里接受教育的灵魂,那些被希腊学院的智慧所充实的灵魂。我宁愿求助于简单、粗糙、无知、原始的灵魂……它们能在每一个十字路口和荒凉的乡村道路上找到。"

缺乏信仰指引的理性或许是不可靠的,因为它是《创世记》中最危险的撒旦诱惑人的工具之一。撒旦选择夏娃作为第一个罪人(她是第一个从智慧树上摘下禁果的人),这一点暗示着对知识的过度渴望与性欲的联系。除了传统的潘多拉神话中体现的厌女倾向外,这种关联最引人注目之处在于它的创新性——求知的欲望,在某种程度上可以与人类的其他本能和能力相提并论。

既然这种本能像呼吸、觅食和繁殖一样,自然且必要,那么上帝为何要谴责人类的求知本能呢?基督教给出的答案虽然含糊其词,但也毫不掩饰——人类的目标不应是理解上帝的神秘性,而是服从他的意志,响应他的召唤,以恢复人与神之间的对话。这种态度宣告了一切与信仰规定的路径不相容的世俗学科的终结,包括哲学和科学,让位于一种表面上谴责一切批判性思维的文化模式。在这种新的背景下,正面典型出现了——亚伯拉罕,他盲目地服从上帝的旨意,残忍地杀死亲生儿子以撒,哪怕上帝没有给他任何合理的解释。

救赎属于顺从者，他们从不怀疑，也不敢怀疑上帝的旨意。从基督教的角度来看，进一步学习求知是被绝对禁止的。德尔图良曾问道："耶路撒冷和雅典有什么共同点？"并补充道："对于我们自己来说，除了耶稣基督外，没有任何必要和动机去学习。"

除了德尔图良，另一位早期的教会学者爱任纽也抱有类似的热情。他说："你最好一无所知，只相信上帝，继续爱他，而不是冒着失去他的风险去问问题。"

为了表达对思想及其分析工具的怀疑，早期一些传教士甚至将哲学斥为"可鄙可憎之物"，另一些则对柏拉图和亚里士多德的哲学论述嗤之以鼻，认为其不过是废话连篇。

在这些论述的发展过程中，许多早期基督徒受到一种信念的影响，即基督即将二次降临。然而当这一预期未能实现时，否定过往学术成就的紧迫性逐渐减弱，这使人们对古典时代的遗产持有更为包容的态度。在那些将哲学视为宝贵遗产而非障碍的人中，亚历山大学派的希腊神学家——如亚历山大的克莱门和奥里根——尤为突出。为了重新挖掘昔日的文化贡献，他们提出了"渐进救赎"的概念。学者尼古拉·阿巴格纳诺认为，随着人们对基督再临的期待逐渐消退，这一理念得到了广泛支持。因此，"世界瞬间毁灭并复活"的观念，逐渐被"通过逐步理解并吸收基督训诫，历经数百年实现复活"的观点所取代。

基督教徒在基督再临后的新叙事未能取得成功，他们逐渐认识到，救赎并非一场华丽而短暂的戏剧，而是一个缓慢而渐进的成熟过程。在这一过程中，不同的文化表达被视为上帝启示的初始阶段。该观点接纳了过去多元文化的贡献，并以此为理论基础，认为这些贡献是人类最终认识上帝的预备步骤。评论家拉克坦谛对此问题进行了探讨，他断言，尽管苏格拉底、柏拉图以及斯多葛派的著作并不完美或完整，但至少可以视为通往上帝真理的有益"碎片"。

一旦历史与神的旨意（providence）相结合，基督教便转化为一个旨在引导世人灵魂不断进化并最终绽放的神圣计划，而历史则成为这一神圣计划的实现手段。这一观点为"所有过去的文化价值皆归属于基督教"这一设想提供了理论依据，正如2世纪殉道者查士丁尼所言："凡所言说之美，都是基督徒之美。"

在这一原则的指引下，凡是有助于传播基督教信息的异教遗产，都可以被自由借用。实践证明，这种态度为基督教艺术家提供了极大的便利，他们经常借鉴古代神话和民间传说中经过时间考验的素材，以宣扬新宗教的教义。例如，基督常被比拟为希腊的光明理性之神阿波罗或罗马的无敌太阳神，许多皇帝借此强调自己所具有的天赋权威与神圣品质。在异教艺术中，这一理念通常表现为皇帝雕塑头后的光环。类似的象征手法也出现在基督教艺术中，如在2世纪罗马圣彼得教堂地下的朱利陵墓马赛克画中，阿波罗与无敌太阳神的形象被融入基督胜利复活升天的场景，与罗马皇帝的神格化图像如出一辙。

另一位常被用来描绘基督使命的著名神话人物是俄耳甫斯。正如亚历山大的克莱门所言："这位用竖琴之声驯服万物的神奇琴师，不仅能驯服人类，也能驯服最桀骜不驯的野兽。"欧瑟比如此描述到，神之子作为人类的不和谐乐器的自然治愈者，降临于世，以重新为其定调，使世界重归和谐：

> 希腊神话告诉我们，俄耳甫斯可以迷惑凶猛的野兽，熟练地敲击乐器和弦来驯服它们野蛮的灵魂。这个故事为希腊人所传唱，他们认为，这种无意识地奏出的旋律，足以征服野蛮的野兽，甚至可以拔倒大树。但这样的完美节奏出自上帝之道，他试图用一切方法治疗人类灵魂中的诸多痛苦。因此他通过智慧的技艺奏出的旋律抚慰人心，不仅抚平了野蛮的创造，而且抚慰了被赋予理性的野蛮人，用神圣教义的补救、治愈了文明国家和野蛮国家的一次次暴怒，治愈了灵魂的一次次愤怒激情。

在其他案例中，基督的使命通过葡萄树这一象征符号得以展现。过去，异教徒常将葡萄树与酒神巴克斯联系在一起，这一象征也被融入基督教艺术之中。例如，在罗马皇帝康斯坦丁之女——圣科斯坦萨陵墓的壁画上，葡萄树的形象便被用来传达基督的教义。

在丰饶的葡萄园中，枝头挂满了累累果实，辛勤劳作的小天使丘比特与鸟儿争相采摘成熟的葡萄。正如罗马时代常见的情景，贵族餐厅中随处可见以酒神巴克斯为象征的世俗欢愉，葡萄酒被认为能使人暂时忘却烦恼。在基督教教义的吸收与转化下，酒醉所引发的精神状态被赋予了新的象征意义，经过重新诠释，葡萄酒成为基督与葡萄藤的比喻，正如圣餐仪式中所展现的那样。在这一新的概念下，饮用象征基督之血的圣酒所带来的"清醒的醉酒"状态，寓意着当一个人敞开心扉接受基督的救赎时，便能获得更高层次的灵性觉悟。

最早皈依基督教的人大多来自社会底层的贫民，但随着基督教的合法化，许多显赫的上层贵族也纷纷加入其中。[1] 随着这些贵族的涌入，他们开始资助雕刻有基督教主题的精美石棺，使基督教群体的社会结构发生了显著变化。这种丧葬艺术的最佳范例之一，便是罗马执政官尤尼乌斯·巴索斯的石棺。

这些浮雕的风格似乎接近罗马的写实主义风格，但一旦我们意识到这些看似毫不相关的故事被组合在一起，作为象征性的展

---

[1] 有趣的是，"异教徒"（pagan）一词来自拉丁语"paganus"，意为"乡下人"，这个词从4世纪开始被基督徒用来定义还在崇拜多神的乡巴佬。

开，就能发现它们所传达的并非世俗故事中的线性叙事，而是神秘而永恒的教化。

下半部分的浮雕中包含了两个故事：画面右侧展现的是彼得与保罗，以及但以理被投入狮穴的情景；左侧则描绘了约伯、亚当和夏娃的故事。画面中央则是谦逊的弥赛亚骑驴进入耶路撒冷，这一基督教常见的象征场景，象征着被救赎的灵魂重返上帝之城。

上半部分的场景包括了献祭以撒、基督被捕以及他与总督本丢·彼拉多的会面。尽管这些事件都与基督的牺牲相关，但它们巧妙地避免了对他受难的血腥描绘。取而代之的是，我们看到复活的基督将《律法书》交给彼得与保罗，同时以胜利者的姿态脚踏穹隆（在这一画面中，基督呈现为头戴面纱的男性形象，画风则带有明显的异教风格）。

最后，教会强烈反对使用私人赞助的艺术，尤其是在5—6世纪，随着教会领导层对所有宗教事务的官职进行加强，这一态势愈加明显。结果，艺术品逐渐从私人领域消失，转而成为教堂专有的装饰物。这一变化预示着，艺术的唯一合法目的应当是集体赞美上帝，正如教会所强调的那样，教会才是基督教大家庭的领袖。

当基督教合法化后，建立一座能够容纳大量信徒的大教堂变得至关重要。最初，尝试利用异教神殿的计划以失败告终，因为神殿的内殿仅为安放神像的小型空间，无法满足基督徒集体礼拜的需求。最终，君士坦丁大帝的建筑师提出了一个巧妙的解决方案——将原本用于司法审判的宽敞礼堂改造为罗马大教堂。过去曾是法官住所的半圆形后殿被改建为教堂的祭坛，这一空间成为整座教堂的核心。为了到达祭坛，人们必须穿过中央大厅的狭长通道，后来在其两侧增设了额外的走道。中央大厅的正式名称"中殿"（nave）源自航海术语，这一概念与基督教的叙述完美契合——信徒一旦步入基督救赎的方舟，便踏上通往天堂故乡的全新旅程。

在教堂的结构完成后，接下来的问题是，怎样的艺术形式最适合装饰内殿？最终，人们选择了壁画与马赛克作为主要的装饰手段，因为它们最能体现宗教信息的精神性与梦幻特质。而高浮雕——如早期石棺上的浮雕——以及雕塑则被严格禁止，因为人们担心其高度的写实特征可能会引发对偶像的盲目崇拜，导致信仰的偏离。

在《圣经》中，先知以赛亚曾尖锐地讽刺那些崇拜偶像的人，认为他们的行为极其愚蠢——他们在自己亲手制作的偶像面前卑躬屈膝，却忘了自身才是真正的创造者。

关于雕塑的诱惑力，古代异教时期已有诸多论述，其中最著名的莫过于皮格马利翁的传说。相传，这位雕刻家爱上了自己亲手雕刻的大理石少女加拉提亚，并将她当作真正的女人。加拉提

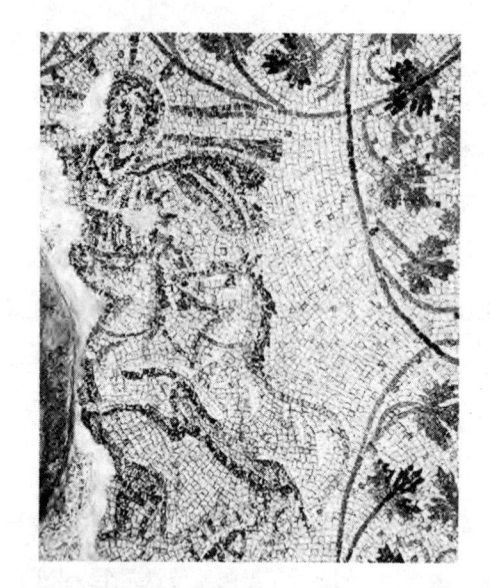

在朱利陵墓里，基督和太阳神阿波罗的形象被合二为一

与神话中的音乐家俄耳甫斯形象合一的基督

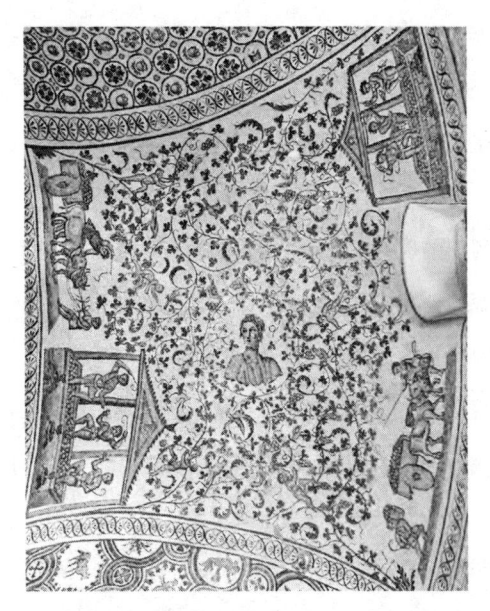

基督教壁画版本的酒神葡萄和葡萄酒王国

尤尼乌斯·巴索斯的石棺表明了基督教在罗马社会上层的流行

亚之所以能唤起皮格马利翁的欲望，正是因为他卓越的技艺赋予了冰冷、坚硬的石像以逼真的柔软与弹性。最终，艺术家沉溺于自己的创造之中，被情欲蒙蔽了双眼，甚至拜倒在自己的作品下。

这些对雕塑的现实主义幻想，可能会在基督徒心中引发强烈的妄念与诱惑，正如2世纪的迦太基主教塞比安曾严厉警告的那样："看到雕塑时，立刻朝下看，转移视线！"

早期基督徒对雕塑艺术的恐惧，除了担忧其诱发偶像崇拜的风险外，还源于他们对这些石像本质的深刻疑虑。在基督徒看来，雕像不仅是毫无灵魂的冷石，更可能成为邪魔外道的藏身之所。基督徒坚信，异教的诸神其实是伪装的魔鬼，而这些魔鬼最喜欢潜伏在雕像之中，借此迷惑和引诱人心。

考虑到古代城市中遍布的大量雕塑，早期基督徒的担忧可谓与日俱增。据君士坦丁时期的一份统计清单显示，仅在罗马城内，就至少有3500座雕塑。这些雕塑种类繁多，其中许多象征着通过战争或商业进入罗马大熔炉的各地神祇和外邦神灵，还有皇帝、军事领袖以及神话人物的塑像。在体育场和浴场等公共场所，更是陈列着大量裸体运动员的雕塑，这些作品以希腊式的风格赞颂人体的力量与美感。

那些久负盛名的雕塑通常矗立在高大的基座上，或置于由大理石、碧玺、斑岩、雪花石膏等珍贵材料打造的华丽圆柱之上。

除了用木头、黏土、蜡等简易材料制作的小型雕像，作为家族守护神的象征外，大多数雕像均采用大理石或青铜铸造，而少数更加奢华的雕像则以黄金、白银或象牙精心雕琢而成。值得注意的是，所有大理石雕像都曾涂以鲜艳的色彩，尤其是在眼睛部分，因为在古人看来，眼睛被视为"心灵之窗"，赋予雕像更为生动的生命感。

面对如此众多的雕像，早期的基督徒无疑会感到深深的震惊。在这种无处不在、强烈的视觉诱惑包围下，他们很容易产生迷惑与不安。从私人空间到公共场所——住宅、市场、剧院、公共浴场乃至论坛，每一个角落都矗立着无声凝视的雕塑，这些雕像将现实与虚构交织在一起，营造出一种卓越而超现实的共存氛围。

当时，民间流传着许多关于雕塑的离奇传闻，有人相信这些雕像会在夜晚开口说话，甚至会从底座上走下

马可·奥勒留的雕塑幸免于难，因为被误认为第一位基督教皇帝君士坦丁的雕塑

来，混入帝国城市熙熙攘攘的人群之中。这些传言无疑加深了基督徒对雕塑的恐惧，他们认为这些雕像承载着邪恶的力量，唯有借助神圣的庇佑，才能消除其带来的威胁。基督教的一则传说便描述了圣彼得如何将那不勒斯海王神庙中的雕像砸得粉碎，意在将这些偶像从崇高的位置上拉下来，以示对异教信仰的否定。另一则流传甚广的故事讲述了教皇格里高利一世的神圣力量，据说他只需凝视这些可怕的雕像，便能使它们的头颅和四肢剧烈震颤，最终在神威之下化为齑粉。

基督徒的宗教狂热常常被批评为"疯狂""可笑""讨厌""恶心""可恶""邪恶""无知"等，这些词汇用来描述他们对古典文化遗产的极端排斥与摧毁。他们不仅审判并摧毁了成千上万的古典雕塑，若是拆除一座庞大的雕塑过于麻烦，通常就会选择就地掩埋。西方艺术在基督教义的极端狂热和保守时期遭受了巨大的摧残。在罗马发生的大规模雕塑破坏运动中，唯一幸存下来的作品便是马可·奥勒留的雕像，这座雕像因被误认成君士坦丁大帝的雕像而未被破坏。

基督徒始终对雕塑保持高度警惕，因其可能引发渎神行为，特别是担心雕塑会诱惑观看者，引导他们偏离正道。在虔诚的基督徒心中，这些雕像无疑是撒旦用来欺骗和奴役人类的工具。基督教神学家们对此深信不疑，他们认为，如果没有教会的严格监督，艺术品便可能成为最危险的存在，诱发虚假且美丽的诱惑。

亚历山大的克莱门进一步阐释了这一观点,他认为,人类在复制现实事物时,面临的最大风险就是自负,误以为自己能够与上帝的创造能力相媲美。

这一观念在中世纪得到了极大的共鸣,从当时艺术家普遍缺乏自我意识的现象中可见一斑。在那个宗教氛围浓厚的时代,艺术被视为一项集体事业,所有创作的终极目的都是对上帝的赞美,个人的才华与成就被完全淹没于对神圣的颂扬之中。中世纪的艺术家并不认为自己是独立的创作者,而只是单纯的工匠或造型师,他们的创作符号与风格严格遵循教会的权威教条。

由于那个时代的绝大多数作品都已湮灭,要想了解早期基督徒如何发展自己的视觉传达体系,唯一可靠的途径便是研究最能抵御岁月侵蚀的马赛克艺术。希腊人和罗马人通常在无法作画的

罗马圣普登齐亚纳教堂后殿的马赛克,5世纪

耶稣降生图，罗马圣母大教堂马赛克描绘的场景，5世纪

场合，如地板或喷泉内壁，使用马赛克装饰。尽管早在罗马帝国晚期，马赛克的应用已逐步拓展，但这一艺术形式在基督教的推动下达到了巅峰，这一成就也得益于拜占庭艺术的深远影响。马赛克由许多称为"嵌石"的微小方石拼嵌而成，其色彩、光泽以及如彩虹般变幻的光辉，是通过巧妙倾斜的玻璃片嵌入其中来增强的。当教堂内的蜡烛微光闪烁，光线与色彩在不规则的折射下交相辉映，产生出璀璨夺目的视觉效果，使图像呈现出一种超现实的神秘特征。在这样的图像世界中，观众仿佛沉浸于视觉的魔力之中，最终被引导去感知超越现实的神圣境界。

罗马圣普登齐亚纳教堂后殿的马赛克，完成于5世纪末，正是一个绝佳的案例，展现了基督教会在从被迫害的少数群体转变为社会举足轻重的机构后所获得的巨大自信。

这幅画所展现的基督形象，不再是田园中的年轻牧人，而是一位更为成熟、蓄须的男子。他的威严通过严肃的神情得以彰显，提升至至高无上的地位，同时也让人联想到哲学家那种深思熟虑的神态。基督头后闪耀的光环以及镶嵌宝石的宝座，进一步凸显了他的崇高地位，使之凌驾于身后的使徒之上。画中的使徒

亚伯拉罕、萨拉和三位东方博士：圣母大教堂壁画中的反向透视法

们身着象征古罗马元老的白袍，而地位最为显赫的彼得和保罗，则由两位佩戴桂冠的女神为其加冕。

在这些人物的背后，一堵环绕四周的城墙勾勒出了城市的边界。这座城市表面上似乎是罗马，实际上却象征着天国之城耶路撒冷。在城墙之上，天空中浮现出四位福音书作者的象征形象，他们被描绘成神秘的生物：带翅膀的人象征马太，狮子象征马可，公牛象征路加，鹰象征约翰。这些形象源自《以西结书》的预言和《启示录》的异象，象征着福音传道者被赋予神圣的预言能力。在这些象征之中，基督的信息再次得到呈现——带翅膀的人代表基督的降世为人，狮子象征他的威严，公牛象征他的牺

237

牲，而鹰则象征他的升天荣耀。

圣奥古斯丁在一篇著名的文章中如此描述约翰："约翰像雄鹰一样翱翔在人类软弱的云层之上，用心灵最敏锐、最坚定的目光凝视永恒的真理之光。"在古代民间传说中，鹰被视为一种神奇的鸟类，能够飞越太阳，用锐利的双眼直视耀眼的阳光。基督教对这一神话进行了重新诠释，使鹰成为约翰预言能力的完美象征。约翰凭借卓越的洞察力，比任何人都更深入地见证了上帝那神秘而永恒的光辉。

在建于5世纪的罗马圣母大教堂的马赛克中，创作者巧妙地将艺术作为引人深思的冥想工具，并提供了许多引人入胜的视觉解决方案，如在耶稣降生的场景中。

这幅画作采用了抽象象征主义而非现实主义手法，耶稣并未被描绘成襁褓中的婴儿，而是宛如国王般端坐在镶满宝石的胜利宝座上，象征其至高无上的神圣地位。宝座背后，伯利恒之星闪耀，四位白衣天使围绕其侧，增添了神圣的氛围。基督左侧，圣母马利亚高坐于华贵的宝座上，姿态庄严，宛如一位骄傲凝视儿子的皇太后，而从右侧缓缓进入画面的三位东方博士，手捧礼物，象征他们前来朝拜圣婴的虔诚敬意。

画面中缺少具体的故事年表，这表明耶稣的降临并不仅仅是一个短暂的历史瞬间，而是一次超越时空的永恒奇迹，它在每一位真正信徒的心中不断上演。正如4世纪的教皇尼撒的格里高利在《贞女》(*De virginitate*)一书中所言:"当圣洁的圣母在她的贞洁中闪耀时,每一个在内心拯救基督的灵魂将会获得什么?"

对时间维度的忽视,与空间表现上的不协调相对应。画面中刻意改变人物与环境之间的比例,突出形而上学的视觉效果,而非现实空间的连贯性。这种视觉表达强调的是"灵视",而非"肉眼所见",意在传达一种超越世俗感官的体验,正如《圣经》所言:"所见的是暂时的,所不见的是永远的。"

早期的基督教徒,为了表达神圣且不可言喻的本质,最为引人注目表现手法之一便是反向透视法。其中一个典型例子出现在描绘亚伯拉罕与萨拉的场景中(该壁画同样位于圣母大教堂)。在这一场景中,亚伯拉罕与萨拉为三位神秘的客人端上食物,正如前文所述,这三位客人是神的智慧化身。

根据古典时代就被人们掌握的透视法则,所描绘物体的正面线通常会比背面线长。然而这幅马赛克所采用的反向透视法(正面线比背面线短)完全颠覆了这一传统规则。图像并没有向背景后撤,而是向前延伸,仿佛伸向了观众。因此,观众会产生一种错觉:他自己突然变成了被观看者。这种反转的透视手法,旨在给基督徒观众留下深刻印象——他们是被圣人的形象所凝视的。

从本质上讲,这幅图像所要求的是一种对应关系:一次与神性相遇或对话的邀请。作为与上帝的持续对话,信仰应当包括自我反省与自我探索的过程。当个体被神圣的信息唤醒时,这种特殊的注意力切换便会发生，迫使人们回到对生命与自我内在意义的沉思之中。

拉丁化的西罗马与希腊化的东罗马

4—5世纪，欧洲经历了一场特殊的动荡。为了逃避来自东方的残暴匈奴人，许多蛮族部落开始向西迁移：哥特人分为东西两部，分别入侵意大利和西班牙；汪达尔人占领了北非和西班牙南部[1]；法兰克人和勃艮第人入侵了高卢，而盎格鲁-撒克逊人在5世纪定居于不列颠群岛。

476年，罗马军队中的日耳曼雇佣军首领奥多亚塞迫使罗马末代皇帝罗莫洛·奥古斯特退位，标志着西罗马帝国的灭亡。当时，许多作家为了批判蛮族的行径以及他们对罗马文化和法律的蔑视，常常用动物来形容这些蛮族。例如，4世纪的诗人普鲁登修斯便写道："罗马人和蛮族的差距，就像两足动物和四足野兽之间的差距。"

野蛮人的一些习惯进一步加剧了这些贬损。例如，由于匈奴人长时间骑在马背上，人们认为他们与坐骑融为一体，宛如变成了一种怪物。罗马历史学家亚米安努·马塞林曾写道："匈奴人

---
1 安达卢西亚（Andalusia）最初写作"汪达卢西亚"（Vandalusia）。

杀死自己的战马，吃生肉，还把生肉压在屁股和马鞍之间保持鲜嫩！"

这些粗俗的描述最终为所有蛮族部落带来了类似的坏名声。事实上，他们并不完全相同：野蛮的匈奴人喜好突袭和掠夺，而其他部落如东哥特人则崇敬罗马文化。东哥特国王狄奥多里克驱逐了日耳曼首领奥多亚塞，并在拉文纳统治意大利。为了表达对罗马文明的由衷钦佩，他向东罗马皇帝芝诺宣示，希望自己的王国"成为您的复本，不敢有任何竞争"。

狄奥多里克实际上是希望成为西罗马帝国剩余领土的保管人（当时仅包括意大利），并推动东哥特与罗马之间的文化融合。为了表明自己的和平意愿，狄奥多里克下令将被占领领土的三分之一分配给东哥特人，其余部分则归还罗马。他还通过了一项法律，禁止毁坏罗马纪念碑，并拨款用于维护和修复这些纪念碑。

像其他蛮族一样，哥特人几百年前就被使徒乌尔菲拉驯化，皈依了阿里乌派。尽管存在教派差异，狄奥多里克仍保证所有基督徒和犹太人的自由，确保他们免受一切侵扰。作为罗马文明的崇拜者，狄奥多里克身边常常有罗马顾问，其中包括哲学家波爱修，他对文化的贡献之一便是为许多重要的希腊作家编译了译本。

在罗马帝国的全盛时期，所有受过教育的人都会说拉丁语和希腊语——这是罗马帝国东部省份使用的语言，罗马人从那里汲取了希腊哲学、诗歌和文学。随着野蛮人入侵所带来的教育停滞，希腊语逐渐被遗忘。波爱修之所以地位崇高，是因为他属于最后一批掌握希腊语言知识的学者，他为西方提供了欧几里得、阿基米德、托勒密等重要希腊文本的拉丁翻译，否则这些宝贵的文献将会失传。波爱修从历史中抢救出来的作品包括亚里士多德的《工具篇》(*Organon*)，这是六篇逻辑论文，直到欧洲文艺复兴之前，它一直是希腊哲学家著作中唯一的拉丁译本。

当新拜占庭皇帝查士丁尼一世放弃了其前任的宽容政策，开始对所有持不同政见的基督教教派（包括阿里乌派）采取严厉的法律措施时，野蛮国王与罗马皇帝之间的关系急剧恶化。结果，狄奥多里克逐渐对拜占庭可能策划的阴谋产生怀疑，认为他们试图将他从控制的意大利领土上赶走。这一突发事件的最著名受害者便是波爱修，他被错误指控犯有叛国罪，经过一年监禁后被杀害。他在狱中所著的《哲学的慰藉》(*The Consolation of Philosophy*)一书中，想象了自己与哲学女神的虚构对话。在谈到命运无常的话题时，哲学女神似乎融合了柏拉图与斯多葛学派的思想，她提醒波爱修，他只能在追求永恒的美德和心灵智慧中发现美，并从中获得安慰。尽管书中没有直接提及宗教，但它却赢得了许多基督教思想家的赞赏，因为它展示的柏拉图思想能够与基督教的原则和谐共存。

接下来的几年，哥特人与拜占庭人和解的希望变得愈加渺茫。535年，新皇帝查士丁尼（后文将详细讨论）决心收复昔日罗马帝国的西部领土，发动了一场与哥特人的战争。这场灾难性的战争持续了18年，其间意大利的衰落达到了一个新的高潮。拜占庭人最终取得了胜利。然而15年后，一群来自潘诺尼亚的新蛮族——伦巴第人（匈牙利的前身）崛起，势如破竹，拜占庭人被迫向南撤退，将意大利北部留给了伦巴第人，后者的统治持续了200年（意大利的伦巴第大区便得名于伦巴第人）。

这些动乱带来的最严重后果是城市的崩溃和农田的荒废，进而引发了饥荒、贫穷与瘟疫，导致欧洲总人口锐减。随着罗马路网的年久失修，商业和贸易几乎中断，文化、思想与传统的交流也随之停滞。曾经被人类勤劳与创造力所驯服的大片土地，逐渐变成了一个个彼此独立、自给自足的小村庄的松散集合体。与此同时，罗马剧院、浴场、竞技场、渡槽、庙宇和桥梁的遗迹，在日益贫困的人口和群氓的冷漠中，慢慢坍塌。

543年，可怕的黑死病让欧洲陷入更加深重的灾难。人们仿佛是黑暗中徘徊的野兽，死亡的阴影步步紧逼，恐惧、迷信和噩梦般的幻觉皆弥漫在心头。教皇格里高利一世悲叹道："世界上还有什么是美好的？到处都是痛苦与哭声。城市被毁坏，城墙被推倒，土地荒芜。农村和城市里的人口所剩无几。"

圣奥古斯丁的预言似乎变成了现实：人类的罪孽激起了上帝的愤怒，加剧了世界的毁灭。末日预言家纷纷呼喊道："世界正在衰退！"他们宣告着世界即将走向终结，越来越接近其终极毁灭的时刻。

鉴于这一紧迫的局面，宗教传教士们提倡忏悔的必要性，同时将人们的灵魂引导至唯一可能的拯救之道。4世纪的圣安布罗丝曾这样描述教堂："在世界的大乱中，教堂岿然不动，浪涛无法撼动。当周围的一切都陷入混乱时，她为所有失事者提供避风港，人们在其中可以得到安全保障。"

在那段充满未知和迷茫的岁月里，教堂如同一艘方舟漂浮于苦难的洪流之中，这一形象在精神和现实层面上都给人们带来了巨大的希望与安慰。学者威尔·杜兰特解释说，由于蛮族对社会和政治组织了解甚少，教会得以幸存，并充当了"文明的养母"，确保社会在某种程度上稳定和连续地运行。教会履行的职责，尤其是通过由主教主持的省级组织，包括行政管理、宗教事务、医院管理、宗教艺术的赞助以及由牧师主持的司法法庭等，还涉及各类扶危济困的慈善活动。尽管这一机制在某种程度上略显粗糙，但在中世纪早期最艰难的时刻，教会仍是唯一能够在旧罗马帝国破败的社会中维持某种程度秩序与文明的机构。

教会的权力中心位于罗马，罗马教皇被视为圣彼得的继承者。关于罗马从基督教迫害者到捍卫者，再到教皇宝座的转变，学者理查德·塔纳斯写道："罗马变成了基督教，基督教同时也变成了罗马。"因此，教会逐渐成为帝国理想的对应概念，而著名的"罗马和平"也顺利转化为"基督教和平"(Pax Christiana)。

最初,君士坦丁堡、安提阿、耶路撒冷、亚历山大、罗马等大城市的主教在权力上是彼此平等的,但随着利奥一世接过了最高祭司的头衔,罗马教皇的威望达到了空前的高度。当时,发生了一个将他神化的事件:当匈奴王阿提拉肆虐北部城市阿奎莱亚后,开始朝罗马进军。根据传说和史书,利奥一世成功说服了凶残的阿提拉放弃入侵计划,并从意大利撤军,这一事件赋予了教皇一个既具宗教、道德又具政治权威的地位。

另一个与利奥一世一样被授予最高祭司权力的教皇是格里高利一世。在他担任教皇期间,格里高利为基督教的传播做出了巨大贡献,他亲自督促阿里安派伦巴第人皈依基督教,并向西班牙、英国和爱尔兰派遣传教士。与利奥一世相似,格里高利出身贵族,但他放弃了一切特权,过着俭朴的生活,整日忏悔与祈祷,并对穷人伸出援手。他还是一位高产作家,著有《司牧训话》(*Pastoral Care*),这本小书将基督传统中的好牧人形象应用于神职人员——教皇、主教和教区牧师。除了评论《约伯记》外,他还编写了《对话》(*Dialogues*),共四卷,其中第二卷记载了西方第一所修道院创立者圣本笃的生平。格里高利博览群书,作品充满了中世纪奇妙的幻想寓言:邪恶的灵魂伺机寻找控制人类的方法,而圣人则用十字架一次次创造奇迹,驱赶恶魔,治愈疾病,甚至用祈祷搬运石头。格里高利也是中世纪众多民间传说的主角，其中一个故事发生在肆虐罗马城的瘟疫中。根据传说，当格里高利看到大天使米迦勒将宝剑放在哈德良陵墓顶上时，他意识到瘟疫终于结束了。由于陵墓顶部的天使雕塑，这里从此被称为圣天使堡，至今仍让人想起格里高利的事迹。

格里高利宣称，教皇作为圣彼得的直接继承人，是基督教世界中的最高权威。这一主张可谓是对历史的一次重塑，也可以看作东方教会从此独立于西方教会的宣言。东方教会由皇帝直接控制，皇帝以一种让人联想到罗马帝国传统的方式，自诩为世俗与宗教的双重权力掌握者。与君士坦丁时代类似，拜占庭皇帝引用的论据是，他被上帝直接任命为牧师和地上的代言人。这种地位赋予了皇帝对国家与教会的绝对权力——皇帝不仅选择东方教会的首席执行官（即族长），还召集议会，发布教条，并审查礼拜仪式。

继君士坦丁之后，最具野心的拜占庭皇帝是查士丁尼。正如我们所见，他试图恢复帝国的版图，为此，他对意大利的哥特人、北非的汪达尔人和西班牙南部的西哥特人发动了战争。最终，这一系列胜利使查士丁尼获得了"最后一位罗马皇帝"的称号。这个称号也十分合适，因为查士丁尼是最后一位使用拉丁语作为官方语言的东方皇帝——这一政策后来被赫拉克利乌斯皇帝推翻，赫拉克利乌斯让人们称他为"巴塞勒斯"（希腊语意为"国王"），并下令将希腊语作为官方语言。

在查士丁尼统治时期，拜占庭的多民族、多文化人口接近100万人。这座城市的财富得益于其繁忙的港口，商业活动遍及非洲和亚洲。当两位修士将从中国走私来的蚕带到拜占庭时，城市迅速成为丝绸制造之都。在1204年第四次十字军东征的灾难发生之前，拜占庭一直以其声誉和丰厚的收入而著称。

在查士丁尼统治期间，他致力于巩固和装饰美化拜占庭的城市面貌，包括官殿、门廊、纪念碑、长廊和公共浴室。他的最大成就是建造了宏伟的圣索菲亚大教堂（Hagia Sophia，希腊语意为"神圣智慧"）。该教堂的设计融合了罗马风格和明显的波斯特色，尤其是在长方形基座的每个角落，四座拱门支撑着巨型穹顶，穹顶高达56米。6世纪的历史学家普罗柯比在评论这项工程奇迹时感叹道："它仿佛不是建立在坚实的地基上，而是从天而降，由一根传说中的金链从天上吊起来，覆盖着下面的部分。"

圣索菲亚大教堂里的银质王座自然是为查士丁尼本人所设，作为对这位皇帝的谄媚，旨在歌功颂德，并力图留下更多的记忆与遗产。根据普罗柯比的记载，当查士丁尼为这座宏伟的教堂举行落成典礼时，教堂内装饰着闪闪发光的马赛克和彩色大理石，他自豪地宣称："所罗门王，我已经胜过你了！"

从大教堂的正对面，穿过一座宽阔的柱廊广场，便可到达皇帝的纪念官殿。官殿前方矗立着一根青铜柱，几乎与教堂的穹顶一样高。柱顶上是查士丁尼骑马的雕像，左手托着地球仪，右手指向东方,象征着他权力的永恒荣耀。

为了巩固帝国的基督教信仰,查士丁尼展开了一场强有力的运动,镇压所有残余的异教习俗。那些拒绝接受强制洗礼的人将面临监禁、酷刑甚至死刑。为了彻底消除异教的象征,皇帝下令关闭了柏拉图于九百年前创立的著名学园,并将其献给了帕特农神庙的现任主人——圣母马利亚。

查士丁尼更为人知的成就之一是对罗马法进行了全面的修订。534年,罗马法被编纂成一部详细的法典,名为《民法大全》(*Corpus iuris civilis*),又称《查士丁尼法典》(*Code of Justinian*)。法典中所包含的成文法和法律法令被查士丁尼用来巩固他的绝对权威。那些符合皇帝意愿的事务很快就成为法律和规章,而如果出现问题,责任则往往被轻松地转移到通常的替罪羊身上——犹太人、异教徒和同性恋者。

查士丁尼的死板统治在其复杂的官僚体系中得到了充分体现,特别是在征税和罚款方面。这一制度高效地运作,查士丁尼大幅提高了税收和罚款,旨在为定制大量艺术品以装饰首都提供资金。愤怒的市民在重税的压迫下爆发了"尼卡暴动",但皇帝进行了残酷的镇压。除此之外,查士丁尼还建立了一个间谍机构,这是拜占庭官僚体系的一大特色,借此机构来监控和控制臣民的所有活动。

查士丁尼为了强调自己作为皇帝的特权,制定了复杂的礼仪

圣索菲亚大教堂是查士丁尼最伟大、影响最深远的建筑成就

规范，尤其是在宫廷礼仪上，他为每一项仪式行为精心编排，以戏剧化的风格进行演绎，几乎覆盖了他日常生活的每一时刻。为了创造一种神圣的印象，皇帝常常被升降机抬到访客和大臣的头顶，然后神奇地消失，再次出现时身穿新的华丽服饰。在他面前，每个人都被迫匍匐在地，亲吻他的丝绸拖鞋，并且不敢直视他的威严。文献中记载，当时皇帝的高贵体现在他非凡的举止上：他从不在公共场合进行不雅行为，如抠鼻子、擤鼻涕或随地吐痰。每当一位客人进入正殿时，机械装置中的狮子咆哮，金色的树上栖息着几只仿真鸟。侍奉皇帝的都是宦官，他们永远不会对皇帝的男子气概和后宫的贞洁构成威胁。宦官们高亢的嗓音、赤裸的身体和无生育能力的特征，都被视为人为的改变，目的是在皇帝的宫殿中重现纯洁天使的形象。

在1543年奥斯曼土耳其人征服君士坦丁堡后，圣索菲亚大教堂被改为清真寺，教堂内壁的马赛克装饰被彻底拆除。因此，如果你想亲身体验拜占庭时期的辉煌与富丽堂皇，最好的选择是前往意大利的拉文纳圣维塔莱教堂，那里保存着查士丁尼皇帝赞助的宏伟马赛克艺术，这些马赛克作品至今仍是拜占庭艺术的瑰宝。

这幅马赛克生动地描绘了查士丁尼皇帝与妻子狄奥多拉皇后共同参与的庆典，反映了他们的统治盛况。圣维塔莱教堂作为礼物献给城市，象征着这对皇帝夫妇对拉文纳的庇护。这幅画被认为是皇帝的象征——尽管他本人并未出席庆典，但依旧以此画作向世人传递他的威严与神圣。狄奥多拉皇后出身低微，父亲是驯熊师，在成为皇帝的妻子之前，她曾是一名声名狼藉的妓女，这一事实令拜占庭贵族震惊不已。然而在权力面前，这些历史的故事被抹去，无法阻挡编年史对神话的创造。马赛克中的皇帝与皇后形象庄严而尊贵，华丽的王冠、光环、长袍和珠宝彰显着他们的权力地位，而一旁的侍从和贵族则呈现出一种肃穆的画面。画面中那些站立的官员、侍女，他们的眼神凝视前方，姿态僵硬，仿佛穿越时空列队行进，犹如一种神秘的仪式。这种独特的构图，加上扁平的身体与宽大的衣袍，带来了一种冷漠的距离感，仿佛让人置身于一个神秘、无法触及的世界。对于普通百姓而言，这种画面就像是神圣的美感从天而降，他们只能低头避开视

狄奥多拉皇后和她的宫廷，6世纪早期的马赛克，意大利拉文纳圣维塔莱教堂

线，而这幅马赛克的直接凝视无疑给他们带来了一种压倒性的震撼，令人心生敬畏。

拜占庭风格和创作技巧深刻地影响了整个西方艺术，主要区别在于主题：拜占庭艺术家赋予皇帝神性特征，而西方基督徒仅将圣洁归于基督及其圣徒代表。比如圣阿波利纳大教堂的马赛克，这座教堂是献给拉文纳主教的。

耶稣出现在画面上半部，四位福音作者的象征在蓝天和红云层叠的天空中显现。在正下方，十二只羊象征着十二使徒离开耶

拉文纳圣阿波利纳大教堂圆顶上的马赛克，这是西方基督教肖像画的典型案例

路撒冷和伯利恒的城门，开始向天飞升。基督下方，从云层中伸出的上帝之手，正在赐福于这个星球。地面上，一个镶满宝石的十字架闪耀着胜利的光辉，十字架旁的三只羊分别代表使徒彼得、雅各和约翰。

在下方，我们看到圣人阿波利纳以古老的祈祷姿势高举双臂。在背景中，树木和花朵以几何排列呈现，展现出天堂般的完美秩序与美感。作品对现实主义的回避有助于传播道德教化，尤其通过淡化人类形象的手法，强化了这一表现——除了圣阿波利纳，十二使徒被描绘成站在牧羊人基督旁的绵羊。突出绵羊的形象，旨在提醒基督徒：只有拥有基督谦卑、无私、朴素等高洁品质的人，才被允许进入上帝之城。拉文纳圣阿波利纳大教堂圆顶上的马赛克，是西方基督教肖像画的典型案例。

修道院的发展

在中世纪盛行的各种表达信仰的方式中，圣徒崇拜现象尤为活跃。据说，基督教是从无数殉道者的鲜血中诞生的，因此殉道者在所有圣徒中地位最高。随着基督教的合法化，殉道行为逐渐不再普遍，保持圣洁的概念扩展到了隐士、修女、修士等其他人身上，他们除了道德高尚外，还必须创造过奇迹。随着时间的推移，圣徒的数量不断增加，教会日历上的每一天几乎都成了某位圣徒的纪念日。一些学者认为，圣徒崇拜实际上是一种多神论的残余，类似于希腊和罗马奥林匹斯山上无数神祇的存在，每个村庄、每个城镇都有自己的守护神，生活中的方方面面都有神圣的保护者。当信徒遇到困境，无论是物质上、精神上还是身体上，他们都可以召唤一位专门负责的圣徒。守护圣徒通常长年值守，时刻准备着替信徒寻求上帝的帮助，且其保护遍及各行各业，连手工业者也有自己的守护圣徒。比如，圣巴索罗缪是皮匠的守护者，因为他被活剥了皮；圣约翰是蜡烛匠的守护者，因为他被扔进热油罐里油炸；动物们也有自己的守护圣徒，如圣科尼利厄守护牛，圣加尔守护鸡，圣安东尼守护猪。

最初，重要的神学家们并不赞成过于简单地表达信仰，因为这种做法太像异教行为。但经过多年广泛传播的迷信，尤其在教育程度较低的人群中，逐渐削弱了教会对正统信仰的坚持。圣物崇拜便是其中一种模糊了信仰与迷信边界的传统，它将圣人变成了奇货可居。死去的圣徒遗物往往比生前更具价值，圣徒候选人死后，常常会将其尸体煮熟以便切割成块，供人们分发或出售，从而共享其神力。如果无法得到圣徒的骨骸，那么圣徒衣物的破布等物品，也能具备同样的治愈能力。第一个收集基督教遗物的人是君士坦丁大帝的母亲海伦娜，她在80岁时前往巴勒斯坦，据传她找到了耶稣受难的十字架。位于阿雷佐的圣弗朗西斯科教堂，是15世纪艺术家弗朗西斯科·皮耶罗建造的小教堂，其中的壁画记录了这一事件。随着时间的推移，越来越多的基督教会宣称自己拥有某件基督遗物。罗马的圣马利亚大教堂至今展示着据说是从基督诞生时使用的马槽中取出的五块木板，而拉特兰大教堂则拥有28级大理石台阶（被称为"圣阶梯"），据说这些台阶是耶稣在彼拉多判处死刑当天所走过的。

早期基督教最重要的特征之一是修道主义的发展。东方修道会的创始人是圣安东尼，他是生活在公元250年至355年的埃及科普特教会信徒。安东尼出生于一个富裕家庭，20岁时他放弃了优越的生活，走进沙漠，开始过上贫穷、忏悔、祈祷和孤独的生活，长达35年。在整个中世纪，关于安东尼的许多传说广为流传，尤其是描述他与恶魔战斗的故事。这些恶魔决心挑战他的纯洁，利用各种手段诱惑他。作家亚他那修在安东尼的传记中，将他比作摔跤运动员，以此描述他的自律和决心："安东尼能够不断追求精神完美，他当之无愧地获得了'代表上帝的运动员'的称号。"

4世纪，由圣安东尼发起的孤独与匮乏的苦行生活，逐渐传播至埃及、叙利亚和巴勒斯坦。隐修士们所创造的苦行方式，将苦难的艺术推向了前所未有的高度。在各种诱惑面前，肉欲的诱惑被认为是最可怕的，因为即便是最轻微的邪念，也会被视为极端的罪恶。正如圣杰罗姆愤怒地发出呼喊："哪怕是一个闪念，也会让你失去贞洁……让你的同伴变得脸色苍白，因禁食而消瘦的人……让你的禁食成为每天例行。每晚用眼泪清洗你的床，为你的沙发浇水。"

许多人为了让身体承受极大的折磨，迫使它的需求安静下来，便将赤裸的皮肤暴露在炽热的阳光下；而另一些人则宁愿把自己埋藏在深深的黑暗洞穴里，那里常有蛇出没，几个月甚至几年都不愿出来。每个修士的饮食都极为简单，看到自己日渐虚弱的身体，人人都感到欢欣。清洁被视为一种堕落的习惯，因而遭到鄙视，虱子被称为"上帝的珍珠"，它们被自豪地展示出来，作为神圣的象征。

在所有修士中，最为极端的是西蒙·斯泰莱特，他用绳子将自己绑在一根18米高的柱子上，整整待了30年。绳子磨破了他的皮肤，身体开始溃烂，长满了蛆虫，但他竟对这些虫子温柔地说："吃吧，吃吧！享受上帝赐予你的恩赐吧！"

最终，恺撒里亚的巴兹尔等人试图阻止这些极端行为，他们称赞修道院的存在是一种美德，虽然修道院的生活确实很严格，但不应成为修士们表现出的那种狂热的方式。

529年，查士丁尼关闭了柏拉图的雅典学院，而努西亚的本笃建立了西方第一座修道院。本笃的修道院最初位于苏比亚科，后来迁至罗马南郊的卡西诺山，成为一个自给自足的团体，他们选择与世隔绝，避免受到世俗的诱惑。

为了避免修士因闲暇而胡思乱想，影响他们的高洁品质，本笃制定了"ora et labora"（工作与祈祷或工作即祈祷）的规则，将一天分为工作、祈祷和冥想三部分。本笃会模式（Benedictine model）的成功，使西方涌现出许多类似的修道院（本笃为男修士定下规则，后来也为修女们创建了类似的修道模式）。

修道院环绕着无限的尊敬和赞赏。人们相信修士虔诚的生活使他们接近了宇宙的真理，因此常常寻求他们的祈福，希望自己灵魂得到幸福与安康。为了换取这些祈福，人们奉献了大量金银财物，这极大地滋润了教会和修道院。

修道院的领袖被称为修道院院长（abbot，源自亚拉姆语"abba"，意为"父亲"），他向那些希望加入这些纯洁和道德堡垒的人提出三个主要誓言：贞操、贫穷和服从。虽然经典中并未特别提倡贞节，但身体所带来的动物般冲动对基督徒来说仍是一个困惑的问题。基督已为死而接受死亡的必要，灵魂因此能脱离肉体，那么奉献者该如何与肉体相处呢？经过深思熟虑，教会的先贤们得出结论：肉体本身并不应被厌弃，除非是罪人亚当及其子孙堕落之后的肉体。

他们说，基督在死后带着钉在十字架上的手和脚上的伤痕重新出现在使徒面前，这一点已经很清楚了。这些细节被用来得出此结论：在审判的最后一天，被拯救的灵魂从坟墓中复活，需要他们原来的身体，或者更准确地说，需要他们的无性版本。

这种解释似乎并没有减少清教徒的愤怒，他们继续羞辱肉体，目的是挫败被认为是罪恶的需要和欲望。修士们穿的衣服，是用一根绳子系在腰间的黑色长罩袍，这本身就是一种提醒：只有通过压制身体才能获得肉体的纯洁，而身体的异常欲望就像重物一样，不断阻碍着灵魂的自由升腾。教皇格里高利一世在《圣本笃传》一书中记录的故事，旨在以这样一个故事警示人们。有一天，圣本笃回忆起一个遇到过的女人，刹那间欲火焚身。为扑灭欲火，他赶紧脱下衣服，赤身跑进荆棘丛中，直到皮肤被刮破、撕裂，浑身是血。格里高利总结道："借助身体的伤口，他治愈了灵魂的伤口。"

另外两个修士的誓言是贫穷和顺从，其目的是控制人性中最危险的错误，即与过分的自我重视感有关的傲慢。为了避免它，所有的私人财产都被废除；在修道院的简单生活中，所有的东西都是公有的，合作比自私更重要。加入修道院就像进入了另一个现实，外部世界的所有消极方面都不复存在。剥夺阶级特权是这项努力的一部分：因为在上帝眼中人人平等，在本笃的统治下，分担相似的责任变得至关重要。因此，每个人都被平等地要求从事日常的卑微工作，如耕种土地。这项工作特别重要，因为它为群体提供了食物，也因为它为所有体力劳动中最卑微的人提供了尊严。

修士的日常活动还包括饲养动物，如绵羊和山羊，用它们的皮制作书写所需的羊皮纸。最珍贵的皮是羊羔皮，它是从小羊羔甚至羊胎儿身上剥来的。考虑到需要大量的皮（一整群羊才能够获得足够的羊皮纸来写一本书），修道院养的羊越来越多，而其他人只能去猎鹿和野山羊等野生动物，这并不奇怪。羊皮纸的高成本限制了书写的用途，因此，长时间以来，书写只能用于最珍贵的用途。为了充分利用羊皮纸，人们经常使用一种称为重写本的技术。它包括刮掉一张书写好的羊皮纸，以便在上面写上新的文字。直到中国发明的纸在12世纪到达欧洲时，羊皮纸才被淘汰。

在修道院的生活中，为穷人和病人提供住所、援助和食物，以及对新手的教育，都受到了极大的重视。重要的是，由于学校没有国家的资助，直到12世纪，教育和识字基本上仍然是修士的特权。这并不代表修道院教育是一个有组织的、协调一致的系统。在许多情况下，由于组织混乱或缺乏保证，许多修士和神职人员仍然是文盲或极度无知。但如果运用得当，理想的修士制度应该是这样的：当一个12岁的男孩进入修道院时，就要学会读书、写字。之后，他接触到了一些从教学大纲中挑选出的重要异教作家的作品集，统称《法学阶梯》（*Institutiones*），由卡西奥多鲁斯负责整理，他是与圣本笃同一时代的青年学者。阅读异教著作，充分发展了学生的心智和语言敏锐度之后，就开始引入学习的重点，即神学研究。

神学研究中最重要的活动是经典诵祷：阅读、冥想和背诵神圣的经文。学者让·勒克莱尔描述了修士面对经典诵祷时的智力、情感乃至身体上的紧张，他写道："中世纪和古代一样，与今天不同，阅读不是用眼睛看，而是用嘴和耳朵大声地读出和聆听文字。"阅读是一种发声和听觉的练习，充分调动了参与者的身体和精神。在修士群体中，这种行为被比喻成一种沉思，通过一遍又一遍地念叨上帝之道，修士被敦促去沉思其中的意义，不是要领会上帝的终极秘密，而是去品尝受其滋养的精华的味道。

在《圣经》中，上帝之道常被比作面包、牛奶与蜜。在先知以西结所见的异象中，《启示录》作者约翰被要求吃下卷轴和书，以便理解上帝之道。

圣伯纳德把那些花几小时朗诵经典的修士比喻成牛，他们必须一遍遍地反复咀嚼经文："要像反刍动物那样朴实，这样才能听到经文所言，圣徒嘴里都有份珍贵的赠礼。"

这句话重申了一种基本信念：经文不是写给肉眼，而是写给灵魂的，这代表阅读它不能浅尝辄止，而要深刻地去体会。对经文的沉思，代表一种完全发自内心的过程，当修士进入基督箴言的滋养和因此发生的认识转变时，这一过程就开始了。

在《上帝之城》中，圣奥古斯丁将基督的话语比作一粒"鲜活的种子"，要通过将新生命带入"思想的子宫"来促进美德。就像在圣餐仪式中，与基督同化不代表人获得了上帝的本质，而是通过接受上帝之道的滋养，允许获得上帝的恩典。

教会思想家用"光照"一词形容这一过程带来的极度喜悦。为诠释这一概念，教会思想家将其喻为照镜子。在讨论这点之前，我们首先要知道，直到13世纪，欧洲人才从中国获得了制造水银镜的技术。在那之前，镜子都是用青铜或其他金属制成的，如果不经常抛光打磨，就会模糊不清。

因为人类理智的视线被无知和罪恶的污垢所堵塞（保罗的推理就是这样说的），当人类透过物质的镜子审视自己时，他只看到了一个模糊的真实自我的影像。人类在这里的朦胧和不完美，如何能与上帝那里的完美、纯洁统一起来呢？保罗说，答案要在基督或镜子所提供的中间功能中找到，它同时反映了以神的肖像创作的第一个人的原型。

当灵魂内化了圣言，重新获得道德清明时，光明就出现了——这面擦得锃亮的镜子，能够以它所有的强度，反射出神圣的善与美。尼萨的格里高利通过以下这段话表达了这一概念："就像一面清洗过的镜子，洗去了所有污点的灵魂，在它的纯洁中，接受了神圣之美不受玷污的形象。"

在净化之光下敞开心扉的灵魂，被至高真理的炽热光辉重新唤醒，并因此改变。

正如尼萨的格里高利总结的："所有暴露在光下的东西，都会变成自身的光。"

这种教义将启示与道德实践相结合，成功地绕开了理性解释和仔细论证。人的目的不在于认识和理解神,而是通过回归神最初创造的未被污染的创造物中来迎接他。

耶稣降世帮助人类内在的成长,这也是一个象征,通过它,人类可以像照镜子一样,见识到自己真实、原始的个体光辉。圣奥古斯丁写道:"要把这一象征看作一面镜子。"

与此类似,格里高利一世还建议信徒们凝视那些神圣的文字,以便从镜子中辨认出内在精神自我的原始之美。

从反传统运动到拜占庭艺术的辉煌

艺术世界的努力应该被看作一种手段,而不是一种奉献的对象,这一观点自基督教早期以来就已经是一个公认的概念。格里高利大帝曾说过一句名言:宗教艺术所传递的具有启发性的形象对于传播基督教的信息至关重要,因为它们对文盲的作用就像文字对识字的人的作用一样。

尽管西方从未拒绝使用图像,但东方却被两场颠覆传统的起义所震撼:第一次发生在726—787年,第二次发生在814—842年。毁坏圣像运动(拉丁语"Byzantine Iconoclasm",意为"毁坏圣像")是由一群基督教狂热分子点燃的,他们苦于拜占庭被阿瓦尔人、波斯人和穆斯林先后蹂躏,开始把这些灾难性的失败解释为神的怒火。他们声称神发怒的主要原因是人们制造了圣像，而这些圣像违反了《旧约》对"雕刻偶像"的禁令。第一次毁坏圣像运动发生在拜占庭皇帝利奥三世时期，他于726年颁布了一项法令，要求移除和销毁所有教堂肖像。甚至个人私藏圣像也被认为是犯罪行为，可判处酷刑，如断肢或戳眼。利奥三世的政策由其继任者君士坦丁五世延续，他声称：圣像是被魔鬼启发的作品，无知的艺术家们被魔鬼蛊惑，以"不洁的双手"大胆地塑造了超越人类一切描述和表现的形象。

这场破坏运动最终于843年结束。尽管如此，关于上帝那无法言表的本体的禁忌依然严格存在，他的形象只能通过基督这一"中介形象"来表现。圣像的坚定支持者之一是大马士革的圣约翰，他写道："如果我们虚构上帝的形象，必定犯下某种罪行，因为它永远无法代表那无形、不可见、超越一切界限的形象……这并非我们的目的。上帝通过化身显现自己，他选择在地上以爱生活，呈现我们在肖像中所再现的本性，选择与我们相同的体型和肤色的肉体。正如使徒所言：'我们只能看到镜子中的影像与神秘的谜团。'"

为了避免对圣像的盲目崇拜，大马士革的约翰指出，唯一被允许的艺术形式，是能够激发更深层次精神认识的艺术。在西方，格里高利一世也曾明确阐述这一观点："崇拜一幅画是一回事，而通过这幅画所蕴含的故事来了解你应当崇拜的对象，这又是另一回事。"

为了确保艺术家们遵守这一规则，尼西亚第二理事会在第一次毁坏圣像运动结束后颁布了条例："画像的构图不是画家本人的创意，而是基于教会的传统和经过验证的教义。这一传统与画家个人无关，他的责任是执行这些指令，遵循圣父的命令和安排。"

艺术家的义务是忠实地遵循教会权威所提供的创作方针，他们绝无权独立解释教义。因此，艺术不可避免地失去了自文艺复兴以来最宝贵的文化遗产——艺术家富有个性和原创性的表达。尽管存在诸多限制，拜占庭艺术家通过将灵性升华为物质形式，创作出富有魅力的艺术作品，这一艺术品质仍然无法被忽视。

为了充分理解图像的神秘性，我们需要简要探讨普洛丁的哲学，这位3世纪的新柏拉图主义哲学家的著作深刻影响了中世纪基督教。如我们所见，柏拉图对艺术持否定态度，认为它是对表象世界的拙劣模仿，是"复制品的复制品"，从而双重偏离了完美的理念。然而普洛丁对此提出质疑，他认为艺术的创造之美不在于对物质现实的枯燥模仿，而在于它能够从事物最深层的本质中汲取精神的火花。这种火花，他视为神性的光辉。

普洛丁将宇宙比作一座巨型金字塔，塔顶保存着他所称的"神性"的精髓。他认为，"站在万物之上的神，就像光辉四射的太阳，通过辐射衍生出整个宇宙"。与柏拉图清晰划分物质领域与精神领域不同，普洛丁在宇宙的中心创造了一个神圣的内核。从这个神圣原点衍生出的宇宙，犹如一个不可分割、层次分明的有机体——距离原点越远，光辉越暗淡。越远离圣光的事物，其亮度就越低。普洛丁认为，不透明的物质象征着世界与造物主之间的距离。由于人类同时具备精神和物质的属性，他将其定义为一种"两栖动物"，既可以选择栖息在物质世界，也可以选择追求精神世界。如果人类决定服从肉欲，就会被困在物质世界的废墟中；如果他们努力追求精神并摆脱物质的束缚，就会像上帝的炽热之爱一样闪耀。

普洛丁与柏拉图一样，对物质世界持鄙视态度，并为灵魂受困于肉体而感到羞耻。他借用雕塑家的比喻来描述灵魂净化的过程："如果你的美不够明显，就要像雕塑家工作时那样：在石头表面敲碎、刮擦、移除，直到美丽的形象跃然其上。你也应该这样，去粗取精，调整不协调，打磨表面直至光亮。要一刻不停地塑造自己的形象。"这一比喻后来被米开朗琪罗继承，他表示，作为雕塑家，他的工作是去除多余的杂质，以显露石头中早已存在的美。这种观点将人的行为与雕刻家的艺术联系在一起，通过不断剔除世俗的杂质，最终显现内在的神圣火花。精神与物质的斗争，正是为了打破世俗的沉重束缚，释放人性中本已存在的神圣之光。

普洛丁的理念通过视觉表达，影响了拜占庭艺术家的宗教主题画作，使其普遍缺乏现实主义。画面中的神秘场景营造出一种超然的距离感，以强调神圣的不可言喻。为了避免对物质世界的过度依赖，拜占庭艺术摒弃了现实主义绘画中的运动、透视和明暗对比等元素，而是用象征性的表现手法，展现出超越尘世的神圣境界。人物仿佛奇迹般地从一片金光中显现，光辉四射，象征神性之光的永恒照耀。

如果你询问中世纪的观众这些画作中金色的含义，他们会毫不犹豫地回答：金色代表的不是自然界的光，而是原始的神圣之光。相较于文艺复兴时期世俗化艺术对光的物理属性和照明效果的研究，中世纪艺术关注的并非光如何作用于物质表面，而是它所象征的超然意义。在那个时代，形而上学问题仍悬而未决，物质世界的自然现象，包括光的性质，尚未成为探讨的重点。正如学者帕维尔·弗洛伦斯基所指出的，对圣像创作者而言，唯一真正有意义的光，是"造物者原则"的光——万物由此而生，并最终归于它。普洛丁也曾表达类似观点，他认为唯一真实的光是太阳的创生之光，即那个永恒而神圣的光辉本源。

在信徒眼中，圣像是神圣启示的媒介，从基督、圣母或圣徒（仅限于教会允许的艺术形象）身上散发出的金色光芒，象征着他们与神圣光辉的紧密联系，犹如镜子反射神圣之光。这一象征意义同样延伸至观看者自身：要想真正领悟圣像所承载的神圣真理，信徒必须接受圣像传递的精神教诲，努力净化内心，清除物质世界所有的杂质,从而使自身如同一面清澈的镜子,能够忠实地映照神圣的光辉。

拜占庭艺术对金色作为上帝神圣之光象征的极度推崇,其影响远不止于东方,在西方艺术中亦有所体现。尤其是从9世纪开始,西方修士在抄写经卷复本时,开始在空白处绘制华美精致的微缩画。这些修士所受之教,是将经文传授的知识视觉化,并以鲜艳的色彩与金箔装饰手稿,赋予文字以神圣的光辉。在那个黑

另一幅典型的中世纪全能基督画作,出自巴勒莫蒙雷尔大教堂

暗笼罩的世界里，当羊皮纸靠近火焰时，其表面泛出的彩虹般光彩，必定令人惊叹不已。这种令人目眩的光辉，仿佛超越尘世的神圣启示，修士们将此视为一种神秘的灵性体验，因此称这些手稿为"被照亮的"手稿。

在巴勒莫蒙雷阿莱大教堂12世纪的马赛克作品中，那象征胜利的金色光辉，充分展现了拜占庭艺术对西方宗教艺术的深远影响。由于意大利南部与拜占庭之间早期紧密的文化联系，使这一地区迅速吸收并融入拜占庭艺术的特色。

在浓烈的金光环绕之中，上帝救赎的信息被反复强调。从下方圣母端坐宝座、怀抱神圣婴儿，展现出她作为天国皇后的威仪，到上方复活的全能基督，宛如一轮巨大的日轮在半圆形的壁龛中冉冉升起。基督右手竖起的两指，象征着他的人性与神性的统一，而左手持《圣经》，昭示其作为"逻各斯"——上帝之道的象征。画面所传达的核心信息在于，人类若能阅读并接受基督所传达的神圣真理，便能获得永恒救赎的幸福，灵魂将一次次地在光辉中复活，回归神圣。

查理大帝和欧洲封建主义

在修士和传教士的不懈努力下，基督教在旧帝国的土地上不断扩展。与此同时，一种新宗教在阿拉伯半岛悄然兴起，这便是伊斯兰教。其创始人穆罕默德出生于570年，来自麦加的一个商人家庭。40岁时，他宣称受天使加百列的启示，被指派为真神安拉的使者。然而穆罕默德从未自称为安拉，而是强调自己只是传递神意的先知。他承认摩西和基督同为先知，但同时宣告自己是最后也是最重要的先知。

在长达22年的传道生涯中，穆罕默德逐步确立了一整套完整的教义。他宣称，这些教义是通过一系列直接来自安拉的启示而获得的。

或许是由于阿拉伯半岛贫瘠的土地难以提供充足的粮食，穆罕默德鼓励追随者征服尽可能多的土地，以寻求更好的生存条件。在他去世后的短短不到百年间，穆斯林的版图迅速扩展至阿拉伯半岛以外，征服了波斯、埃及、叙利亚、巴勒斯坦以及北非的大部分地区。这场扩张带来了深远的文化交流，呈现出一种双向融合的态势：阿拉伯人吸收了大量源自希腊及犹太-基督教传统的元素，如他们对雕刻偶像的排斥，很可能受到犹太教的影响。然而尽管几个世纪以来穆斯林自认为是希腊-罗马文化的一部分，但随着拜占庭世界的逐步衰落，他们最终开始重新定义自身的身份，确立了独特的穆斯林文化认同。

继北非之后，穆斯林对西班牙大部分地区的征服（此前由西哥特人统治）标志着其扩张的巅峰。由于穆罕默德禁止杀害和迫害其他信仰者，在西哥特人统治下饱受压迫的西班牙犹太人对穆斯林的到来表示欢迎，因为穆斯林统治为他们带来了更多的自由和宽容。

对欧洲其他地区而言，最大的威胁发生在穆斯林越过西班牙北部的比利牛斯山脉进入法国时。这场势不可当的征途最终被法兰克人阻止。在军事统帅查理·马特的指挥下，法兰克军队在732年的著名普瓦捷战役中大败穆斯林，阻止了他们进一步向欧洲腹地的扩展。

法兰克人属于日耳曼民族，在与其他蛮族征战多年后，他们在罗马的高卢行省建立了一个新的王国。5世纪，在墨洛温王朝的克洛维国王的统治下，法兰克人放弃了旧宗教，改信基督教。皈依基督教，加上在普瓦捷的胜利，使教皇对法兰克人印象深刻。这种好感在随后的几年里不断累积。查理·马特死后，他的儿子"矮子丕平"继任法兰克国王，开创了加洛林王朝。他回应了教皇斯蒂芬二世的求救，后者正担忧伦巴第人进攻罗马。法兰克人迅速出兵击败伦巴第人，并为教会捐赠了意大利中部的大块领土，为后来的教皇国奠定了基础。然而教会宣称丕平的捐赠是依法归还自君士坦丁时代本就属于教会的领土。其法律依据是一份名为《君士坦丁的捐赠》的文件。传说中，君士坦丁皇帝曾染上麻风病，医生建议他杀死一些婴儿，用他们的鲜血沐浴，使徒彼得和保罗托梦出现，劝阻他不要如此残忍，而是去见教皇西尔维斯特。教皇说服君士坦丁不让孩子们流血，改为接受洗礼，圣水洗去了皇帝身上的麻风病疤痕，皇帝感激不已，捐赠了整片帝国西部的土地给教会。然而直到15世纪，学者洛伦佐·瓦拉通过考证，证明《君士坦丁的捐赠》是伪造的，很可能出自教会中某个聪明人的手笔。

丕平去世后，其子查尔斯，即后来的查理大帝（查理曼）继位（768—814年在位）。在查理曼统治期间，法兰克王国的疆域实现的扩张，除了意大利北部，还包括今法国、德国西部、荷兰和比利时的大部分地区。查理曼因在西班牙抗击穆斯林而被誉为英雄。799年，一支与摩尔人结盟的巴斯克人军队在比利牛斯山脉的陡峭峡谷中，得知查理曼手下最勇敢的骑士罗兰率领的法兰克军队出现在附近。罗兰奋勇抵抗，尽管危急时刻，他拒绝吹响求救号角，坚守战斗直到最后一刻。三百年后，罗兰的事迹被改编成一系列口口相传的民谣，最终成书于1100年左右，名为《罗兰之歌》（*Chanson de Roland*）。这部作品传授了军事经验和荣誉准则，最终成为欧洲大型民谣集《武功歌》（*Chanson de Geste*）的一部分，被誉为中世纪版的《伊利亚特》和《奥德赛》。

在罗兰去世的同年，一群密谋者刺杀教皇利奥三世未遂，可能是受到反对他低贱出身的罗马贵族的指使。教皇虽然受了重伤，但侥幸存活下来，并再次向法兰克人求助，试图平息罗马的动荡。查理曼的迅速反应得到了教皇的嘉奖。800年圣诞夜，在一场庄严的仪式上，教皇亲自将查理曼加冕为罗马皇帝。

加冕仪式宣告了基督教世界世俗与宗教权威的统一。然而随后的几年乃至几百年里，围绕着这一关键事件，关于皇帝与教皇谁才是公认的最高权威的争议依然不断。在中世纪早期的政治真空中，教会已经习惯承担起精神与历史的责任，并认定教皇比皇帝更为重要。事实也证明，是教皇将王冠戴在了查理大帝的头上。然而支持皇帝的人则不同意这一观点，他们认为，在仪式结束时，教皇仍跪拜查理大帝，表明皇帝的地位高于教皇。实际上，二者是相互依存的——教皇需要皇帝的政治与军事保护，而皇帝则需要教皇为其神圣的地位盖章。[1]

查理大帝统治的最大意义在于，它标志着在罗马灭亡400年后，首次尝试重建罗马帝国的伟大政治统一。这一尝试被认为是与拜占庭不同的政体。然而这一观点被东罗马皇帝视为极端背叛，给东西罗马之间的关系带来了巨大压力。经过多次尝试寻求和解失败后，1054年，东西罗马正式分裂，东方教会与罗马天主教会也因此永远分裂。

尽管查理大帝建立的帝国国土辽阔，但其内部联系松散，居民之间因风俗、语言和传统的差异而存在隔阂。缺乏文化凝聚力使帝国难以维系，而查理大帝深知这一点，因此他发起了一场文化复兴运动，积极保护异教遗产。此举被认为符合基督教的要

---

[1] 值得注意的是，我们把国家和教会看作两个独立运作的实体这种现代观念，要到几百年后才会形成。在我们所讨论的时代，这种权力分离是难以想象的，因为中世纪思想充满深刻的宗教信仰。

求,因为基督教被视为更古老的文化传承。这一理论认为,过去的所有光辉遗产在某种程度上是神圣计划的一部分,旨在促进接受上帝之道所需的智慧与成熟。支持接受异教遗产的观点对教会学者帮助极大,他们通过研究古典语法和修辞学,能够学会使用循序渐进的复杂论证来阐释基督教教义。

查理大帝计划的最显著成果之一是在他居住的北部城市亚琛建立了一所学官。在英国教会学者阿尔昆的领导下,来自欧洲各地的学者和知识分子云集于此,阿尔昆成为这一文化复兴运动的主要推动者,这一时期被称为"加洛林文艺复兴"(Carolingian Renaissance)。在规划学校的基础课程时,阿尔昆采用了5世纪哲学家马尔蒂亚努斯提出的"文科七艺"划分体系,包含三学(语法、修辞、逻辑)和四科(算术、几何、天文、音乐),为后来的中世纪教育奠定了基础。

自5世纪圣徒帕特里克传教以来,爱尔兰逐渐成为欧洲最重要的修道圣地。在众多杰出的爱尔兰学者中,约翰·斯科图斯·埃里金纳尤为突出。他的重要贡献之一是将5世纪伪狄奥尼修斯的著作从希腊语翻译成拉丁语,并宣称伪狄奥尼修斯是圣保罗的雅典门徒。通过这一有意的误传,他极大地提升了伪狄奥尼修斯在神学界的权威地位,并使其新柏拉图主义思想对中世纪的神秘主义表达产生了深远影响。在埃里金纳的众多哲学工具中,最重要的是"否定神学"(via negativa),他认为,由于上帝超越人类的认知和言语，任何正面的描述都无法准确揭示其本质，因此只能通过否定的方式来界定，即"上帝不是什么，而非他是什么"。

查理大帝推行的古典文化保护运动，推动了数百部重要异教著作的新译本的出版发行。学者们将墨洛温王朝时期晦涩难辨的官方文字改编为更易阅读的加洛林简体（Caroline minuscule），极大地提升了文本的可读性和传播效率。尽管基督徒对异教作家和思想家怀有崇敬之情，但他们依然对自身文化抱有优越感。这种心态导致许多修士在抄写旧手稿时，往往有所删改，甚至误引或扭曲原文，以使其更符合基督教的意识形态。正如学者让·勒克莱尔所言，修士们关注的重点"并非异教作者在其时代背景下的真实意图，而是基督徒希望听到的内容"。一些极端保守的修道院院长更是加剧了这种偏见，他们甚至要求修士在抄写异教文献时不时地挠挠耳朵、抓抓跳蚤，并宣称这些异教典籍不过是"狗写的书"。

查理大帝对文化发展的重视，或许也与他自身的缺憾有关。法兰克王朝的朝臣兼学者艾因哈德在为查理曼撰写的传记中提到，这位皇帝一生最大的遗憾，便是始终未能熟练掌握阅读与写作。尽管他坚持不懈地练习，但收效甚微。"他曾努力学习写作，甚至常将写字板和笔记本放在枕头下，以便在闲暇时随手练习。然而由于起步太晚，他的进展微乎其微。"

查理大帝缔造了一个横跨多文化的帝国，其官方语言为拉丁文，宗教信仰为基督教，对后世产生了深远影响，使他在西方历史上被奉为近乎神圣的存在。讽刺的是，人们对他的记忆，与其说源于他的真实功绩，不如说是围绕其人格逐渐演化出的传奇。到12世纪，一个白发苍苍、智慧睿远的皇帝形象已深入人心，并被塑造成欧洲之父，与上帝紧密相连。随着这一形象的不断升华，许多他未曾涉足的事迹也被附加于他身上，如前往耶路撒冷朝圣或彻底驱逐西班牙的穆斯林。

查理曼的传奇地位与其侄子、忠诚而英勇的封臣罗兰不相上下。罗兰被塑造成《罗兰之歌》中的典型英雄，战死于朗塞瓦尔峡谷。尽管在历史事实中，他实际上死于一支巴斯克叛军之手，但在《香颂》（*Chanson*）等浪漫文学作品中，这一细节被后人随意改写，将其描绘为死于摩尔人或穆斯林之手。正如我们所见，这种改写意义深远，尤其在后来的十字军东征中，它加剧了穆斯林与基督教世界本已紧张的关系，并留下了难以愈合的创伤。

查理大帝于814年去世后，他的继任者之间爆发了内战，暴露出帝国统一的脆弱根基。843年，《凡尔登条约》的签订结束了这场纷争，该条约将查理曼的帝国分割给他的三个孙子：一人统治西部，一人统治东部，另一人则继承横亘其间的狭长地带，其中包括低地国家、阿尔萨斯、洛林以及意大利北部和中部。随着《凡尔登条约》的实施，近代欧洲的雏形初现，法国逐步确立在欧洲西部的地位,而德国则占据东部。随之而来的挑战是,面对如此辽阔的疆域,在缺乏强有力的中央集权和完善的政治体系的情况下,如何维持、治理和保护国家?封建制度成为一种解决方案,其权力结构呈现出金字塔式分配。国王处于金字塔的顶端,他将土地(封地)授予封臣或领主,作为交换,领主需妥善管理并保卫土地,同时在战争中效忠国王。领主之下是骑士,他们自身没有土地,而是在领主的领地上生活,承担军事义务,作为领主的附庸。公爵和伯爵通常由贵族后裔或因特殊军事与行政才能而受封的人担任。

和他的各位前任一样,查理曼认为,作为皇帝,他有权同时掌控政治与宗教事务。这一理念使他及其继任者坚信,他们有权任命主教和修道院院长,并将其纳入世俗权力体系,视为自己的附庸。正如我们将看到的,皇帝一旦试图干预宗教事务,势必引发重大冲突,并在随后的数百年里加剧教会与国家之间的分裂。

当封建皇帝任命某人为封臣时,通常会举行一场庄严的册封仪式,这种仪式带有深厚的神圣感,犹如部落文化中的血缘纽带,无法轻易侵犯。封建礼法之所以如此重要,是因为除了依靠公序良俗,别无其他手段能够确保封建附庸履行其应尽的责任。《罗兰之歌》中,生动地阐述了封臣为领主尽职尽责的义务:

这是封臣对其领主的义务:

要吃苦耐劳，忍受酷暑，在战斗中舍身奋战。

封臣在《罗兰之歌》中被刻画为一生忠诚奉献于上级的人。随着基督教价值观深入社会的各个层面，军事系统的伦理也最终与上帝的存在紧密相连。在故事的结尾，英雄罗兰身负重伤，临终时举起右臂，将右手奉献给上帝。这一举动象征着，作为基督徒的罗兰，最终的承诺是服从至高无上的上帝。

在军事贵族中推崇荣誉和尊严的规则并未延伸到社会的下层。农民在当时是被束缚在土地上的低等农奴，他们被迫将超过一半的产出上交给领主，以换取人身的安全。农奴必须服从领主的命令，才能寻求公正。在缺乏国家控制和管辖权的情况下，每个封建领主自动成为其领地的最高法官。那些鞭打、迫害甚至杀害农奴的领主，几乎不必承担任何法律后果。这并非因为他们不受法律制约，而是因为他们自身便代表了法律。

尽管人们普遍遵循忠诚的原则，但在查理曼死后的两百年里，雄心勃勃的贵族们频繁反抗，要求更多的自主权。同时，无主的骑士们也开始肆意横行，掠夺乡村，以寻求冒险的刺激，并借此轻松致富。

第四部分

中世纪晚期

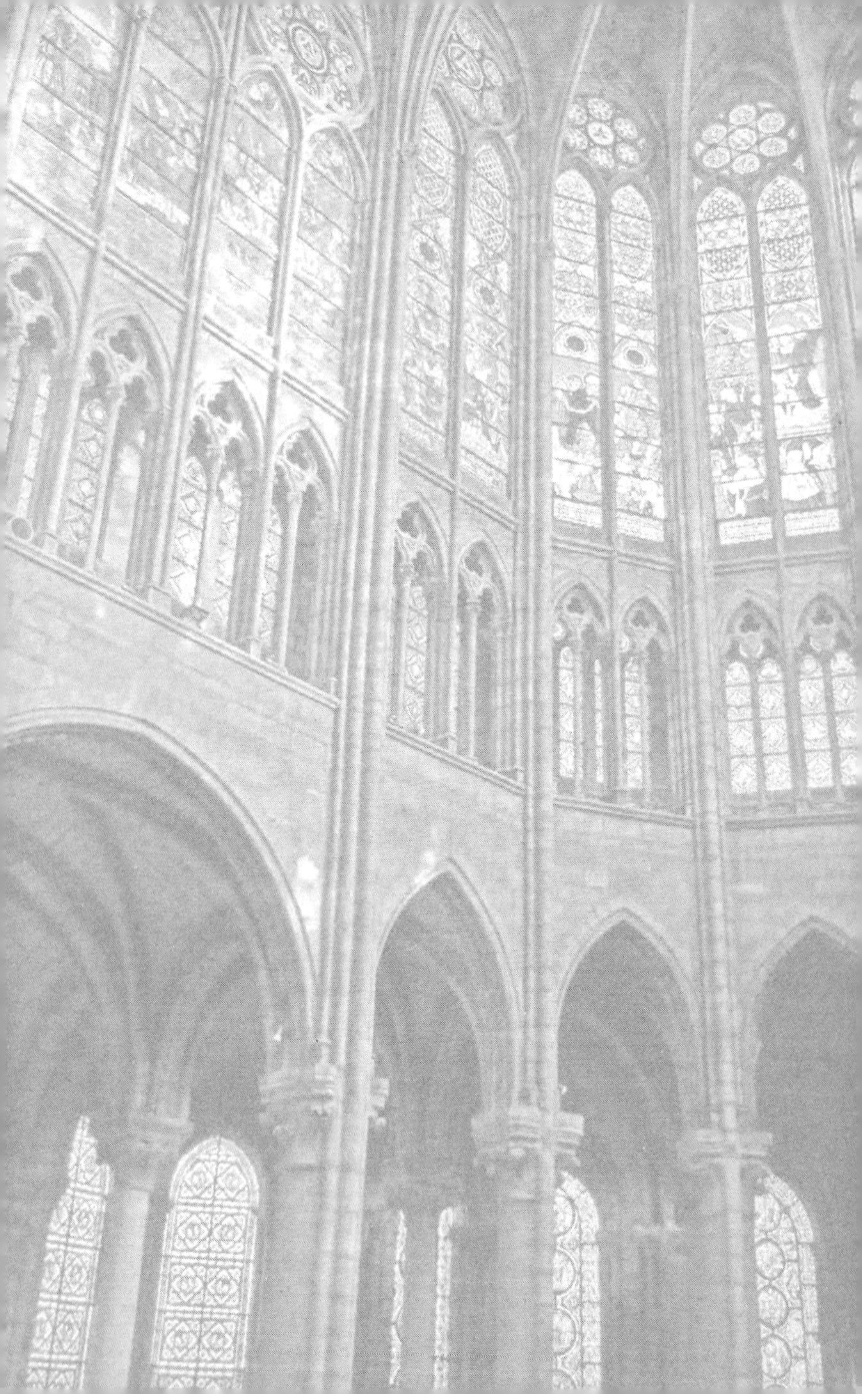

举步维艰的势力平衡

8世纪末,来自斯堪的纳维亚半岛的诺曼人和维京人的入侵,以及9世纪马扎尔人的入侵,使欧洲又走进了一个新的暴力时代,直到11世纪才重新趋于稳定。那时,外族的破坏终于结束,迁入的民族也被昔日敌人的文化和宗教所同化。随着政治环境趋于安全,国王们纷纷渴望重新确立权威,通过建立更强大、更集中的官僚机构,以一种新的方式来巩固王国。然而这一进程在法国举步维艰,在那里,各自为政的领主掌控着自己的领地。其中,阿基坦公爵控制了法国近一半的领土,他是从卡佩王朝(加洛林王朝后裔)独立出来的一方豪强。英国则大不相同,这里出现了一种更集中的政体:诺曼国王威廉一世,他从盎格鲁-撒克逊人手中征服了整个大不列颠(1066年),分封同族豪强。同族强大的忠诚思想,将领主们和国王拧成一股绳,使英国获得了其他国家难以企及的团结和稳定。

在11世纪,罗马教会发起了一场积极的改革运动,旨在恢复其作为基督教枢纽的管理地位。在很大程度上,这场运动是为了反抗国王的政策。国王沿袭了查理曼大帝的政策,可以任免主教和修道院院长,把他们变成附庸,以确保国王政治盟友们的封地和疆域。带着皇室任命的声望,使神职人员非常受欢迎,尤其是在上层社会中。假如牧师们自私地违背道德和心灵而谋求私利,整个教会就有可能沦为国王的附庸。最糟的现象就是买卖圣职，甚至买卖宗教场所。

法国克吕尼修道院建成于910年，是宗教机构改革的主要发起地。

与允许修道院各自独立的本笃会规则不同，克吕尼修道院以一种新的管理体系成为诸多附属修道院的信仰中心和管理中心。克吕尼的独创之处还在于，它不像社会上的神职人员那样屈从于世俗权力和私利，而是一个只宣誓效忠教会的修道院机构。克吕尼修道院的新模式在10世纪十分流行，有200多座修道院纷纷效仿。克吕尼执行公正、体面的高标准要求，呼吁所有牧师在追求世俗的利益和回报之外，更要恪守道德和正直的职责。

教皇格里高利七世（1073—1085年在位）是重建教会职责的大功臣。他担心世俗权力的野心过于膨胀，坚称教会能够独立于国家运作，强烈谴责了国王任命主教和枢机主教的行为，主张教会反制国王，因为这些职位是精神信仰层面的，只能由教会指派。随后发生的长期斗争史称"叙任权斗争"（Investiture Controversy）。格里高利的主要对手是德国皇帝亨利四世。

在"叙任权斗争"发生的时代，德国扩展了大片领地，包括波希米亚、勃艮第和意大利北部。德国历史上的一个转折之年是955年，当时的撒克逊国王奥托一世在莱克菲尔德战役中重创了马扎尔人。由于这场胜利，他和查理曼大帝一样被誉为"基督教的救世主和捍卫者"。作为回报，962年，教皇若望十二世为奥托一世举行了隆重的加冕礼。

这进一步鼓励了德国的王室，他们除了利用任命神职人员来为国王牟利之外，还觉得决定谁当教皇是他们的皇帝特权。他们的对手还有罗马贵族，这些人长久以来一直把教皇职位视为自己的特权。1046年这一年，对教会来说尤其艰难。一切麻烦源于腐败的教皇本笃九世，他竟把自己的职位卖给了格里高利六世，但又半路反悔，试图夺回头衔。更糟的是，罗马贵族们抵制了本笃九世和格里高利六世，改为推举一名贵族为教皇。德国皇帝亨利三世决定控制局势，下令解雇了这三名竞争者，由他自己的人取代。而这位新教皇及其追随者很快暴毙，一时谣言四起，说他们是被毒死的（在中世纪，这是一种解决矛盾的常见手段）。1049年，德国贵族利奥九世登上彼得的宝座，标志着教会进入一个新阶段。他是一个强硬之人，坚信教会必须独立于国家和封建组织运作。这一主张在1059年的枢机主教会议上达到顶峰，这次会议决定教皇的人选只能来自枢机主教团（他们称为"教会的太子"）的投票结果。这场改革，势必会使罗马贵族、世俗国家元首和许多神职人员感到不快，他们痛恨教皇，因为教皇谴责他们长期享有的世俗特权是不合法的。

亨利三世死后，他年仅5岁的儿子亨利四世继位。新教皇格里高利七世曾是利奥九世的顾问，他趁此机会重申教会不为国家服务，任何外人，哪怕是国王、皇帝，都无权干涉教会内部的事务。亨利四世成年后，恢复了父亲的政策，把主教变成国王的家臣，教皇强烈地谴责他这种不敬行为。作为报复，亨利打算废黜教皇，用一个忠仆取代他。教皇再次反击，准备将亨利逐出教会，并广发号召："我禁止所有基督徒服从这个国王。"消息一出，强大的德国诸侯和巨头们就纷纷盯上了空缺的王位。由于引发的政治雪崩，亨利被迫做出让步——如果想保住王位，他就必须乞求教皇的宽恕。于是，亨利四世前往意大利北部的卡诺萨，试图安排一场与教皇的私下会面。忏悔的亨利在卡诺萨堡外的雪地里乞求三天后，教皇终于在1077年撤销了对他的判决。

1122年的《沃姆斯协约》仅仅部分缓解了教会与国家间的紧张态势。格里高利的打算是，如果教皇认为君主在道德上不适合统治，他（教皇）就有权罢免国王。但由于世俗反对，协约最终商定皇帝可以使用代表世俗权力的"权杖"，而不能使用代表宗教权威的"十字架"和"戒指"来任命主教和修道院院长——只有教皇才拥有这一特权。强行禁止牧师结婚（推翻了世俗神职人员中普遍存在的婚姻和父权）也是教会保护自身特权的一种手段，可以防止父亲的财产和领土被其子孙夺走。至于教皇选举，协约规定，严格禁止一切世俗力量影响和干预这项教会特权。

希腊和罗马的思想家认为，社会是人造的实体，政府和法律是服务于人类完善这个目的的。相反的是，圣奥古斯丁认为，亚当的原罪导致人类之城是不完美的,是被自私的野心、竞争以及对物质财富的痴迷所驱动的。格里高利认同圣奥古斯丁的这种观点:为了确保国家公正,世俗政府必须服从监督它的唯一不受道德腐败影响的机构——教会。但不幸的是,不断发生的丑闻依然撼动着教会的权威,这证明格里高利理想化的等式中缺少一环——尽管教会被赋予了神圣的角色,但它仍然是一个人造的机构,容易受到威胁国家稳定和福祉的人类内在弱点的影响。

城市和大学:新文化时代的开端

12世纪,克吕尼修道院改革提出的道德标准,又被两种新的修道会提升到更高的层次:一是迦太基人,他们宣扬要完全摆脱俗世的污染,过彻底的独居生活;二是西多会修士(Cistercians),他们恢复了修士生活,更加严格地忠于圣本笃的守则。西多会历史上的关键事件发生在一个叫伯纳德的21岁青年加入教会时。接下来的几十年,圣伯纳德将成为那个时代最有影响力的人,他成为修士后,通过极富宗教热情和说服力的演讲,说动他的父母、叔叔、妹妹和同族兄弟成为修士和修女。他曾说:"除非你忏悔,否则将永远被烈火焚身,发出浓烟和恶臭。"

在进入西多城三年后,虔诚热情的伯纳德被允许和其他12个修士一起搬到森林中的一个偏僻地方，建立一所新的西多会修道院。伯纳德将他选择的地方命名为"克莱尔沃"（Clairvaux，意为"清澈河谷"），并在森林中开辟了一条路作为修道院入口。在教会逐渐衰落的年代，这里的修士开始效仿地主贵族的可鄙行为，驱使农奴们下地干活儿。伯纳德是本笃会教条的坚定追随者，还强加给他的追随者，他强调这是学习谦卑的最高级方式，而谦卑是服务上帝的必要条件。

伯纳德强调了自然的意义，并以此丰富了他的神学文章。对他而言，把荒野改造成美丽有序的入口（就像他的新修道院那样），象征着把道德的洁净引入灵魂的黑暗之谷。为了提醒弟兄们，天堂只对追随基督实现内在转变的人开放，因此它在所有修道院中建造了一种开放式的中庭——一种精心布置和打理的花园，在其中种植着五彩缤纷的花草，象征性地将其命名为"天堂"。

在伯纳德的领导下，克莱尔沃修道院成了严格纪律和奉献精神的典范。它的影响越来越大，到1140年，出现了350座新的西多会修道院。大约在同一时期，由于革命性的新农业技术的引进，如用于马匹的铁鞋、功能更强的牛项圈、风车、更重的犁和手推车，加速了欧洲自然环境的改变。随着饥荒减少和人口增长，在12—14世纪，人们通过大规模砍伐森林，开垦了更多农业用地。经过几代农民的艰苦奋斗，他们排干沼泽、筑堤、架桥、修路、开垦农田，而本笃会修士的协作和农业知识，带给了农民极大的帮助。

直到11世纪，欧洲仍是以城堡和修道院生活为中心的农业封建社会。随着城市的快速发展，这一现实也逐渐变化。新诞生的中产阶级的商业活动使得城市欣欣向荣。随着新兴的城市繁荣发展，吸许多农奴纷纷逃离农村。"城市的空气让你自由"这句话正是诞生于这个时代。与欧洲封建时代的僵化对比鲜明的是，这个时代为许多人提供了更安全的生活选择，在这之前，他们不太可能逃离农村领主的奴役。

1100—1300年，欧洲人的生活水平有了显著提高，人口开始频繁地流动，包括商人、传教士和朝圣者，他们沿着横贯欧洲的新干道来来往往。12世纪，横跨泰晤士河的第一座石桥开通，标志着伦敦更加现代化；一座横跨剑河的剑桥，也使得该地区迅速发展。

进步和城市化最重要的成果之一是，在修道院的围墙之外建立了新的学习中心，自圣本笃时代以来，修道院垄断了文化和教育。在天主教学校之后又出现了大学，它们属于进行更高等教育的机构。11—12世纪，历史上第一批重要大学，如博洛尼亚大学、牛津大学和巴黎大学诞生了。当一个学生完成了包括三门四科等基础课程后，就可以担任教师。那些专攻更具体知识领域的人，可以继续深造，并获得博士学位。各个大学以不同的专业见长：意大利的萨勒诺大学以医学闻名，博洛尼亚大学以法律闻名，巴黎大学以哲学和神学闻名。

随着识字率和教育水平的显著提高，许多政治家开始聘用拥有硕士学位的顾问。由于这些专家提供了法律和司法的专业知识，政府文书得到了修订和改进，使国家更加强大、更有组织能力，从教会权威之下取得更多的自主权。

在大学的论坛上，激烈的辩论激起了新的学术热情，很快引发了各种新问题。其中，最紧迫的问题是：一个千百年来始终追求来世的宗教，如何适应一个更繁荣、更自信、对自己的成就更自豪的世界？

金钱流通带来的经济扩张使得社会更加复杂，尽管教会还拥有一定的权力和财富，却对经济发展持怀疑态度，因为有利可图的生意和物质财富，被认为是违反谦逊和禁欲教条的。

市场经济的主要产物之一是银行系统，其中包括高利贷的产生。这种行为在《旧约》中是被明令禁止的，因为涉及不劳而获的利润。自325年尼西亚大公会议以来，基督徒就禁止放贷收息，犹太人同样遵循这一规则。但因为借钱给非犹太人是可以有利息的，高利贷对很多人而言是有利可图的活动。高利贷这种可耻的行为，继续助长了排犹主义情绪，并持续了好几个世纪。最终，尽管教会反对，利益还是战胜了道德约束，银行活动脱离了犹太人的控制。到1400年，放高利贷已成为许多基督教银行的普遍业务。

最初,从农村生活到城市生活的转变,被认为是对教会的一种威胁。但为了在瞬息万变的世界中保持权威,教会被迫改变长期保持的与世隔绝的僵化态度。证据就是新出现的经院哲学(Scholasticism),它是一种试图调和理性的逻辑方法与基督教教义的学说。

哲学和宗教之间的第一次和解,发生在11世纪坎特伯雷的安瑟尔谟大主教的著作中。安瑟尔谟理论的前提是:每件事都有一个最初原因,演绎逻辑可以一步步地向前追溯一长串的影响和原因。它的结论是,因为一切都必须与最初原因相连,所以整个宇宙的出发点就是上帝本身,他存在于所有理性解释和辩论之上。理性的追寻最终必然宣告它无法涵盖最高真理,因此必须承认信仰的优势绝对凌驾于理性,没有信仰,我们就不可能接近上帝。

安瑟尔谟为什么被誉为一种新哲学的开创者?想要理解这一点,我们必须把他的作品看作一个缓慢解冻过程的其中一环,即基督教从12世纪逐渐软化的僵化教条。在这一历史背景下,安瑟尔谟把哲学对神学的辅佐地位比喻为"神学的婢女",以及他把逻辑辩证法的部分原则应用到神学论证中,这都是文化发展中微小而坚实的一步。

1079年生于南特的学者彼得·阿伯拉德积极地探索了哲学和宗教之间更本质的联系。他的方法是将一系列相关命题逐一罗列，再通过混合辩证法和亚里士多德逻辑学来研究（他那个时代仍然只能参考波爱修的译本）。这种可以提高思辨水平的方法，被他命名为"肯定与否定"（Sic et Non），是一种水平极高的神学思维方法。正如我们所见，这导致罗杰·培根和威廉·奥卡姆等重视实验的思想家纷纷反对阿伯拉德的理论，认为它完全是抽象的文字游戏，缺乏评估现实所需的经验。

为了描述他的批判性分析的重要性，阿伯拉德写道："通过收集迥然不同的观点，我希望能激发年轻读者在寻找真相的过程中将自己推向极限，这样，他们就能更加睿智。通过怀疑进行研究，通过研究认识真理。"

在那个仍然畏惧教条枷锁的年代，阿伯拉德关于理性和怀疑在人类的存在主义探索中极其重要的论断是十分危险和富有争议的。他不止一次地打破常规，当他成为巴黎名师后，被雇用当家教，辅导一个名叫赫洛斯的美丽少女。他对她一见钟情，这让他深感痛苦。全盘接受阿伯拉德的爱情的赫洛斯最终怀孕并生下一个男婴，她的叔叔为了避免丑闻，允许两人结婚。但这位叔叔暗地里从未原谅阿伯拉德的罪行，不打算让他们继续在一起：他雇了一群恶棍抓住了阿伯拉德并阉了他。故事的结尾非常中世纪化：男女主角的真实情感被扔在一边，以突出基督教虔诚的核心意义——羞耻、内疚、悔恨、忏悔。情人们最终走向所有罪人的必然归宿——阿伯拉德回到修道院，余生都在净化自己的灵魂，而赫洛斯也一样,成了一名修女。

通过逻辑分析,阿伯拉德发现了许多神学命题之间的差异和自相矛盾。他的学生彼得·伦巴德所写的《四部语录》(*Sententiae*,又名《道德箴言》),试图消除这些差异,并以系统的方式重构了一切教义。《四部语录》最终获得了极大的权威,成为中世纪神学学者和学生使用的通行教材。

阿伯拉德论战中的最大对手是神秘、保守的克莱尔沃修道院院长伯纳德,他强烈地谴责阿伯拉德所谓的"无用的好奇":像他这样的人,宣称哲学可以协助宗教,这根本是亵渎。他说,"清醒醉酒"是一种精神上的超越——征服了凡人的心灵,而不是赋予其一种许可。但自相矛盾的是,正是这位严厉的道德家,重提了对圣母马利亚温和品质的膜拜,马利亚是爱子心切的基督之母,正当教会拼命地寻找一种方式来恢复其纯洁正直的形象时,这一选择对教会来说十分及时。

在对《旧约·雅歌》的布道中,伯纳德引用了圣母马利亚对报喜天使的回应——"Fiat"。他借此表明,唯有人类通过马利亚之口,以绝对的顺从回应上帝的旨意,生命的复苏才得以实现。然而,上帝所下达的这一命令却令人敬畏:马利亚将孕育一位圣婴,而这位圣婴注定要在十字架上经历苦难与死亡。

伯纳德称赞圣母马利亚是虔诚和顺从的典范,他改变了基督教最早的一种传统,在这一传统中,圣母马利亚曾被描绘为第一个人类女性——背信弃义的夏娃（Eve）或拉丁语中的伊娃（Eva）的完美对立面，她的名字在马利亚的全称"万福马利亚（Ave Maria, gratia plena）"中以倒装的形式出现。在一首圣母赞美诗中我们可以看到："从天使加百列的口中欢迎圣母马利亚，带给我们和平，为我们改变了夏娃之名。"这里用"伊娃""阿芙"（Ave）两个词表示圣母马利亚以她的服从扭转了夏娃的不服从之罪。[1]

对圣母马利亚的推崇有助于减少对妇女的歧视，但正如许多评论家发现的，它也在很大程度上助长了某种歧义，它意味着女人要么是圣人、圣母的复制品，要么是罪人、夏娃的复制品，没有第三种选择。

作为上帝的奥秘在地上的化身，圣母马利亚被伯纳德演变成教会的主要象征，正如圣奥古斯丁在其著作中所说，教会就像一位母亲的子宫，信徒可以通过它获得内在的重生。它是圣灵的孵化器，使那些相信重生乃至永生的人达成目的。

德国著名神秘主义者兼作曲家宾根的希尔德加德写道，所有人类都被邀请在心中为小耶稣的"托儿所"腾出空间。同样，德国神学家兼神秘主义者迈斯特·埃克哈特断言，每个人都能被邀请成为"不朽婴孩"的母亲，就像圣母马利亚一样。

伯纳德没有预料到，对圣母马利亚崇拜的巨大成功，后来也发挥了重要的作用，在经历了几个世纪的贫穷、破坏之后，人们

---

[1] 这里要注意"夏娃"（Eve）与"邪恶"（evil）之间的紧密联系。

开始享受到生活改善的好处，逐渐愿意把世界看作一片美丽而有希望的乐土，而非忏悔和眼泪的山谷。这种新时代基督徒的自我教诲，有没有可能将更多的慈爱特质赋予早期的愤怒的全能基督？后者的形象类似《旧约》中的耶和华，是基督教早期的主流印象。婴儿耶稣的形象和慈爱宽容的圣母形象，都代表人类向上帝求情，是新时代的基督徒在无意识当中找到的答案。

学者约瑟夫·R. 斯特雷耶认为，12世纪的人对圣母马利亚、耶稣诞生和婴儿时期的痴迷，反映出其对"基督教故事中人性一面"的必然需求。从此意义上说，12世纪绝对可以被描述为一个更宽容时代的开端，特征是人与上帝之间的感情更加密切。"人类是脆弱的，但耶稣也是一个无助的婴儿，圣母马利亚是个受难的母亲。他们能理解并同情人类的脆弱。因此，成千上万的教堂纷纷奉献给圣母马利亚，无数的雕塑、圣母和圣子浮雕、圣母奇迹的故事，这一切都强调着神圣的爱和宽恕。"

正是在这种日益宽松的环境下，才会重新出现"炼狱"观念。它最初由圣奥古斯丁提出，后来的基督徒大多选择抛弃它，认为天堂和地狱才是来世唯一的选择。由圣彼得·达米安和圣伯纳等神学家重新引入炼狱概念，这标志着一个新时代的开始，渴望用一片赎罪之地作为上帝严酷审判的缓冲地带，它是一个暂时的而非永恒的场所，因为所涉及的罪行都属罪不至死。活人的祈祷有助于缩短死后赎罪的时间，这使得炼狱成为十分受欢迎的选择。也有一些牧师经常得到来自家庭的大方资助，雇他们为自己所爱之人的"信仰账户"提升额度，这样他们就能减轻一些长年祈祷的负担。

新的情感激发新的艺术

12—13世纪出现的社会和文化变革的影响有一种具体的表现——一袭长长的"白色教堂长袍"。就像一个中世纪编年史作家所写："基督教世界经常用它来装扮自己。"1170—1270年，教会至少建造了80座大教堂、500多座普通教堂。虽然修建这些建筑主要是为了虔敬上帝，但它们同时也激起了关于城市活力的自豪。

最初、最活跃的艺术赞助者是克吕尼的修士们，他们以引入仪式和礼仪创新而闻名，比如，引入音乐和特殊舞蹈来给赞美诗朗诵、伴奏。这些舞蹈特有的缓慢手势、动作是为了表现基督再临时的欢迎队伍。

除了有才华的北方艺术家的作品（稍后再谈），很大程度上得感谢克吕尼修士们，尤其是在法国，长久以来被废弃的石刻浮雕重新出现。最初的尝试战战兢兢，但就像一根枝丫顽强地从细小的裂缝中奋力而出那样，新的象征手法很快成为中世纪教堂装饰中的固定节目。这不是说古典现实主义正在全面复兴。教会方面仍忧心忡忡，不大可能允许这种情况发生。但找到更有效的方式来描述世界的乐趣，无疑是早期宗教雕刻的重要特征，它体现在那些雕刻精美的树叶、花朵和鸟之上，这些雕刻被装饰在柱顶、柱头上，旁边是一群衣着华丽的人物；怪物和石像鬼则被安置在教堂的外墙上，充当某种守卫。为何艺术家沉迷于创造这么多的梦魇，这也很容易解释：为了描绘圣像，教堂在教会的控制下几乎没有留下创作的余地，唯一能让艺术家获得某种自由的舞台，则属于邪恶的黑暗王国的剧目，这些民间传说和故事讲述从未停止，主要是通过怪诞甚至讽刺的描述，来驱除恐惧，其表现为一些动物性的特征——尖牙、爪子、尾巴、角和尖耳朵。

当顽固的道德家伯纳德参观位于克吕尼的本笃会修道院时，一看到这些装饰就义愤填膺地写道："在修道院里，在修士们的眼皮底下，这些可笑的怪物是干什么的？这些不洁的猴子是什么意思？这些龙、人头马、老虎、狮子……这些半人半兽的动物怎么会在这里？"

在伯纳德的保守眼光看来，教堂的装饰不过是些无用的消遣，是毫无节制的想象创造出的令人厌恶的东西，很容易使人的思想偏离虔诚的道路。他的这种态度会让人想起《旧约》中对偶像的抵制，对他来说，美只存在于原始和简朴之中，美与匀称完全不匹配西多会教堂的庄严。

尽管伯纳德反对，但变革仍在发生，而且无法阻止，比如石雕装饰的迅速发展。石雕装饰最初是为了在视觉上强化《圣经》的道德宣导。最重要的雕刻一般会放在门楣上，门楣是大门入口上方的空间，它的拱形会让人联想起罗马凯旋门，象征着进入圣殿所宣示的精神胜利。通常这一重要位置的保留题材是"最后的审判"。这一选择突出了一个事实：一旦步入教堂，你就开始了一段带有道德、精神和形而上学意义的旅程，就像教堂里的布局一般都是十字架形是同样的道理。

有一座有趣的雕刻门楣出自12世纪法国奥坦大教堂，作者可能是一个名叫吉斯勒贝尔的雕刻家，因为他的名字出现在了雕塑下面。场景的中心是一个巨大的复活基督的形象，他的手上显示着圣印，以象征他的牺牲；在他身边有从坟墓中复活的人，正准备接受上帝的审判。

正如我们所见，在几百年西方艺术中，只突出表现圣母、基督、圣人，对普通人的描绘几乎完全被忽视。但是在这座门楣中，这个规则被打破了：天使用力地吹响号角，宣告审判日的到来，将死者集体复活。这一主题在基督教内部引发了很多争论——复活的人应当如何描述？他们是要看上去年轻还是衰老？如果一个人生前有伤疤、瘢痕或其他缺陷，这些特征会在他死后出现吗？人是裸体还是穿着衣服从坟墓里爬出来的呢？奥坦大教堂的浮雕提供了一种答案，即所有复活者身上的性含义都被净化了。此外，这些雕塑还包括两种变体：待判决的人被描绘成身着丧服的成年人，在一旁休息待命（个别人甚至穿得像朝圣者和修士），而已经接受了神的祝福的人，则像赤裸的婴儿一样成为天堂里的天使。这一聪明的解决方案意味着注定进入天堂的灵魂，就像天真孩子的灵魂那样透明、纯洁。已经进入天堂的人，正在从一座代表耶路撒冷的拱形建筑里窥视，满心欢喜地期待下一个人的到来。

在基督的左边，我们看到天使长加百列用正义的天平衡量灵魂。在他旁边，可怕的恶魔正咧着大嘴等着看谁的灵魂将被分配到他们的黑暗和痛苦的王国。被诅咒者扭曲的身体以一种非常戏

法国奥坦大教堂正门门楣浮雕，描绘了复活的基督和他最后的审判

得到救赎之人的喜悦灵魂

被诅咒折磨之人的灵魂

剧化的方式显示了那些面对地狱永恒折磨的人的恐惧。这个头部被巨大的魔爪抓住的人物，会令人想起但丁在《神曲·地狱篇》（*Inferno*）中表达的某种强烈的戏剧性。

在恶魔利爪下的被诅咒之人的灵魂

在教堂中重新出现的石刻浮雕是一次革命性的创新，而其他革命也在悄然发生，尤其是在建筑领域。直到12世纪中叶，教堂建筑基本还保留着罗马大教堂的风格：一个由圆形拱门和粗立柱组成的厚重长方形空间，支撑着坚实的主体，顶部覆盖着通常为木质的扁平天花板。这种模式在1140年发生了巨大的变化，当时的圣德尼修道院院长苏杰引入了一种革命性的新建筑风格——哥特式（Gothic）。

除了普洛丁以外，对苏杰影响最大的思想家是5世纪神秘主义者伪狄奥尼修斯，人们误以为圣德尼修道院留有他的圣物。他的主要论点是，上帝超越了人类的论证能力，所以谈论上帝的唯一途径是通过类比间接地暗示无法被直接描述的概念。根据这一原则，苏杰让他的教堂看起来像一个微缩世界，不是被地心引力向下拽，而是被一种看不见的、不可抗拒的力量向上拉升，就像教堂细长的桥墩、尖锐的拱门、高耸的尖顶、肋形拱顶和飞扬的墙垛所表现的。除了厚墙、柱子和圆拱，罗马式建筑还有一个特点：窗户非常小。为了象征上帝的恩典穿透了物质的黑暗沉闷，哥特式建筑通过使用饰有彩色玻璃的巨大窗户来反转罗马式石墙的压倒性存在感，在这些彩绘窗户上描绘了《圣经》故事。当阳光照在窗户上时，那些故事闪耀着光芒，使教堂内部充满了神奇的彩虹色。

奥地利哲学家、评论家伊凡·伊里奇将哥特式对光线的强调，诗意地与一份神秘古老的手稿相联系——像被烛火之光照亮的羊皮卷手稿，被阳光穿透的窗户突然释放出宝石般的色彩。在光线的改造作用下，不透明的物质被溶解，教堂内部充满了美丽闪烁的神秘幻象。

学者奥托·冯·西蒙在其《哥特式大教堂》(*The Gothic Cathedral*)一书中认为：在罗马式建筑中，光线被塑造成"与沉重、阴郁、有触感的墙壁截然不同，并形成对比的东西"。而在哥特式建筑中，彩色玻璃窗有意识地让墙壁看起来"多孔"，这些玻璃窗过滤光线，将教堂的内部空间变成一道光辉熠熠的彩虹。学者将这种半透明的效果与整体结构的向上轨迹相结合，总结道："哥特式的垂直主义似乎逆转了重力的作用，因此，通过类似的美学悖论，玻璃窗似乎消解了物质的不可穿透性，从超越它的能量中接受它的视觉存在。通常被物质遮蔽的光在这里成为有效要素。物质在美学上是真实的，因为它与光的发光多少有

圣德尼教堂玻璃（上图）的透光效果与被烛光照亮的手稿（下图）高度相似

关,并由它来定义。"

最后的教训是,去教堂的人们沉浸在光与色的海洋中,代表肉体向精神的转变,换句话说,物质宇宙融化成了上帝超自然王国的耀眼光辉。伟大的艺术史学者贡布里希曾写道:"哥特式大教堂的目的是表达天国的耶路撒冷的景象。新的大教堂让信徒们看到了一个完全不同的世界。他们会在布道和赞美诗中听到天国的耶路撒冷,那里有珍珠大门、无价珠宝、纯金和透明玻璃构成

巴黎圣母院的北侧玫瑰窗

的街道。这异象是直接从天堂降到人间的。这些建筑的墙既不冰冷，也不令人畏惧。它们是由彩色玻璃制成的，像宝石般闪闪发光。柱子、支架和花饰也都闪着金光。一切沉重的、世俗的、单调的东西都被消灭了。虔诚的信徒如果把自己沉浸在对这一切美的沉思之中，就会感受到，他已经更接近一个物质无法触及的领域的奥秘了。"

由于建造教堂是为了描绘灵魂回归天堂家园的神圣道路，所以里面的祭坛总是朝向东方，太阳升起的地方。相对地，教堂的正门向西，表明在踏入教堂的过程中，信徒们开始了一次启蒙之旅，目的是扭转地球命运，帮助它在罪恶的黑暗中重新定位。日落的西方总是与死亡相连，最终朝向光明的东方和基督开启的曙光。

按照传统，巨大的玫瑰窗一般被安置在所有哥特式教堂的西门，象征宇宙的重生，基督的重生就是它的契机，否则世界将被彻底判处死刑，沉溺于黑暗和悲伤。基督是永恒的太阳，他的光辉会永远战胜死亡的日落。

毫无疑问，使哥特式艺术和建筑充满活力的精神，其本身是十分抽象的。但是与过去的默默无闻相反，它的创造者苏杰所表达的被赞誉的自豪愿望，毫无疑问也属于一个更愿意以某种独特的方式承认人类主体创造力的时代。

在圣德尼教堂的西侧立面上，苏杰刻下了自己的大名，还有为庆祝成就而写的诗句：

> 不要惊讶于黄金和花费，
>
> 而要惊叹于作品的工艺，
>
> 散播光明是崇高的工作；
>
> 但崇高的工作
>
> 应该照亮心灵，使他们通过真正的光行进……
>
> 愚钝的灵魂通过物质上升到真理
>
> 并且，在看到光的时候，
>
> 从它以前的颠倒中被复活。

到13世纪，哥特式建筑风格已经传遍欧洲。尤其是最早在英国频频告捷，这种大胆的方案促成了韦尔斯大教堂、索尔兹伯里大教堂、威斯敏斯特大教堂等建筑杰作的诞生。意大利最初是拒绝哥特式的，因其被认为是对古典优雅风格的侵犯。[1]当地最终形成的风格是哥特式、拜占庭式和罗马式的混合物，如阿西西的圣方济各大教堂、奥尔维耶托大教堂和锡耶纳大教堂。

---

1 意大利人文主义者使用的"哥特式"一词，源自"哥特人"（Goth），后者是一个广义概念，主要包括住在阿尔卑斯山以外的所有蛮族部落。

教皇和皇帝的战争

如我们所见,在11—12世纪,教皇重新获得了极高的权威和声望。但在欧洲许多地区,由野心勃勃的封建领主之间的斗争导致的不稳定,始终威胁着教皇的统治。近东出现新的政治发展,终于使西方摆脱了长期的小规模冲突。

11世纪,统治埃及的法蒂玛王朝和拜占庭的良好关系,确保了近东的局势稳定,包括巴勒斯坦地区,这里的基督教朝圣者可以自由活动,不必担心穆斯林统治者的骚扰。当来自中亚的蛮族塞尔柱突厥人接管波斯,占领了小亚细亚大部分地区及其主要城市(大马士革、安提阿等),并最终在1076年占领耶路撒冷时,当地局势彻底恶化。塞尔柱人是伊斯兰教的最新皈依者,他们远没有阿拉伯人那样宽容,他们禁止所有基督教徒踏进圣地。

1071年,当塞尔柱人在曼齐克特战役中翻越安纳托利亚高原,遭遇拜占庭军队时,事态再次升级。拜占庭军队遭遇惨败后,皇帝阿历克西乌斯·科穆宁向教皇乌尔班二世求救。教皇迅速响应,游说法国和意大利组建武装联盟。为什么会这样迅速?乌尔班到底是想调和基督教东西方的矛盾,还是希望通过这场对外战争统一东西方教会,平息欧洲内乱?我们无法肯定。可以肯定的是:1095年,教皇在法国克莱蒙费朗召集宗教会议,发表了振奋人心的演讲,号召基督徒加入一支神圣的军队。他不仅要求他们立刻驰援拜占庭，还要从异教徒手中解放耶路撒冷。正如教皇所说，异教徒正在无耻地亵渎上帝之城。教皇在克莱蒙费朗的演讲中宣布：

> 从耶路撒冷和君士坦丁堡传来了一份悲报：一个完全与上帝隔绝的、被诅咒的族群，以暴力入侵了基督徒的土地，并通过烧杀劫掠减少我们的人口。他们把一些俘虏带回家乡，剩下的被折磨致死。他们用污秽物玷污祭坛，并毁坏它们。希腊王国现在被他们肢解了，被剥夺了广阔的领土，这些领土两个月都走不完……让你祖先的事迹激励你——查理曼大帝和其他君主的荣耀和伟大。让现在被肮脏的国家所占据的我们的上帝和救世主的圣墓教堂，还有被玷污的圣殿，唤醒你们……不要让你的财产阻碍你，也不要为你的家庭事务担忧……所以愿仇恨在你们中间止息，让你们的争吵结束吧。踏上通往圣墓教堂的道路；从邪恶的国家中夺取那片土地，使土地归于你。耶路撒冷是富饶的地方，是欢乐的天堂。坐落在地球中心的神圣城市，恳求你帮助她。你们要赶紧踏上征程，使你们的罪得赦，并要确信将来在天国得到荣耀。

演讲最高潮部分是名为"上帝旨意"的战斗口号,包含了点燃基督教精神的所有要素。教皇确信这场针对穆斯林的战争是一项神圣使命,注定会取得胜利,因为这是来自上帝的直接旨意。

为了让战争口号尽可能吸引人,乌尔班还宣布,那些愿意捍卫十字架的人[1]将获得对他们所有罪行的赦免。钉在十字军胸前的十字架标志被用作胜利的旗帜,但也提醒人们十字军东征就像朝圣一样,因此被认为是一种最高的赎罪行为,可以确保立即进入天堂。作为一个额外的激励,人们也意识到,只要他们勇敢地为基督教事业服务,掠夺敌人的城市作为战利品并不是罪恶的行为。战争的前景将同时保证拯救、冒险、荣耀,土地和财富使许多骑士达成了协议,12000多名骑士响应乌尔班的号召参与战争,虽然他们大部分来自法国,但没有一个欧洲国王参加第一次十字军东征。每个国王都有自己的借口:西班牙统治者忙于收复失地运动;与教皇素来关系不佳的德国皇帝自然也不会去;法国国王也因于紧张局势,他刚刚因重婚被教皇逐出教会;英国更因为内部问题漠不关心。

在真正的大军开拔之前,一个名叫隐士彼得的狂热分子迅速组织了一支农民组成的散兵游勇,早早地向拜占庭进发、会合。在旅途中,这些自称"十字军"的人趁机屠杀了路上遇到的所有犹太人,希望能讨上帝欢心,增加救赎的机会。当这支衣衫褴褛

---

[1] "十字军"(crusade)一词源自拉丁语的"十字架"(crux)。

的所谓军队赶到拜占庭时，立刻被惊恐万分的亚尔克修皇帝派往中东，随后被土耳其人迅速消灭。

当法国骑士们拖家带口和修士们一起到达拜占庭时，皇帝的担忧再度升级。他本想组建一小队训练有素的雇佣军，帮他夺回被土耳其人占据的领土。在他看来，耶路撒冷的解放并不像把穆斯林从安纳托利亚赶走那么紧迫，因为当地的穆斯林威胁到了拜占庭。由于不确定西方十字军的真正意图，皇帝提出了以下疑问：如果他提供了西方军队所要求的粮草和军事支持，对方能否承诺归还出征后夺回的所有拜占庭土地？十字军战士们极不情愿地给出承诺，却暗自心想：这个曾经与穆斯林法蒂玛人长期打交道的皇帝打的什么算盘？难道一个帝国领袖不该把所有真主信徒从地图上彻底抹去吗？

十字军一边思考这些问题，一边终于朝着耶路撒冷出征。事实证明，长途旅行对很多人而言都是一项艰难的挑战，何况那些对干旱地区的炎热暴晒准备不足的欧洲人。许多士兵因为缺水、中暑和补给匮乏而病倒；另一些人则是被包裹在身上的金属铠甲活活烤死的。当时的编年史作者沙特尔的弗切尔写道，除了缺水之外，偶尔还会断粮。形势急剧恶化，士兵们备受饥饿的折磨，做出了匪夷所思的事情，"真是不寒而栗，许多士兵由于受饥饿的折磨而发疯，从倒在那里的撒拉逊人（中东穆斯林的一支）屁股上切下了几块肉。他们烹制、食用这些肉，没有完全烤熟就狼吞虎咽。这样导致围攻者的损伤比被围攻者更大"。

尽管困难重重,但十字军还是奋力地解放了安提阿,继而抵达耶路撒冷。当上帝的战士们远远望见他们只在《圣经》中听说过的城市,立刻跪地,涕泗横流。等待已久的时刻终于到来。在宗教热情的鼓舞下,十字军冲进城市,竭尽所能地伤害自己遇到的所有异教徒。编年史作家阿吉莱斯的雷蒙德写道:"我们的一些人砍掉敌人的头;其他人用箭射杀他们,让他们从塔楼上摔下来;其他人用火烧,折磨他们更长时间。在这座城市的街道上可以看到成堆的头颅和断肢。"这位目击者兴奋而自豪地补充说,"所罗门圣殿里变成一片血海,淹没了基督徒士兵的膝盖。"他总结道:"事实上,这正是一次上帝正义光辉的审判,让此地洒满不信者的鲜血,让他们遭受长久的亵渎之苦。"

在那些自封"上帝的战士"的人看来,这种惨无人道的行径竟然是正义行为,他们相信把世界从基督的敌人手中解放出来,不是一种暴力,而是一种虔诚和热情的奉献。弗切尔写道:"在把敌人赶出安提阿后,十字军发现这座城市早已变为空城,只留下了妇孺。"他还写道:"法兰克人没有对他们做任何邪恶之事,除了用长矛刺穿他们的身体。"

耶路撒冷沦陷后不久,许多十字军战士失望地发现,在那片遥远的土地上,生活比他们预想的要困难得多,而且,不像他们在《启示录》中读到的那样,圣城的城墙上并没有镶嵌珍珠和宝石，他们决定返回家园。剩下的少数人负责留下管理所谓的"耶路撒冷拉丁王国"。

第一次十字军东征时，十字架再次被绣在军旗之上，就像君士坦丁时代一样。将这种好战意志发挥到极致的是圣殿骑士团、圣约翰骑士团和医院骑士团等教团的军事命令。这些教团成员身上具备贫穷、贞洁和服从的特征，使他们变成带着杀人执照的修士。这些军事命令集虔诚、狂热的不容忍、正义的残暴和军事技巧于一身，最能体现中世纪十字军东征的意志。

在12世纪法国昂古莱姆主教堂的主浮雕中，一个以罗兰传说为灵感的战斗场景出现在使徒们的陈述当中，他们在天使的帮助下，在世界各地传播基督教。之所以将这两个场景联系在一起，是为了将十字军东征美化为一项道德正义的事业，传播基督教义的光荣事业，像使徒传播福音那样，都是上帝宏伟计划的一部分。

1144年，土耳其人占领了埃德萨市，该市一直是基督教的重要据点。这次轮到克莱尔沃的伯纳德敦促对穆斯林发起新的十字军东征了。为煽动群众反对异教徒，伯纳德在勃艮第的修道院门前发表了热情洋溢的演讲——作为一次精心策划的政治活动，人们在修道院的门楣上创作了五旬节主浮雕（完工于1130年）作为纪念，在画面中，基督散发出的光芒反过来照亮了准备传播福音的使徒。在门楣的上部，所有未被基督感化的人被描绘成恶心的怪物，并带有古典神话特征，包括长着狗头、猪鼻、大脚和象耳的怪人，还有小得可怜，要靠梯子才能上马的侏儒。西方人的这种偏见很容易波及穆斯林：大多数普通欧洲人根本没接触过穆斯林，因此会把他们想象成某种异域妖魔。

通过偏见来妖魔化和非人化敌人，在历史上是（现在仍是）煽动人们仇恨和杀戮的最佳手段。中世纪的基督徒在这方面是高手，他们将不宽容、狭隘作为一种美德，就像伯纳德在书中所说："非基督徒的死颂扬了基督，并阻止了错误观念的传播。"

尽管进行了这样有效的宣传，但由法国国王路易七世和德国皇帝康拉德三世领导的第二次十字军东征结果，对基督教和伯纳

法国昂古莱姆主教堂门楣上的12世纪主浮雕。画面下方的狭窄部分，是使徒们讲述的骑士们征伐上帝之敌的场景

勃艮第的韦泽莱修道院的门楣浮雕局部，描绘了不受基督恩典而被排斥的生物

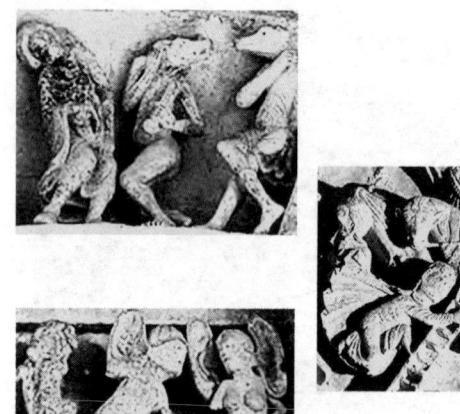

韦泽莱修道院的门楣浮雕局部

德的声誉都是毁灭性的打击——伯纳德此前一直被认为是上帝的最佳代言人。

第二次十字军东征结束40年后，穆斯林在领袖萨拉丁的领导下团结起来，一鼓作气夺回了基督徒在1187年占领的所有城市，包括耶路撒冷。与基督教徒毫不犹豫地屠城对比鲜明的是，萨拉丁是一名勇敢的战士，也是一名高尚的骑士，他尽一切可能宽恕平民。这件事在基督徒当中引起了极大兴趣，也让他们感到惊讶：穆斯林怎么会如此正直？一些法兰克人困惑不解，甚至散布谣言说萨拉丁是一名地下基督徒，在被十字军短暂俘虏后皈依了基督教。

第三次十字军东征（1189—1192年）见证了直接参与其中的三个欧洲最强君主——神圣的罗马帝国皇帝"红胡子"腓特烈一世，英格兰"狮心王"理查一世，还有法国"狐狸"腓力二世。强大的联军给人们留下了深刻印象，但国王们各怀鬼胎，导致结果与前两次任务一样难堪和令人失望。后来的十字军东征，不过是一连串的屈辱大败罢了，被大量无意义的伤亡所玷污。这种羞耻感在第四次十字军东征（1202—1204年）达到顶峰，这场东征始于埃及。为到达黎凡特（地中海东部地区），十字军请求威尼斯人的帮助。由于十字军无法筹集支付威尼斯的佣金，后者以两位东罗马皇帝候选人之间爆发战争为由，煽动十字军反水攻占拜占庭，并声称皇庭一直忌惮他们。事实上，这一狡猾的借口，掩盖了威尼斯想要削弱其商业对手的真实意图,这导致拜占庭遭遇了一场可怕的蹂躏。三天内,十字军对城中居民的谋杀、强奸、破坏和掠夺达到了史学家口中"即便汪达尔人、哥特人也难以想象"的程度。今天在威尼斯圣马可广场上仍可以看到四匹铜马,能让人回想起拜占庭的覆灭,以及它所代表的贪婪、不忠的可怕行径。

与热那亚、比萨等其他海上强国一样,威尼斯是一个共和国,由于擅长商业和贸易,从10世纪权力和财富开始聚集。在威尼斯流通的商品中,有些是基督教奴隶被卖给穆斯林买家。当教会禁止基督徒充当奴隶后,愤世嫉俗的威尼斯人开始贩卖非基督徒的斯拉夫人。后来,"斯拉夫人"(Slav)一词演变成英语中的"奴隶"(slave)一词。

在四次十字军东征中,最荒诞无知和迷信的事件是1212年的"儿童十字军东征"。当时有两个妄想家——科隆的尼古拉和克洛伊的斯蒂芬——深信圣战失败是上帝觉得基督教士兵不够纯洁,于是召集了一支天真的儿童大军,他们相信地中海的水面会分开,就像摩西开红海那样,帮助纯洁的军队直奔巴勒斯坦。当海水纹丝不动时,孩子们被带到马赛,登上驶向中东的船。在途中,这些船被穆斯林海盗截获,孩子们被直接卖到了突尼斯当奴隶。

法国国王路易九世又领导了两次十字军东征。抛开这些失败的远征不谈,路易九世因其虔诚和尚武精神被教会尊为圣人,也因建造巴黎圣礼拜堂而被人铭记,而圣礼拜堂是哥特式建筑中最伟大的瑰宝之一。

为了激发十字军的斗志,教皇乌尔班二世和继任者们都宣称上帝站在他们一边,因此圣战一定会成功。但基督教军队遭受的一系列耻辱性失败与这一预期产生了戏剧性的冲突。人们目瞪口呆——上帝怎么会允许基督教的宿敌取得胜利呢?由于始终找不到答案,愤世嫉俗、不信任的情绪使得人们开始怀疑教皇的权威。

许多君主趁机巩固了自己的世俗权力,期望减少教会对国家事务的干预。如前所述,在欧洲君主政体中,英国是最先巩固王权的国家。当阿基坦女公爵埃莉诺宣布与丈夫法国国王路易七世离婚,改嫁英国国王亨利二世时,英国的权势进一步扩大。通过将阿基坦公国纳入诺曼底,英国拥有了包括欧洲大部分地区在内的统治权。为了绕过教会的权威,亨利二世对英国的司法和行政体系进行了重大改革,他规定,当国王认为有必要时,王家法庭也可以审判神职人员。这一政策最著名的受害者是坎特伯雷大主教托马斯·贝克特,他为了捍卫神职人员免于王室指控的权力,1170年在自己的大教堂里被暗杀。

在亨利之子约翰统治期间,英国把诺曼底输给了能干的法国国王腓力二世。约翰无法接受诺曼底战役的失败,试图对臣民横征暴敛支持军费开支,这逼得英国贵族们奋起反抗,逼迫国王签署了1215年的《大宪章》(*Magna Carta*)。该宪章对英国国王的权力进行了严格限制,从此以后,国王在没有征得内阁的同意下不能强制立法。

法国国王腓力二世是第一位号称"法兰西国王"而非"法兰克国王"的法国君主,因为他从英国夺回了诺曼底、布列塔尼和都兰等重要的北方领土,还利用对阿尔比根人的十字军东征(后面会详细提到)在该国南部建立了据点。腓力二世派往地方司法机构的官员受过法律培训,负责监督其行政和军事活动,这加强了国王的权威,巩固了国家的统一,让法国再次称霸欧洲。与许多君主一样,腓力与教会的关系也不稳定,部分原因是他削弱了国家行政部门内神职人员的力量,还因为他与妻子、丹麦公主英格伯格离婚,娶了真爱梅拉涅的艾格尼丝。教会用逐出教会这个终极手段说服腓力二世服从教皇,并与英格伯格复婚。

自从"叙任权斗争"以来,衰弱的德国皇帝早已无法遏制党争,党争已将德国瓜分成了公国割据的态势。1152年继任德国国王时,来自霍恩斯陶芬王朝的腓特烈·巴巴罗萨试图通过一系列政治运作,包括军事压力、金钱诱惑、结盟、轻松的联姻以及保守的外交策略,夺回分裂各个公国的控制权。但是反对的声浪依然无处不在——在德国,腓特烈面对的是与霍恩斯陶芬王朝相抗衡的萨克森韦尔夫王朝;在意大利,他面对的是北方城邦的抵制，虽然名义上他们仍是帝国臣民，却强烈要求高度自治。为了扭转局面，腓特烈承诺归顺教皇阿德里安四世，以换取1155年被正式加冕为罗马皇帝。最终，腓特烈任性地在"罗马皇帝"头衔前面加上了"神圣"二字，这是对教皇的挑衅，暗示他的皇权直接来自上帝而非教皇。

在六次收复意大利失败后，腓特烈于1176年被伦巴第联盟（北方城市联盟）击败，最终被迫承认意大利各公国继续保留自治权。

他唯一真正的成功外交，是他儿子亨利六世和西西里诺曼王国女王储的政治联姻。西西里王国覆盖了整个意大利南部，是由诺曼人在11—12世纪时建立的。当亨利六世英年早逝后，他三岁的儿子腓特烈二世加冕为西西里国王。尽管拥有诺曼人和德国人的血统，腓特烈二世还是对西西里感情深厚，在那里度过了大半辈子。在他的领导下，意大利南部繁荣起来，而德国则被他忽视，变成一个被割据和内乱折磨的国家。

腓特烈二世聪明而有教养，会说六种语言（德语、拉丁语、希腊语、西西里语、法语、阿拉伯语），能作诗，还对数学、解剖学、哲学和猎鹰活动兴趣盎然。在他的宫廷里，基督教、犹太教和穆斯林老师同样受到欢迎。由于兴趣如此广泛，他当时被人称为"世界奇迹"。腓特烈还赞助了巴勒莫的一家私人动物园，在那里进行科学实验，特别是繁殖鸟类的新品种。他最伟大的成就，是在那不勒斯建立了一所著名大学。腓特烈是艺术的重要赞助人之一，还发起了第一个使用西西里语的本土诗歌流派。西西里诗派擅长宫廷爱情主题，源自12—13世纪在法国南部达到顶峰的游吟诗。腓特烈也接受了穆斯林的习俗，组建后宫。

当然，罗马教皇对这个非正统君主几乎没什么好感，并总是反对他统一意大利南部和北部城市的意图，因为担心教皇国被夹在德国控制的领土之间。

教皇和腓特烈二世的主要摩擦是他拒绝为解放圣地而发动战争。教皇格里高利九世是一位虔诚的方济各会教徒（就是他将圣方济各封为圣人的），他将腓特烈逐出教会，原因是腓特烈违抗他的命令，没有参加十字军东征。最终，当腓特烈被逐出教会，选择主动前往耶路撒冷时，格里高利更加愤怒。一到当地，腓特烈就组织了一次与穆斯林的会议，并以高超的外交手腕达成了一项协议：将耶路撒冷的控制权交给基督徒十年。本来，穆斯林唯一控制的地方是圆顶清真寺，那里是他们的圣地，因为他们认为穆罕默德就是从那里夜行登天的。格里高利九世认为与穆斯林谈判而非打仗是一种罪恶，对腓特烈的和谈大为光火。

最终，教皇和皇帝之间旷日持久的战争导致了双方的灭亡，皇帝死前一共收到了四次被逐出教会的命令；教会的声誉因其对政治的不断干预而严重受损；神圣罗马帝国仍是由分散的小公国凑成的一幅拼图，就像后来伏尔泰所说的："它变成了一个既不神圣,也不罗马,更非帝国的无定形实体。"

财富与权力,贫穷与谦卑

在十字军东征期间激发教会活力的军事精神,以及教会在欧洲政治棋盘中充当仲裁者的愿望,使得教皇的世俗立场与使徒时代的精神承诺背道而驰。教皇英诺森提乌斯三世(1198—1216年在位)是试图将教会的至高权力凌驾于各国的世俗权力的积极分子。根据他的说法,国王和教皇的权威来自上帝,而世俗国家不如教皇,因为他们就像月亮,若没有教会所代表的太阳无上智慧的照耀,就发不出一丝光芒:

> 和上帝在天空中安置了两盏大灯,大灯执掌白天,小灯执掌夜晚一样,同样在以"天堂"为标志的凡间教堂的穹顶上,上帝建立了两种巨大的威严,一个大的,像白天一样管理灵魂;一个小的,像夜晚一样管理肉体——这就是教皇的权威和国王的权力。正如月亮从太阳中汲取光芒,在数量和质量上、位置和权力上都比太阳低一等,同样,王权也从教权中汲取了神的光辉。

为了削弱世俗国家日益增长的自信，1215年，英诺森提乌斯三世召开了第四届拉特兰会议，会上宣布，人在教会之外不能得到救赎。为了确保教会的巨大管辖权严格控制对人类生活的方方面面，圣礼（包括洗礼、婚姻、圣餐、忏悔等）要经过仔细审查和正规化，各种罪名被仔细划分成最致命的和最轻微的罪孽。为了排斥非基督徒公民，会议还规定，犹太人和穆斯林必须佩戴一种特殊的徽章以有别于基督徒。

英诺森提乌斯三世是第一个在欧洲中心发起十字军东征的教皇，目的是讨伐被教会判为异端的两个组织：法国南部的阿尔比根教派（他们自称"清洁派"，取希腊语中"纯洁"之意），以及里昂商人彼得·瓦勒度创立的瓦勒度派。阿尔比根教派相信一种善恶二元论，认为世界是善恶之间的持续斗争，他们之所以成为教皇的眼中钉，是因为拒绝承认教会的权威，认为它是贪婪和腐败的机构。瓦勒度派和他们一样，对神职人员的腐败持批评态度，拒绝承认牧师传授的一切圣礼。这两个教派都承认男女平等，这才是更直接的原因，所以被教皇斥为异端。英诺森提乌斯三世虽然没有建立宗教裁判所，但他狭隘的观点和残暴的手段极大地促进了教会建立凶残的机构，并很快成为教会消灭眼中钉的最有效手段——异教徒、犹太人、妓女、麻风病人、巫师——刑罚从酷刑、监禁到死刑不等（一种很流行的审判异教徒的刑罚是绑在火刑柱上烧死，因为可以"虔诚地"避免见血）。

根据教皇的说法,之所以暴力镇压异教徒,是因为他们对基督犯下了叛国罪,也是为了对所有怀疑教会的人杀鸡儆猴——这种怀疑也确实合理,因为许多基督徒对逐渐富得流油而大权在握的教会逐渐不满,它太政治化了,这个由牧师组成的机构,更关心他们的私利,而不是人们的精神需求。

镇压阿尔比根派的一个副作用是破坏了许多法院,尤其是在法国南部,这些法院资助了以游吟诗闻名的白话诗歌流派。他们为方便创作诗歌和文学而使用方言,不用拉丁语(用于宗教和高雅文化的语言),这一流派始于古典史诗传统,由《罗兰之歌》和为英国亚瑟王创作的传说而闻名。对方言的选择表达了一种愿望,即希望在受教育程度越来越高的人群中获得更广泛的受众。

与荷马史诗不同,游吟诗人所写的主题关注现实生活而非战争,主要场景在宫廷里,据说那里有助于培养更多的正直、文雅和礼貌。诗歌的中心主题是一个骑士敬仰一个出身高贵的女性。该主题所传达的礼貌和尊重,受到了王宫贵族和统治者们的热烈欢迎,他们希望诗歌能改善那些不守规矩之人的粗鄙行为,而这些人在宫廷中比比皆是。游吟诗人的诗歌并未强调肉体欲望,而是将女性作为崇高的崇拜对象,以一种新柏拉图式的方式,从男性身体里激发出一种完全纯洁的激情。诗人采用了一种权宜之计,把出身高贵的女子描绘成他人之妻,一直生活在情人的掌控之外,通过一种纯粹的柏拉图式情感体验的宣泄,驾驭了男性性爱的紧张，这种情感体验只是情感、智力和精神上的体验，而非肉体的激情（但很不幸，非贵族女性的感情没有这种柏拉图式的优待）。

游吟诗人传统在法国南部消失之后，又在西西里岛复活，正如前面提到的，腓特烈二世在西西里岛赞助了一个伟大的本土诗歌流派。据考证，这所学校正是托斯卡纳抒情诗派的灵感来源，名为"Dolce Stil Novo"（甜蜜新体诗），但丁的部分灵感就来自这一流派。

在 13 世纪，让教廷头疼的各种问题包括又多了两种新教团：多明我会和方济各会。这两个教团都被称为"丐帮"（mendicare，意大利语中意为"乞讨"），因为他们都靠信徒捐款过活，代表人民日益渴望早期使徒时代的纯洁和简朴。

多明我会是由古兹曼的圣多明我创立的，他生于伊比利亚半岛的卡斯蒂利亚王国。多明我相信传播福音是上帝仆人的首要职责。但在他看来，如果修士不具备文化基础和神学训练，就无法承担这一职责。学习对多明我会士而言如此重要，说是最高律令也不为过，如妨碍了牧师的学习，就要停止禁食，甚至停止履行圣责。也难怪，多明我会是中世纪一群最伟大的思想家的摇篮，如大阿尔伯特和他的学生托马斯·阿奎那（稍后会讨论）。然而多明我会徒严格遵守戒律，使许多会士变成积极的宗教判官，致力于根除他们眼中背叛基督教正统的一切运动，因此被斥为异端。正是由于扮演了上帝严厉守护者的角色，多明我会士常被称为"上帝忠犬"。

方济各会是由阿西西的方济各所创立的，他放弃了富家子弟的一切特权，致力于服务和赞美上帝。但丁曾描述过方济各对谦卑和贫穷的承诺，即基督教最初的承诺：他选择在一场"神秘婚姻"中与"贫穷女子"幸福地结合。由于他对福音精神的绝对奉献，几乎被认为是基督的化身，据说他奇迹般地继承了圣痕，伤口和基督在十字架上的伤口一模一样。作为教义的忠诚信奉者，方济各立下承诺，坚持和平与非暴力的原则——与教会日渐肆意执行的法律形成了鲜明对比。方济各原则的核心是谦卑，从他们彼此的称呼"小兄弟"（frati minori）就能看出来，他们谦虚地认为自己在所有教徒中受教最少。

根据方济各的教义，世界并不像柏拉图说的那样是一个可怕的黑暗洞穴，而是一个充满神圣本质的和谐乐土。想要认识上帝的存在，必备条件就是向大自然的奇迹敞开心扉。对于神秘而富有诗意的方济各来说，大自然的本意不是要向人类心灵揭示上帝的隐秘，而是想让人类惊奇于宇宙中一次次的欢喜，就像在一场完美协调的欢乐合唱中，赞美造物主的善良和美丽。

这个前辈的阿西西人内心仿佛有取之不尽的爱，这让他觉得自己与上帝的一切造物都能产生共鸣。据说，他可以向鸟、鱼和爬行动物传教，并让咩咩叫的羔羊加入合唱团，还让一匹狼发誓维护它威胁过的村子。方济各像兄弟姐妹一般对待日、月、星辰、风、水、火甚至死亡,他总是全神贯注地关注世界的一切生灵,包括被遗忘在角落里微不足道的那些,例如,人人畏惧的麻风病人,他从不拒绝给他们温柔的拥抱。对于一个几个世纪以来一直宣扬世界是被罪恶污染的现实的宗教来说,方济各对自然各个方面的由衷赞美对它有着巨大的吸引力。

根据13世纪《圣徒传》(*Saint's Biography*)作者塞拉诺的托马斯的说法,方济各创立了他自己的教义,以便完成基督的命令。基督对他说:"去修理我的房子,你看,我的房子全毁了。"哪怕这些话听起来像是在训斥教会,但方济各也从未对教会权威表示过任何不尊重。也许,正是由于这一点,当方济各向教皇请求承认他的教义时,英诺森提乌斯三世欣然同意了。我们很难知道是什么影响了教皇的决定——他是被方济各的纯洁深深打动了,还是他已经意识到吸收一个已经鼓舞了许多人的教派,是教会重建声誉的有力武器?

12、13世纪的许多基督教作家以方济各的方式表达了对自然的欣赏,这表明一场精神的复兴正在现实社会中酝酿着。12世纪的伯纳德把世界定义为一所"大学",认为人们从中可以发现上帝在世界上的痕迹。奥坦的霍诺里乌斯也以类似方式强调了"宇宙"和"大学"之间的关系,而13世纪作家里尔的阿兰则宣称,自然才是真正的"上帝的牧师"。神秘主义者、来自巴黎圣奥古斯丁修道院的圣休·维克多写道:"一切自然都在谈论上帝,一切自然都在教导人类,一切自然都允许认知;宇宙中没有任何不毛之地。在这种观点下,大自然变成一堆符号,等待着人类去解释。当然,这种探索的最终目的始终只是上帝的终极真理。从世俗和科学的角度来研究自然本身,会被认为荒谬、亵渎神灵。"只有铭记这一观点,我们才能理解圣休所说的"学习七门人文学科有助于恢复上帝在人当中的形象"。"学习一切,你会发现没有什么是多余的。"

最能把握可见和不可见两个世界之间日渐紧密联系的人的定义,是把人描述成一个微观的世界,这个世界与宏观世界相联系,其中,人反映了宏观世界。德国宾根的神秘主义者希尔德加德在一首赞美诗中表达了这一概念:"人啊,看看你自己,就像你身体里拥有天空和大地一样。"富有影响力的神学家圣伯纳·文图尔将方济各的神秘主义与普洛丁哲学相结合,他认为可见的宇宙就像镜子,以不同程度的光线反射着神圣智慧的光辉:"它就像一个巨大的煤球,发光发热。"

人的价值复兴

正如我们所见,十字军东征的溃败,最终成为基督徒真正的耻辱。但这种失败的结果不应被视为十字军东征的真正评价。如果抛开意识形态，单从经济和文化的角度来看，这些远征最终带来了一种积极影响：他们重新开放了贸易路线，再度连接了西方、拜占庭和伊斯兰世界。因此，地中海再次成为旅行、商业和知识与思想交流的要道。随着对来自东方的奢侈品需求的增长，利润丰厚的进口香料、丝绸、棉花、锦缎、地毯、挂毯、陶瓷、搪瓷制品，以及各式美味佳肴，如香料、糖、丁香、芝麻、柠檬、杏、李、菠菜、芦笋等市场，统统都在增长。

当然，这些新的交流带来的最大礼物还是文化。为了激发十字军东征的精神，教会把穆斯林描绘成野蛮、暴力和不文明的民族。但是，当基督徒直接看到敌人建造的城市时，他们发现穆斯林文明不像基督教所宣称的那样浅薄，而是极其丰富和复杂的——甚至在几乎所有知识领域穆斯林都比他们先进得多。例如在巴格达，穆斯林从大马士革迁都至此，832年建立了一个文化中心，名为"智慧之家"，用来保存旧手稿，其中包括许多古希腊文本，是在查士丁尼发起的镇压异教徒运动中被希腊学者转移过来的。

矛盾的是，从12世纪开始，基督教的西方在医学、哲学、天文学、占星术和数学等领域（尤其重要的是阿拉伯数字系统和"0"的概念）的复兴，都应归功于他们最大的敌人穆斯林。

穆斯林文化的贡献主要通过三个地理位置渗透到欧洲：西

班牙的托莱多、意大利南部和拜占庭。其中最重要的是托莱多，1067年，西班牙的基督教国王阿方索六世从摩尔人手中夺回了这座城市，标志着基督教对西班牙的收复迈出了重要的一步。这次事件吸引了来自欧洲各地的学者，他们对古典文献的稀缺感到失望，因此来到托莱多研究这座城市丰富的藏书。这些学者就包括克雷莫纳的杰拉德，他自学了阿拉伯语，以便将希腊著作翻译成拉丁语，这些著作在近400年前被穆斯林掌握。克雷莫纳的杰拉德共翻译了70本书，包括了托勒密、欧几里得、阿基米德和亚里士多德的著作。托莱多大主教雷蒙德也以同样的献身精神创办了一所翻译和抄写员培训学校。多亏了雷蒙德的学院，许多希腊主要哲学家的著作被从阿拉伯语翻译成拉丁语，还有许多阿拉伯和犹太学者的著作，他们用重要的注释丰富了这些文本。

阿拉伯学者向来十分崇敬希腊哲学，他们推崇的百科全书式的哲学，包括天文学、占星术、炼金术和动物学，与博学的亚里士多德不谋而合。因此，亚里士多德尤其受到他们的欢迎，他们认真地研究他的著作，试图让他的原则符合伊斯兰教。阿维罗伊和阿维森纳是研究亚里士多德学者中的佼佼者。

基督教早期教父们对亚里士多德持怀疑态度，他们认为亚里士多德是渎神的唯物主义者，而对关注心灵的柏拉图则推崇有加，他们将柏拉图誉为基督教先驱。但是在13世纪，当亚里士多德的著作普遍被西方接受时，基督教学者之间又爆发了一场激烈的争论：一些保守的神学家继续谴责亚里士多德，其他被其思想吸引的人从中看到了一种让理性更接近灵魂，并在哲学和宗教之间建立新联系的方法。著名哲学家托马斯·阿奎那在其不朽的著作《神学大全》(Summa Theologiae)中，以令人信服的方式阐述了一种综合理论，调和了亚里士多德的思想与基督教教义。

托马斯生于南意大利的一个贵族家庭。从他母亲一方来看，这个家族与腓特烈二世有直接血缘关系。家庭的显赫并没有给托马斯留下什么印象，他很小的时候就对漂亮的衣服和绅士们的追求如打猎和猎鹰不感兴趣。他胖胖的、性格内向而安静，有个绰号叫"哑巴牛牛"，但他会突然用无理的问题引起老师的注意，比如"神是什么？"由于不知怎么应付他，家人把托马斯送到卡西诺山修道院，让他成为一名本笃会修士。在那里住了几年之后，托马斯搬到了那不勒斯，去上腓特烈二世新办的大学。

在学业告一段落后，托马斯向家人宣布他想成为一名多明我会士。家人感到震惊：他为什么要放弃一个有声望的职位，比如卡西诺山修道院院长，而加入一个贫困的新教会（指多明我会），甚至呼吁乞讨生活呢？阿奎那家族的贵族心态使得他们执着于声誉和威望，托马斯的请求是万万不被允许的。为了阻止他加入多明我会，他被关在他父亲的城堡里长达两年。一天，他的兄弟们为了戏弄他，雇了几个妓女偷偷溜进他的房间。托马斯立刻反应激烈：他随手抄起一根火棍拼命地挥舞，把尖叫的女人们赶出了房间,就像看到了撒旦一样。

当家人最终放弃时,托马斯终于能自由地追寻理性了。他对学习的热爱驱使他来到巴黎,在那儿他成为另一个伟大的多明我会士大阿尔伯特的学生,老师建议他研究亚里士多德。大阿尔伯特对新兴自然研究的巨大贡献而被称为"现代科学之父",他是中世纪第一个在神学知识和科学知识之间进行严格区分的思想家。他认为,即使科学不如神学,它也有自己的作用,因为它能使人认识上帝:不是上帝内在的神秘,而是上帝怎样通过人类智慧掌握的大自然的宏伟运行来揭示自己。托马斯以老师的学说为基础,得出了一个结论:人类的理性应被视为一种合法获取知识的工具,而逻辑可以用于经验观察和实验。正如历史学家格里特·P.贾德所言,托马斯的核心理念是:"理性如果使用得当,将始终支持信仰。"

从圣奥古斯丁开始,后世的基督教思想家纷纷把灵魂看成囚禁在堕落躯体的坟墓里的一种本质。托马斯本人受亚里士多德的启发,站在了一个新立场上——由于全能上帝的构思肯定不会白费,所以人类由理性和感官构成的有机实体也是上帝的恩赐,一种允许人类认识宇宙理性规律的礼物,也能使人意识到造物主的智慧。

柏拉图曾说,想要达到终极真理,必须从感官的朦胧世界中彻底解脱出来,但知识不能通过感官来获得,而是建立在一种回忆意识的基础上。托马斯不接受这种对现实的否认。他肯定，即使心灵和感官存在某种限制，但其产生的结论仍是认识上帝真理的有效步骤。在托马斯的思想中，世界从一片充满邪恶陷阱和危险诱惑的荒野，变成一片充满潜力与可能的乐土——一个有意义的实体，等待人类用能动性和创造力来解码。

托马斯将亚里士多德的原理应用到基督教理论中，把上帝描述为"不动的动者"，一个巨大变动的产生生命的基点，在意义的涟漪中不断扩展，再不可抗拒地回到最初源头。在这宏大的波动中，没有任何空间留给无用和无关紧要的惯性。宇宙中的一切都在不断地成长，朝着上帝赋予他创造的万事万物的最终目标前

蒙雷尔大教堂的马赛克描绘着亚当被赋予了神圣的一面

进。"存在即成为",换句话说,就是要实现每个生物被创造出来的目的。为了尊重上帝的意愿,人类有责任实现自己天生具有的潜能。没什么比这种承诺更神圣的了——为了在自己内心重塑神圣的形象,人必须接受上帝在《创世纪》中赋予自己的角色,当时,人类让上帝成为他最亲密、最重要的合作者。

在努力完善自然并实现自身潜能的过程中,人并没有违背上帝的旨意,而是向上帝的慷慨致敬。正如理查德·塔纳斯在《西方思想的激荡》中所说:"为人类自由而奋斗,为实现人的具体价值而奋斗,是为了促进神圣意志的实现……为达到上帝的目的,人必须充分实现自己的人性。"

托马斯认为人类的知识与神的启示是相容的,而不是对立的,这一观点释放出一种思考的激动喜悦:一波热情的智力活动助长了长期压抑的对知识和理解的渴望。一股热情的智力活动的浪潮,助长了长期被压抑的对知识和理解的渴望。学者乔治·杜比在《中世纪的艺术与社会》(*Art and Society in the Middle Ages*)一书中写道:"通过彻底颠覆主流意识形态,人们意识到,在不断增长的城镇中,在经济增长的指标面前,物质并不是随着时间的推移而注定要腐败,相反是一个持续的进步使他们继续前进。由此得出结论,造物并没有完成,它一天天地在继续,造物主要求人类与他合作,帮助他完成他们的劳动和智慧,以完善宇宙,因此,他们应该更多地了解自然法则,也就是说,神圣计划。"

这场思想复兴的焦点，是人与造物主之间新的联系。《圣经》说，要认识自己，人必须重新发现自己与神圣性的共同点。这种观念，此时被认为包括了造物主赋予人类在不断进化的宇宙体系中的核心位置。

在这一观念中，人的尊严得到了有力的重申：人是物质和精神的交点，因此在创世的宏伟戏剧中，人再次被赋予了中心角色。在通过智慧和创造力改善世界的过程中，人类感到自己在某种程度上继续着造物主的工作：在混乱中建立秩序，使地球再次成为理想的伊甸乐园。

虽然神学高高在上，但也没有排除其他学科，它们如今第一次被认为在基督教知识所包含的更大范围中具有特定的价值。托马斯表达这一概念时，总是用特殊与普遍来举例，在他看来，这是他在《神学总论》中试图综合、庄严地建立的一种等级和一种包罗万象的秩序。

对中世纪早期几乎消失殆尽的自然科学的研究，得益于这种方法（罗伯特·格罗塞斯特和罗杰·培根提倡的经验和实验理论，证明了这一点），致力于强化人类思维的学科，如修辞学、辩证法和逻辑学。对全盘接受托马斯理论的教会来说，学术创新证明是积极的。但对人类精神的过分授权所隐含的危险，以及它从未满足的质疑和分析的欲望，很快就体现在新思想家的推理当中，比如14世纪的英国哲学家威廉·奥卡姆，他与托马斯相反，认为把哲学和神学相结合是不可能的，因为以经验为基础的理性永远不能评价形而上学的真理，意思是，尽管理性与信仰完全分离（信仰是通往神圣性的唯一途径），但理性是一种完全奏效、合法的认识工具，即使它在神圣计划中没有任何作用。

文化日渐世俗化

随着城市的复兴，对受过教育的专业人才的需求大大增加了学校和大学的生源，这些专业人员能处理国家行政方面的复杂问题，处理工业和贸易中的问题。几个世纪以来，教会对文化的垄断助长了一种神话：正如学者查尔斯·F. 布里格斯所说，通过"学习"，神职人员拥有了一种特权："学习阅读，尤其是学会拉丁语，会让一个人更接近造物主。"

14世纪，读写能力和文化的迅速发展、白话文文本的大量产生，以及社会对教育的认可，大大削弱了曾经只属于教会的排他性和文化优越感的光环。布里格斯写道："14世纪，拥有民法学学位的人开始自称'骑士'，甚至自称法律上的'领主'和'伯爵'……在15世纪晚期的法国甚至出现了一种新贵族，这些受过教育的人被授予贵族长袍，多数是律师，以忠诚和为皇家服务而闻名。"

这种对待文化的新态度，同样带给艺术家们一些便利，他们能从陈旧的宗教束缚中获得更多的发挥余地，开始以更多的现实主义表现托马斯和亚里士多德一致认可和欣赏的有形世界。这种新的文化、宗教倾向所带来的革命性后果，促使13—14世纪的艺术家们在他们百科全书式的作品中采用了各种新的主题，包括对一年四季中人类不同活动的描绘、占星术符号、出自暗含道德寓意的野兽或流行神话的符号和寓言。在沙特尔大教堂里，人们对不同领域人类知识的重视，表现在描绘圣母马利亚被七门人文学科所围绕，每门学科都有其最重要的代表，而其中许多都是异教哲学家、数学家和政治思想家，这一事实毋庸置疑。在这种新的阵列中，毕达哥拉斯被放在音乐旁边，亚里士多德在辩证法旁边，西塞罗在修辞学旁边，欧几里得在几何学旁边，尼各马可在算术旁边，普里西安在语法学旁边，托勒密在天文学旁边。在我们这些外行人看来，构成哥特式大教堂雕塑方案的如此多的复杂图像和符号，可能会让人眼花缭乱，但对于那些令人敬畏的宝石交响曲的创作者和装饰者来说，他们严谨的学术逻辑使这些图像具有十分精确的含义。总的概念是：每个单一的细节，只有与作为一个整体的大教堂所代表的更宏大意义相联系时才能显露出来。

为了呼应亚里士多德将个别与宏大的整体联系在一起的想法，艺术史学家安德烈·查斯特尔以学术口吻写道："每个人物和每个事件都发挥着它自身的作用，在某种程度上，它总是服从于更高层次的体系（更宏大的自我）所要表达的结构——这种方式，是通过调和一切生命和自然的不同表达，共同表明上帝真理的伟大、一致性，最终一切都流向造物主，汇聚在他面前。"同样地，数字的象征，经常被用来表现神如何将他创造的一切编织成一个整体：从四个福音传道者与一年四季密切相关，到十二使徒与十二个月密切相关。还有一个有趣的联系，是圣母马利亚与月亮符号的联系，她是一面完美反射上帝阳光的天镜。

这些带有宣教意味的表达，旨在向社会各阶层进行宣教：文盲虽然只掌握了神学复杂性的极小一部分，但仍可以享受道德寓言和流行神话的好处（比如一则经常被提到的传说：亚里士多德成了一个印度女孩的奴隶，给她当马骑，还被套上了马鞍）。同时，这些也表达了人类智力的日渐成熟，他们可通过研究图像要表达的多层含义来提高自己神学思辨的水平。

救赎的主题依然是图像诠释学的主要坐标系，但这一主题被拓宽了，囊括了人类历史上所取得的一切进步。索尔兹伯里的约翰是沙特尔学院的活跃学者，他通过引用老师伯纳德的一段话，阐述了人类文化成就所代表的前进过程：

> 我们的时代享受着上一个时代的好处，而且比前一个时代知道得更多，这不是因为我们的智力超过了他

们，而是因为我们仰赖于他人的力量和我们祖先的丰富学识。沙特尔的伯纳德曾说过，我们就像坐在巨人肩膀上的矮人，这样，我们就能看得比他们更多、更远，这不是因为我们的视觉敏锐或更加高大，而是因为我们被巨人的成就托举得更高。我完全同意。

"巨人肩膀上的矮人"这个比喻，将人类的进步形容为一种逐渐累积的过程：随着每一代人传授给下一代的知识和经验的积累，人的智慧会更敏捷，具有更多批判的洞察力。

通过向上帝献上那部如宝石般闪耀和渊博的《神学总论》，人类奉献出了所拥有的一切：信仰和祈祷，上帝赋予人类的智慧天赋，还有通过工作、奉献和独创性所取得的成就。在此意义上，借用一个评论家的观点来说：哥特式大教堂可以被定义为"思想、知识和艺术"的一次真正的"神化"。

沙特尔大教堂的一幅伟大浮雕传达了对人类新生活的赞美之情，其描绘了人被塑造的过程。造物主（总是以基督形象出现）温柔地用泥土塑造了亚当，这会让人想起一位慈父抚摸着他的孩子，让他深情地倚靠在自己的腿上。

把造物主描绘成一个慈爱宽容的父亲，而非严厉苛刻的法官，这同样呼应了马利亚的形象，她被描绘成一位年轻的母亲，饱含温柔地抱着她的孩子，让观看者感同身受。具体可以参考亚

亚眠大教堂南门的马利亚

在沙特尔大教堂的浮雕中，造物主用黏土塑造了亚当

兰斯大教堂的《天使报喜》，13世纪中叶

十字架上的基督，两侧是马利亚和约翰的哀悼像，德国瑙姆堡大教堂雕塑

眠大教堂浮雕中对她的描绘。

母性，同样表现在兰斯大教堂中浮雕中的"天使报喜"一幕中，在那里，圣母马利亚的青春之感体现在一种早期令人恐慌的特征上：她年轻的乳房的曲线，在覆盖身体的薄纱下若隐若现。

这位注定要经历儿子惨死的慈母，身上具备一个人之典范、神圣的调解人应当具有的一切情感（快乐、悲伤、绝望、希望），并替人类乞求神的接纳、宽恕、认可，她以满怀仁慈的形象作为回应。

哥特式艺术的现实主义倾向，在第一次呈现基督死在十字架上的画面时走上了戏剧性的巅峰。正如之前讨论的，基督徒近千年来一直选择跳过耶稣受难的场景。第一次描绘这一主题的画面，几乎不带任何戏剧性：即使被钉在十字架上，基督也双目圆睁，抬起头颅，仿佛一些肉体的折磨和痛苦都不存在。

比萨洗礼堂（约建于1250—1260年）的布道板是基督受难的早期现实主义表现

从12世纪起，更多自然主义的创作陆续出现，尤其是在北欧，那里第一次出现了基督在十字架上受难的形象。最著名的例子见于希尔德斯海姆的圣米歇尔教堂的青铜门和瑙姆堡大教堂入口处的装饰。

在意大利的帕尔玛和克雷莫纳，我们从艺术家安泰拉米和威利格尔莫的作品中能找到对基督受难的第一次现实主义再现。13世纪，尼古拉·皮萨诺（活跃于1250—1260年）雕刻了比萨洗礼堂的讲坛。

尽管被挤在狭小的空间里，但这些极富个性的人物还是明显地揭示了罗马石棺风格的影响，尼古拉一定在许多教堂的背面看到过这种风格（人们经常会把古老的石棺碎块摆放在教堂附近，

圣彼得的殉难，罗马圣劳伦斯教堂的一幅特殊的写实壁画

以示对死者的尊重）。尼古拉想要表达的强烈情感，在这一场景中尤为强烈——基督在十字架上的死亡，周围围着一群人，包括他的母亲马利亚，她一看到这个场面，立刻晕倒在地。基督在十字架上直盯着马利亚，似乎对她的悲痛感同身受，将激情转化成一种同情，这也是第一次认识到人类的悲伤和脆弱的程度。唯一能让人觉得基督牺牲是一种胜利的，是放在十字架下面的亚当头骨，在传统上，宗教肖像象征着真正的死亡与人类的原罪有关，而赋予真正的生命则是基督救赎的使命。

在绘画方面，罗杰·培根有一部专著，名为《大著作》(*Opus Majus*)，这是一部百科全书式的巨著，涵盖了他在数学、光学、炼金术和天文学上的所有成就。书中有一段还讨论了中国人制造火药的配方。培根决定把他的手稿寄给教皇克莱门四世（1265—1268年在位），想借此请求教会允许更富自然主义和更具说服力的艺术手法，比如光学和透视的知识。有种信念在驱使着培根：

斯克洛文尼向圣母马利亚献上教堂模型

乔托创作的哀悼基督场景,出自竞技场教堂壁画

自然是神圣智慧的反映,因此以最具体的形式表现自然,便可以唤起和鼓舞创作力,在最大程度上丰富了宗教艺术的内涵。教皇尼古拉斯三世(1277—1280年在位)是培根最有力的支持者。尼古拉斯三世为罗马圣劳伦斯教堂定制的壁画,被许多评论家描述为意大利宗教现实主义的开山之作。在如下场景中(作者被归于一个无名的"罗马画派"),我们会看到圣彼得的殉难。彼得认为自己的牺牲不配与基督并列而选择倒钉十字架的场面,出现在一片城市景观之前,在不同的空间层次上矗立着一些纪念建筑,能让人联想到昔日的罗马。

乔托·迪邦多内师从西马布埃,他在绘画中引入了一种全新的情感。佛罗伦萨历史学家乔瓦尼·维拉尼认为,与拜占庭风格的古老特征形成鲜明对比,乔托的创新之处在于"他画出的所有人物及其姿势都是顺其自然的"。这种逼真的手法给艺术理论家乔尔乔·瓦萨里留下了深刻印象,他于1550年出版的《艺苑名人传》(*Lives of The Most Eminent Painters, Sculptors, and Architects*)一书中,将乔托尊为文艺复兴所代表的"重生"浪潮的发起者。在乔托的众多作品中,其中一幅是他为帕多瓦竞技场教堂创作的著名壁画。虽然在中世纪早期,所有艺术作品都是由教会赞助的,但在这个新时代,许多富有的公民也开始私人资助艺术家。恩里科·斯克洛文尼赞助了竞技场教堂,他是富有的银行家雷吉纳多·德格利·斯克洛文尼的儿子。如前所述,尽管高利贷在商业世界中最终被接受，成为一种必需品，但获利者被上帝惩罚的恐惧仍挥之不去，这一点已被充满负罪感的富有赞助人的无数贡献所证明，他们是虔诚地花钱赎罪。在竞技场教堂中圣母和基督生活的环顶壁画，正是由恩里科赞助的，他担心父亲的灵魂去处，也担心家族的名声，因此想尽力避免批评。其中，像基督把兑换银钱的叛徒赶出圣殿这样的场景，也说明他意识到了金钱和贪婪带来的腐败有多么危险。乔托描绘了恩里科跪在圣母面前，向她献上了一个教堂模型的场景——这曾是一种暗示改革精神的手法，如今用来鼓舞斯克洛文尼家族。

然而除了体现赞助人的愿望，乔托自己还有哪些创意呢？要找出答案，请看竞技场教堂环顶壁画中的一个场景——"哀悼"。

刚从十字架上被放下的基督躺在地面上，周围是一群哀悼者，他们通过各种手势表现出各自的悲伤。在这些人物中，我们认出了绝望的圣母马利亚，她令人心碎地温柔托起儿子的头。一个不知名的女人握着基督的手，而抹大拉的马利亚握住他的脚，似乎试图抬起那死气沉沉的尸体，似乎是在抗拒他令人绝望地沉入地面。枯瘦的树木站立在岩石上，正对着圣母马利亚，岩石和基督尸体一样呈现出凄凉的白色，使冬天的荒凉雪上加霜，似乎笼罩了整个世界，同样的荒凉，也表现为小天使们做出痛苦发狂的姿态。在湛蓝的天空中，再也没有拜占庭艺术常见的超自然金色色调。围绕基督的人物，如此生动地表现出悲伤和怀疑，为死亡的恐怖增添了浓重的一笔：在乔托的画中，基督的牺牲没有被刻画为平静、神圣和凯旋的荣耀，而是残酷的结局，是人心所无法承受的剧痛。

人们一般认为，乔托的观念最初来自方济各，他曾呼吁与上帝更紧密地交流。即使这种说法可信，但还有一个问题：如果方济各（他在著名诗歌《太阳之歌》中称死亡为"姐妹"）看到乔托的壁画，他又会怎么想？他如何能断定圣母、圣徒甚至天使们缺乏坚忍的接受力呢？他会感激这种巨大的悲伤，还是会对本应意识到基督神圣使命的人表现出如此人性化的绝望而深感不安？我们永远无从得知。我们只知道，早期的神学家认为人类情感配不上基督教的尊严，因此被贬低，但在此处却发现了他们从未享受过的爱和仁慈的承认。几个世纪以来，美才是一切神圣事物的主要属性。乔托却选择以痛苦、扭曲的姿态代表天使，本身就是对这一传统的惊人挑战。乔托的艺术，追求的不是优雅、美丽和秩序，而是一种绝不妥协的现实主义的草莽——就像基督身体的脆弱一样，让人无力防备。渴望与上帝更紧密地交流当然也有，但在一种倒置的动力中，它不但没有把人提升到上帝的高度，反而把上帝无限地拉向地面，甚至几乎模糊了长久以来将人类与上帝分隔开来的那道界线。

集大成者但丁与《神曲》

在文学上,与乔托的创新精神相匹配的是但丁·阿利吉耶里,他是佛罗伦萨公民,在当地政坛中向来活跃,直到1302年被流放,因为当时他所反对的政党掌权了。在很长时间内,两个主要政党吉伯林派和韦尔夫派在意大利领土上内战,前者希望神圣的罗马帝国皇帝控制意大利领土,而后者支持教皇,希望意大利从帝国中独立。

为了遏制皇帝的权力,教皇波尼法爵八世任命法国国王的兄弟瓦卢瓦的查理成为他在托斯卡纳的牧师,因此但丁的对手夺取了佛罗伦萨的政权,直接导致了诗人的流亡,他被终身禁止返回佛罗伦萨。在余下的19年中,有很长时间他是在维罗纳市度过的,这里由斯加拉大亲王统治,他也成为但丁最重要的保护者。

坎坷的政治经历使但丁开始严厉地批判教皇和主教们,他们的贪婪和腐败违背基督所宣扬的贫穷、爱和谦逊的宗教原则。但丁并不反对教会本身,而是反对教皇弄权,教皇扩大了对世俗事务的干涉,在但丁眼中完全就是世俗皇帝。根据但丁的观点,教会和国家拥有平等但截然不同的权力:前者管精神领域,后者管世俗领域。但丁支持卢森堡的神圣罗马帝国皇帝亨利七世的政治主张,后者意在重夺意大利领土。这显示出诗人的怀旧情绪,即只有像查理曼大帝那样重建一个大一统的帝国,才能实现永久的和平。

但丁的长诗《神曲》(*Divine Comedy*，意为"神圣喜剧"，原名《喜剧》，"神圣"是薄伽丘后来加上的)，通常被认为是基督教诞生一千多年来的集大成之作。考虑到但丁不仅在神学上，而且在哲学、修辞学、政治学、伦理学和文学上表现出的浩瀚、渊博，这一评价倒也十分恰当。在他的时代，几乎所有诗歌都是用拉丁语写成的，它是唯一被认为能够匹配权威和文化的高贵语言。前面提到，他之所以选择用白话文创作诗歌，是受到宫廷浪漫诗派的影响，是由法国的剧团、西西里学院和托斯卡纳"甜蜜新风诗"所发展而来的，后者的代表人物是吉多·吉尼斯扎利、皮斯托亚的奇诺、吉多·卡瓦尔坎蒂。这些诗歌为但丁提供了一个良好机会，使他能创造出一套不受拉丁语严格规范的语言，以满足诗歌灵感的需要。

《神曲》主要描述了"但丁"这个虚构角色，作为人类的代表经历了精神启蒙的最终旅程。在这段通往来世的旅程中，他见证了人性的复杂性：一些人自私贪婪，另一些人则具备令人赞叹的美德和慷慨。但丁与托马斯·阿奎那的观点一致，认为人性的差异源自上帝赐予我们的最宝贵、无法剥夺的礼物——自由意志。

由于中世纪对数字象征的追捧，这部《神曲》三大篇章也被细分成33首（"33"象征基督的阳寿），用三行诗结构（将一节的

第二行与下节的第一行和第三行押韵）写成，象征对圣三位一体的赞美。在一封写给斯加拉大亲王的信中，但丁解释说，仅仅肤浅地浏览他的诗歌远远不够，因为《神曲》真正的精神意义在于其语言的深度，而非字面意思。为了帮助读者理解，但丁分出了更多、更深层次的意义——字面意义、寓言意义、道德意义和神秘意义。

《神曲》的第一部分《地狱》，将地狱描述为若干个根据罪恶轻重划分出的圈层，每种罪都有一种相应的惩罚，正好讽刺了所犯的罪行。例如，活在错误中的异教徒，被但丁放在熊熊烈火的坟墓里炙烤；双手沾满他人鲜血的暴徒，则被困于沸腾的血海，并不断被神话中的半人马射箭刺穿；那些犯了买卖圣职罪（出售宗教场所）的人，被倒吊在山洞里火烧脚底，这是对五旬节中使徒头上的圣火的一种化用。

但丁在旅程中遇到的各种人物，包括他同时代的许多真人。在买卖圣职者受到惩罚的圈层里，但丁遇到了教皇尼古拉斯三世，讽刺的是，他真正愉悦地宣布其他大罪人即将到来，比如教皇卜尼法斯八世，他在但丁写作时仍然活跃，还有克莱门五世。

但丁把地狱想象成一道巨大的峡谷，这是路西法从天堂坠落时撞击地球的力量形成的。撞击造成的板块位移，形成了炼狱之山。炼狱则完全是但丁的新发明，它是一座由九个螺旋形阶梯组成的山，在那里，净化的灵魂歌唱和祈祷，满怀希望地期待未来的救赎。山顶上是人间的天堂，在那里，但丁第一次与他的初恋贝雅特里齐重聚。

天堂共有九层。这一划分来自托勒密地心说七大天体运行的观点，中世纪传统将"谨慎、坚韧、公正、节制"的四大古典美德和"信仰、希望、仁慈"三大神学美德联系在一起。在最高处，但丁放置的原动天和最高天正是上帝所在。为描述住在天国的各种天使，但丁借鉴了5世纪神秘主义者伪狄奥尼修斯的理论，后者在其《天国阶梯》一书中精确地描述了天堂的组织结构。

《神曲》开场是但丁迷失在黑暗森林中。对于这位惊慌的旅行者来说，唯一的安慰是在一座远处高耸的山峰后出现的一缕曙光。冉冉升起的太阳象征基督，但丁以此来预示他史诗的核心道德主题——迷失在黑暗和混乱的物质现实迷宫中的灵魂不断探索，试图找到上帝的光明、秩序和真理的道路。

突然现身的罗马诗人维吉尔告诉但丁，他已经回归"正路"（retta via），这是他人生的真实历程，对世俗的过分关注曾使他误入歧途。令但丁惊讶的是，维吉尔对他解释说，他的出现是神的安排，相继出现在但丁面前的还有圣母马利亚、圣露西和贝雅特里齐，后者是一个天使般的女孩，但丁在很小的时候就认识并爱上了她。但丁对贝雅特里齐的爱恋反映在他早期的诗《新生》当中，诗中充分体现了宫廷诗派中流行的柏拉图之爱。但丁9岁那年初次在教堂里见到贝雅特里齐，她只有8岁，他立刻被她的美丽纯洁所吸引。9年后,当他再见到她时,她已嫁作他人妇。在之后的岁月里,但丁只能在佛罗伦萨街道上匆匆地瞥她几眼——虽然不多,却足以激起无可救药的疯狂眷恋。当贝雅特里齐早早去世时,悲痛的诗人完成了《新生》,宣布将用任何人都未用过的语言来描绘她。

这一承诺,最终通过《神曲》得以实现——在这篇诗歌中,贝雅特里齐(字面意思为"传递幸福的她")的形象被转化为一种诗意的天堂般的存在,正如但丁所言,这一存在完全融入了上帝的恩典。他想让贝雅特里齐扮演救赎之人时,大大地超出了宫廷诗和骑士诗的文雅格式的局限。但丁把贝雅特里齐塑造成一个神学化身,他把这种救赎的品质归功于他的爱人,以一种新柏拉图式的手法将人之爱转化为上帝的至高之爱。

然而养成这种令人敬畏的至高之爱,必须经历漫长复杂的过程。但丁必须经历一切,才能抵达上帝赐予的应许之地。维吉尔在旅程的第一阶段引导但丁,他是理性的代表,也是基督教出现之前异教文学的巅峰。对于但丁及其同时代的人来说,维吉尔是一位古代诗人,他在《牧歌》第四首中预言了基督的诞生,还预见了上帝为使罗马的世俗提升与基督教的胜利融合而做的工作。正如评论家埃里希·奥尔巴赫所写的:"在但丁看来,历史上的维吉尔身兼诗人和向导,因为在英雄埃涅阿斯的地狱之旅中,他预言并颂扬了罗马帝国统治下的和平,但丁也认为罗马帝国的政治秩序堪称楷模，称其为'地上的耶路撒冷'；因为在他的诗中，赞美说罗马注定成为世俗和精神之城，这正基于它未来的光辉使命。"

但丁将自己的旅程，与维吉尔笔下的英雄埃涅阿斯的地狱之旅作了对比，暗示他自认是古典传统的直接继承者，而维吉尔是所有异教徒作家中的翘楚。《神曲》赋予其更高的地位，源于精神和宗教的理由——尽管他钦佩《埃涅阿斯纪》的作者，但还是认为自己优于这位异教先驱，因为自己的作品代表一种富于道德启发的文字和理性的提升，是维吉尔这种非基督教诗人无法触及的真理。

因此，即使他对他眼中这位基督教先驱的异教作家表现出极大的尊重，最终还是将维吉尔和许多其他伟大的异教徒思想家、作家放在了地狱里一个没有肉体折磨，但也谈不上幸福的边缘地带，这里不存在神圣思考的快乐。

但丁作为一个世俗艺术家，怎么能如此洒脱地运用宗教概念来丰富自己的诗歌（比如给贝雅特里齐指派一个几乎等于基督的调解人角色），又怎么能声称拥有传统上属于《圣经》人物或圣徒的先知式美德呢？要回答这些问题，必须考虑但丁生活的历史时代。当时教会的声誉因其神职人员腐败而严重受损，在道德问题和艺术家创作自由问题上失去了权威。此外，但丁之所以能创作出大胆的作品，是因为他和竞技场教堂里的乔托很像，不是由教堂赞助，而是由世俗赞助的，尤其是维罗纳亲王斯加拉这样的官方赞助人。

教会作为道德执行者的警惕性降低，不代表他们对神学的严肃责任有所放松。但丁深刻地认识到了这一责任：即使他胆敢把自己定位成一个更接近先知而非诗人的角色，但他所追求的巨大创作自由，依然可能会冒犯上帝，这种恐惧也在他心里挥之不去。在著名的《地狱篇》第26首中，诗人维吉尔描述了他与尤利西斯的相遇，为但丁提出的道德辩护提供了有力论据，但丁也借此对诗歌进行创新。但丁将尤利西斯归为"坏榜样"，他记起自己最后一次旅行，当时他鼓励手下向西前进，穿过横跨直布罗陀海峡的大力神像脚下的石柱。在中世纪，这些石柱被认为是通向未知世界的最后关卡。但丁让尤利西斯为他的大胆冒险付出了惨痛的代价：当他和随从们越过这道关卡时，一场可怕的风暴顿时吞没了他们，把船卷入了无底深渊。

在荷马史诗中，尤利西斯是一个正直、理智的人，成功地走完了他的旅程，回到了伊萨卡岛的家乡。在那里，他杀死了篡位者，夺回王位，深爱的妻子佩内洛普也回到他身边。但丁彻底颠覆了古老的神话，把尤利西斯变成了一个现代航海家（就像威尼斯旅行家马可·波罗那样，他于1271年前往中国），为了人类的进步和知识，他愿意跨越一切边界。尤利西斯向同伴们灌输了冒险所需要的勇气和好奇心，他的话充满力量，令人难以忘怀：

> *好好想想孕育你的那颗种子吧：你不是生来就要像野兽一样生活，而是要成为价值和知识的追随者。*
>
> （《地狱篇》第26首）

尤利西斯的话语引起了强烈共鸣，这同样适用于但丁自己的大胆冒险。著名作家博尔赫斯指出，尤利西斯"是但丁的一面镜子，因为他觉得自己或许也应受到这样的惩罚"。原因是，如此详细地描述来世，必然会违反神的隐秘性，与亚当的原罪类似（《地狱篇》第26对应的是《天堂篇》第26章，但丁在那里遇见了亚当，这绝非偶然）。为了给自己的旅程赋予合法性，但丁将自己的经历与尤利西斯的经历进行对比，他声称与仅依靠自己推动冒险的传统英雄不同，他的使命是由圣灵的高级意志驱动的。

与尤利西斯在地球上的横向冒险不同，但丁的探索走的是一条近乎垂直的路线，他没有试图用理性来包容现实，而是选择追随神以大爱提供的灵感，并未触及上帝本质的秘密。

这一思想同样在《炼狱篇》第24首得以体现：

> 我是这样一个人：
> 每逢爱向我启发，我便把它录下，
> 就像它是我心中的主宰，让我如实地表现出来。

中世纪关于许多先知和圣徒的描写都谈到他们在圣灵的命令下写作,后者常被描绘成一只在耳边低语的鸽子,但丁肯定他诗中的终极真理归功于神圣的爱的耳语,这种爱,为他诗意的语言种子注入了新的力量。这一挑战还延伸到了读者身上:被上帝支配的诗人,为他的听众提供了一种叙述,要求读者承担与诗人同样艰巨的对宣泄和转化的任务。

> 哦,坐在一叶小舟中的你们,
>
> 热望谛听诗歌的内容,
>
> 紧跟我那漂洋过海、放声歌唱的木船航行,
>
> 你们且返回去再看一看你们的海滩:
>
> 你们不要进入那汪洋大海,
>
> 因为也许一旦跟不上我,你们就会迷失方向。

(《天堂篇》第2首)

但丁提前警告读者,《神曲》所发起的这段旅程,只有那些愿意充分分享这首诗所描述的经历的读者才能继续下去。他认为,和所有神圣的作品一样,这部喜剧也是一场冒险,需要读者全身心地投入。

但丁的话,让我回想起本书第三部分中提到的普洛丁的一句话:"如人饮水,自得其爱。"可以这样理解:光照是一种礼物,

只赠予那愿意按上帝意愿改造自我的人。

旅行这一主题在《神曲》中占有如此重要的地位,它或许来自犹太教,也或许来自托马斯·阿奎那阐述的亚里士多德理论,该理论将生命描述成一个动态过程,其目的是实现人类天性中固有的才智和美德。

因此,在但丁的基督教世界里,对上帝最大的亵渎,表现为那些拒绝改变的人不愿在精神上求进步。这就是为什么但丁会把一个巨大的魔王撒旦放在地狱底层:它是一个三头怪物,缓慢地拍打蝙蝠般的翅膀扇出刺骨的寒风,让周围的水面冻成冰。在地狱底层的深渊里,叛徒们被困在冰层里,他们的境况象征着他们最大的罪:一颗冷酷无情、彻底冻结的心所带来的精神死亡。

在但丁眼中,三个叛徒代表被撒旦的血盆大口咬在嘴里,他们是背叛基督的犹大、背叛恺撒的布鲁图和卡西乌斯。这一场景提醒我们,但丁坚信教会和世俗国家同等重要。在他看来,那些将人类存在的根基置于危险中的人罪大恶极,因为他们试图阻碍历史的进步。人类历史始终在世俗和宗教上同时朝着基督教的理想目的地前进,即一个在善良、正义、和平中广泛团结的世界。

炼狱,即地狱之后的场所,是灵魂净化自己的地方,以便做好准备进入天堂。但丁在炼狱螺旋阶梯上所呈现的罪恶,其严重程度随着高度而降低,同样伴随着讽刺罪行的惩罚。例如,那些傲慢之人,必须低下头扛着巨大的石头,而那些嫉妒之人,眼皮被铁丝缝起来。作为一个中间地带，炼狱也是但丁会见古往今来最伟大诗人们的地方，他们影响、启发了他的作品（包括罗马诗人斯塔提乌斯、游吟诗人索德洛和阿诺·丹尼尔、意大利诗人博纳吉安塔·德格利·奥比切尼和新体诗派鼻祖吉多·奎尼泽利）。即使肯定了这些前辈的贡献，但丁也会指出他们的诗歌无法得到真正的荣耀，因为缺少了作为向导的信仰之光。

为了缓和自己这种沾沾自喜的语气，但丁必定会提醒读者（尤其是在《天堂篇》）当涉及上帝的终极真理时，人类的记忆和语言肯定是不够用的。评论家琼·M.费兰特这样描述了诗人的计划："在《天堂篇》里，但丁试图完成不可能的任务。他描述了一种人类语言能力范围之外的经历。"但丁一直在抱怨："别说言语，即使是记忆也不能保留或再现他的所见，他通过将表达媒介扩展到极限，甚至使用不存在的语言、扭转语序和逻辑顺序、自相矛盾的图像，来传达他的视觉本质，甚至模糊了不同语言的界限。他利用主题的复杂性来提供其描述的风格和结构——他的语言和意象反映了神的本质。"

但丁在描述上帝领域的完全差异性时所表现出的创造力，使《天堂篇》成为《神曲》中最经典的一部分，也是中世纪神秘主义之美的最佳文字表达。

就在但丁升入天堂之前，回忆起森林之神萨提尔·马西亚斯的神话。马西亚斯对自己吹笛演奏的音乐非常自信，敢拿着七弦琴挑战阿波罗。最后他被阿波罗绑在树上活剥了皮,这是对他傲慢之罪的惩罚。为了避免马西亚斯式的越界,但丁立刻宣布他的诗歌在语言上的无能,他说,如果没有阿波罗赋予的生机,他的诗仍然不值一提。通过援引太阳神阿波罗(在基督教则换成基督),但丁宣称,他愿意成为马西亚斯的反面,放弃一切傲慢的想法,成为神的工具:

> 哦,好心的阿波罗,请把我变成盛满你的才气的器皿,助我把这最后一部诗作完成,
> 正如你要求具备这样的才气,才把你所爱的桂冠相赠。
> ……
> 请进到我的胸中,请赐予我灵感,
> 就像你把马尔西亚从他的肢体的皮囊中抽出。
>
> (《天堂篇》第1首)

维吉尔是但丁在地狱和炼狱中的向导,贝雅特里齐则是带领但丁进入更高境界的人物,先是人间,再是天国。在地狱里,但丁用一种非常具体、鲜活的方式描述了肉体的物质有序性。天堂里的东西在不断变化,但丁把这一非物质化的领域,描述为一个完全没有任何地球引力影响的维度。为了描述这种奇特的状态,

但丁说他的身体瞬间失重,迅速上升,在贝雅特里齐的陪伴下在天空中翱翔。

但丁认为,天堂最重要的特征是有序、和谐和光明,与他在黑暗的地狱中所见的暴力、失序形成鲜明的对比。为了表达这一概念,但丁发明了各种奇妙的解决方案,比如那些受到祝福的人,他们会通过音乐、合唱和舞蹈来传达信息,克服了对语言的需求。

当他接近天堂最高层时,天上的音乐突然停止了,朝圣诗人周围万籁俱寂。当他询问发生了什么事时,贝雅特里齐回答说天使们停止歌唱,因为他们的声音太过强烈,但丁无法承受。天堂被想象成一种更高的境界,在那里,受到祝福的人展现出超自然的智力和感官能力。但为了提升自我,但丁必须获得恩典赋予的力量——一种通过贝雅特里齐的协助注入他体内的能量。

尽管但丁被赋予了特权,但他仍一再重申自己卑微的无力感,除了那不可估量的神秘性之外,他对上帝之道和精神力量的感受如下:

> 推动宇宙中一切的那位的光,
> 渗透到某个部分,并在其中放射光明,
> 不同的部分承受的多少也各不相同。
> 我已在得到他的光辉照耀最多的那重天上,

> 我目睹一些景象,
>
> 凡是从那天上降下的人都不知如何复述,也无力复述这些景象;
>
> 因为我们的心智在接近它的欲望时,
>
> 会变得如此深沉,
>
> 以至记忆力也无法在后面跟踪。
>
> (《天堂篇》第1首)

正如我们在视觉艺术作品中看到的,在基督徒看来,最能代表上帝神秘本质的物质就是光。同样,但丁写道,随着自己的上升,他看到贝雅特里齐越来越美,就像一面镜子,逐渐完美地反映着上帝之光。

在最高天(天堂的顶层)中,但丁的感官能力被一条流动的光之河所淹没。为了提高但丁的能力,贝雅特里齐鼓励他经历一场视觉的洗礼,包括将眼睛浸入那道光中。但丁听从了,他说,通过他的眼睛吸收那些光。凭借非凡的天赋,但丁用这种似是而非的联想来表达他在恩典的超凡照耀下所获得的神奇力量。

贝雅特里齐评价他的这一经历:

> 我们现在已经到达了纯净之光的天堂,
>
> 智慧的光,充满爱的光,

真善的爱，充满幸福的爱，

胜过一切甜蜜的幸福。

(《天堂篇》第1首)

在最高天中，那道智慧之光与在永恒中闪耀、充盈上帝的爱和光的人类的喜悦不期而遇。但丁被赋予的预言能力，在光之河中突然找到了一种可视化的领悟，变成了一朵娇艳欲滴的巨大玫瑰，其花瓣重重，每一瓣都含有一个神圣的灵魂。这时贝雅特里齐离开了但丁，回到她在那朵玫瑰中原本的位置。

在旅途的最后一段，但丁遇到了他的第三个向导：神秘的修道院院长圣伯纳德。圣伯纳德首先向圣母马利亚祈祷，祈求实现上帝的夙愿。但丁用下面这段话描述了这幅最后的景象：

现在，我的话语将要变得更加简短，

即使仅限于描述我所极大的那一星半点，

甚至我还不如一个婴儿

……

哦，我的言语是多么无能，我的思想又是多么软弱！

拿这一点与我所目睹的景象相比，

甚至说其"微不足道"，也还差得很多。

哦，永恒之光啊，只有你自己存在于你自身，

只有你自己才能把你自身神会心领，

你被你自身理解，也理解你自身，

你热爱你自己，也向你自己微笑吟吟！

那个光圈竟像是孕育在你身上，

犹如一道反射的光芒，

它被我的双眼仔细端详，

我觉得它自身内部染上的颜色，

竟与我们形象的颜色一模一样；

因此，我把我的全部目光都投在它身上。

结局如同一位几何学家倾注全部心血，

来把那圆形测定，

他百般思忖，也无法把他所需要的那个原理探寻，

我此刻面对那新奇的景象也是这种情形：

我想看清：那人形如何与那光圈相适应，

又如何把自身安放其中；

但是，我自己的羽翼对此却力不胜任……

(《天堂篇》第33首)

人们常常误以为但丁在《神曲》结尾直接看到了"上帝"。这不完全对。如果完全遵循教义，旅行者声称在他灵魂之旅的终

点看到的不是什么上帝,而是基督通过一面"镜子"注视着自己的形象("但丁"是宇宙中"人类"的代表)。这幅场景立刻让人联想到圣保罗的比喻——对于基督朝圣者来说,当他最终通过基督(镜子和中间人)看到并认识到他自己兼具人性与神性的双重本质时,就获得了最终的启示。但丁的幻想与普洛丁不谋而合,后者曾说:"当灵魂开始攀登时,它不是指向某个陌生目的地,而是真实的自我。"

但丁总结道,当一个人通过爱的体验重获他原始的、神圣的心灵时,救赎就完成了,正如第二亚当基督所阐述的。借保罗的话说,但丁这段形而上之旅的终点,在于"看"与"被看"的重合——人的有限性与上帝的无限神秘性的奇迹结合。

从人的角度来看,这种神秘注定是无法解决的,就像但丁提到的几何上的不确定性,即使圆变成正方形——他将人的有限性(以方形表示)去适配上帝的无限性(以圆形表示)。矛盾的是,我们可以说但丁之所以能达到他的目的,正是因为他与尤利西斯不同,最终接受了所有理性论证和语言论述必然失效的结果。

《神曲》的结尾是奇迹般的幻景消散,但丁回到了自己的世俗世界,终于意识到宇宙因充满对上帝的爱而获得慰藉——这种爱,就像一种光芒四射的物质火花,推动了"太阳和群星"的运动。

谈到这里，在运用那高度的想象力方面，已力尽词穷；

但是，那爱却早已把我的欲望和意愿移转，犹如车轮被均匀地推动，正是这爱推动了太阳和群星。

（《天堂篇》第33首）

但丁在《神曲》中所传达的一以贯之的教义，显示出他始终坚定地尊重基督教精神和道德准则。除此之外，即使但丁始终谦卑地批判自己的艺术在上帝面前的微不足道，但他赋予自己的角色是预言者和《圣经》角色这一事实，揭示了诗人所追求的不但是精神救赎的幸福，而且是一种永恒的荣耀、实在的梦想。

艺术家但丁所显露的自信，把他引向了历史的关键节点——中世纪的余晖和文艺复兴的黎明。

# 第五部分

人文主义和文艺复兴

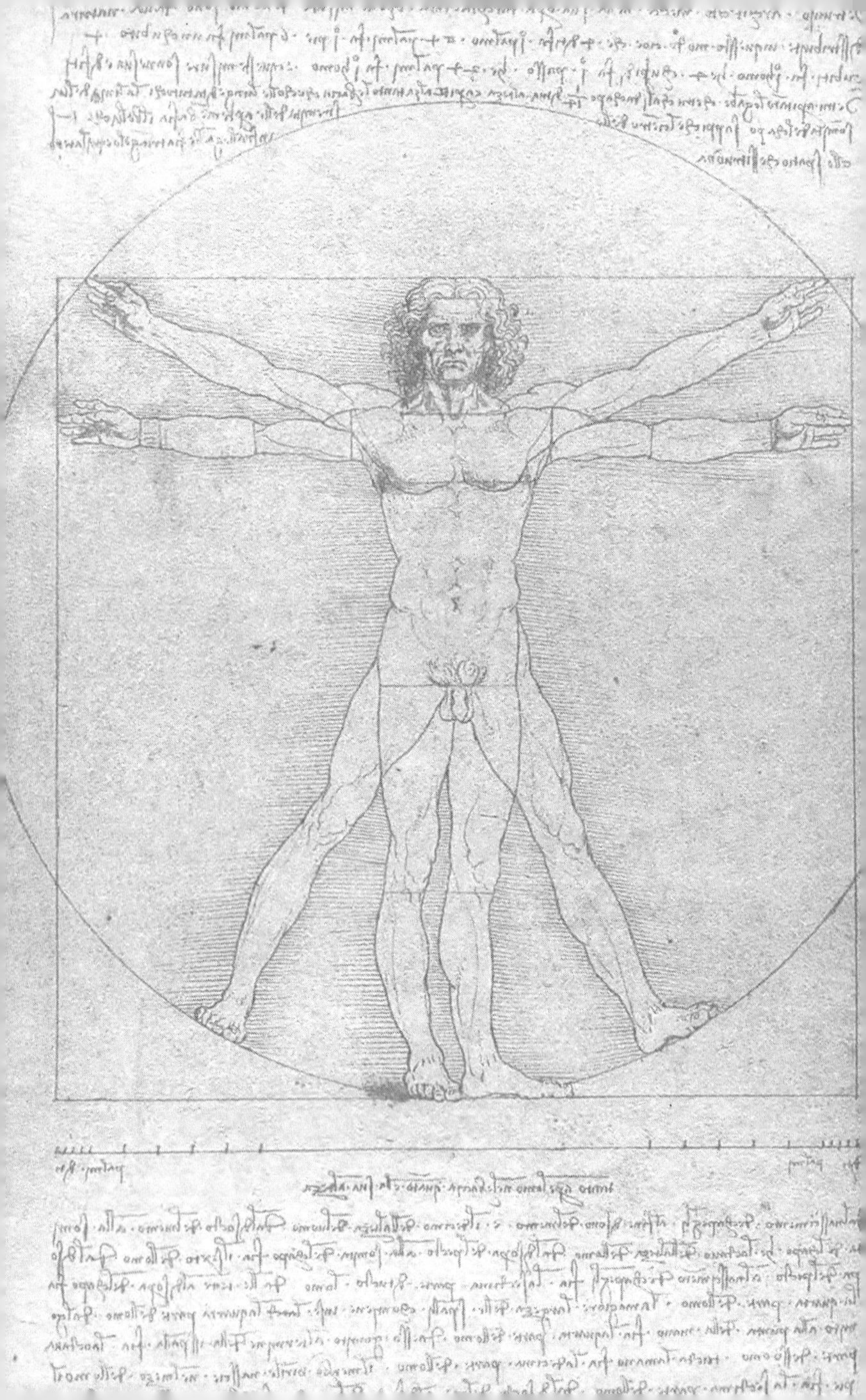

文艺复兴的历史背景

1337—1453年,英国和法国之间爆发了一系列持续不断的战争,这些战争在历史上被称为"百年战争"。战争的导火索是法国卡佩王朝的末代国王查理四世去世却没有留下任何子嗣继位,因此,查理四世的外甥——当时年仅15岁的英国国王爱德华三世拥有最近的继承权。然而法国贵族们担心爱德华三世继位法国会被英国人统治,于是推举了瓦卢瓦王朝的腓力六世为新的国王。爱德华三世对此表示反对。当法国人威胁要收回他在法国南部的土地(这些土地是11世纪通过与阿基坦的埃莉诺联姻获得的封地的剩余部分)时,他被迫退让,接受腓力六世成为新的法国国王。

腓力六世趁此机会占领了法国南部的英国属地,并控制了佛兰德斯(比利时的前身),这使得局势再度紧张。最终,失望的英格兰人失去了在法国的领地,也未能将苏格兰纳入自己的版图。而法国也未能成功统一其领土。因为收复运动的失败,佛兰德斯王国趁机独立,且随着1347年英国占领加来港,两国恢复通商,佛兰德斯逐渐走向繁荣。英国将羊毛原料运往佛兰德斯,加工成精细的布料后再出售,从而获得了高额利润。[1]

---

[1] 把羊毛纺成纱线的妇女被称为"纺纱工"(spinsters)。这个词后来被用来指那些因为没有丈夫而不得不工作的未婚女性。

随着欧洲各国开始巩固其边界和权力,并发展世俗机构的管理能力,世俗权力与教会之间的冲突再次显现。14世纪初,法国国王腓力四世对所有法国公民,包括神职人员,征收了重税,这一举措成了冲突的关键导火索。时任教皇卜尼法斯八世对此极为愤怒,他发表通谕,明确指出未经教皇批准,不得向教会成员征税。而腓力四世为了报复教皇,停止了对罗马教廷的一切资助。1300年的周年庆典由卜尼法斯八世亲自主持,这在很大程度上是因为罗马教廷迫切需要通过涌入罗马的朝圣者的集体捐助来弥补其巨大的经济损失。[1]

这次周年庆典举办得很成功,吸引了20万名朝圣者来到罗马,因为教皇对他们许下了承诺——所有朝圣者都将得到上帝的宽恕。

卜尼法斯八世与腓力四世之间的斗争达到了高潮。国王拒绝承认神职人员不受世俗法律的管辖,甚至让法庭审判并监禁了一名法国主教。作为报复,卜尼法斯八世将法国国王逐出教会,并颁布了《神圣一体救谕》(*Unam Sanctam*),宣称教皇在世俗和精神上具有至高无上的权力,凌驾于包括国王在内的全体人类。他斩钉截铁地宣称:"每个人都要服从罗马教皇。"

为了回应卜尼法斯八世的极端言论,愤怒的腓力四世向教皇

---

[1] 最初,禧年定于每个新世纪初一次。然而由于朝圣者带来的惊人收入,禧年之间的时间很快就被教会缩短到50年,然后又缩短到25年。

提出了一系列严厉的指控,包括买卖圣职、传播异端和不道德行为等。随后,他派遣了一批钦差大臣前往教皇所在的意大利中部城镇阿纳尼,逮捕并关押了卜尼法斯八世。在经历了三天的缺水断粮之后,教皇终于被释放。然而对于一个七旬老人来说,这种羞辱实在太过残酷。卜尼法斯八世因此一病不起,不久便去世了。在教皇本笃十六世简短的就职仪式之后,意大利和法国的枢机主教之间爆发了一场激烈的候选人之争。最终,法国枢机主教获胜,克莱门五世于1305年被选为教皇。由于担心罗马贵族的内斗,他决定将教皇的教廷迁至法国东南部的城市阿维尼翁。

教皇在阿维尼翁居住的67年,史称为"巴比伦之囚"。正如《旧约》中所描述的,犹太人被流放到巴比伦,使这座城市背上了"堕落和罪恶的温床"的恶名。在《启示录》中,这一称呼也曾被用来描述罗马,称其为"地上的妓女和憎恶之物的母亲"。当教廷迁离罗马时,这个蔑称被重新拾起,用以批判阿维尼翁豪华的教皇宫殿。在那里,教皇过着贵族般的生活,被一大群助手和仆人环绕,他们的薪水来自教会的税收。一位西班牙传教士在拜访阿维尼翁后写道:"每当我进入教廷的神职人员房间,就发现会计和神职人员都在对他们面前堆积如山的财富精打细算……一群饿狼控制着教会,吸吮基督徒的鲜血。"14世纪的意大利诗人彼特拉克也用尖刻的语言批评教会背叛了使徒的节操。他写道:

> (教会是)堕落的巴比伦、人间地狱、罪恶的深渊、世界的阴沟。里面没有信仰、没有仁爱、没有宗教,也没有对上帝的恐惧……世界上所有的污秽和邪恶都汇聚于此……老人们火辣辣地一头扎进维纳斯的怀抱;他们忘记了自己的年龄、尊严和能力,纵情于各种耻辱行为,仿佛他们所有的荣耀不在基督的十字架,而在大吃大喝、酗酒和不洁……淫乱、乱伦、强奸、通奸都是教皇的乐趣。

在锡耶纳的圣凯瑟琳等人的恳求下,教皇格里高利十一世终于在1377年将教廷迁回罗马。然而这并未带来和平。格里高利十一世去世后,法国和意大利的枢机主教之间的冲突导致了"反教皇选举"。在一次"大分裂"运动中,甚至出现了三位教皇,每位都宣布其他两人的任命无效。

在教会的君主做派引发的广泛批评中,大量讽刺教皇和神职人员的流行段子应运而生。乔瓦尼·薄伽丘和杰弗里·乔叟等作家在《十日谈》和《坎特伯雷故事集》等作品中生动地描绘了民间盛行的反教会情绪。薄伽丘在《十日谈》中讲述了一个犹太人亚伯拉罕的故事。亚伯拉罕从罗马旅行回来后告诉朋友,他发现教会的显贵们"无一例外都是贪食鬼、酒鬼和醉鬼,满脑子欲望,除了吃喝不关心任何东西,就像一群畜生"。尽管亚伯拉罕对教会高层的腐败行为感到厌恶,但这次经历反而使他更加坚定地皈依了基督教。朋友们对此感到惊讶,而他却平静地说道:"教会高层如此拼命地毁掉它的声誉,而基督教却依然能够继续存在,这不正说明它非常强大吗?背后一定有一个强大的圣灵在支撑着它。"

14世纪,教会面临的最大威胁来自反对教派发起的运动。这些教派对教皇的腐败感到愤慨,它们宣扬一种谦卑的使徒式信仰,主张信仰应建立在与上帝的亲密关系之上,无须教会的干预。其中,最具影响力的两个教派运动分别由英国的约翰·威克里夫和波希米亚的约翰·胡斯领导。威克里夫及其追随者,即英格兰的罗拉德派,坚决反对教会的逾矩行为,如出售赎罪券、神职人员的放纵,以及教皇对世俗政治的干涉。威克里夫认为教会机构是由人而非上帝建立的,人人都能直接获得经典文本的教导,无须牧师的帮助。为了使更多的人能够直接阅读经典文本,威克里夫将其翻译成英语。在他去世后,为了降低其影响,教廷决定销毁所有的英文版经典文本。焚书的大火不仅烧毁了书籍,也将许多被定为异教徒的人化为灰烬。胡斯因公开谴责教会的道德败坏、政治野心以及对穷人的冷漠,被定为异端邪说。然而教廷对胡斯的定罪和处决,反而使这位波希米亚传教士成了英雄和殉道者,他死后的影响远远超过了他在世时的影响。

1347年,黑死病在欧洲暴发。短短五年内,这场瘟疫夺走了约2500万人的生命，占当时欧洲总人口的三分之一。这场毁灭性的瘟疫给人们留下了深刻的心理创伤，因此导致了迷信、魔法和巫术的盛行。一些狂热的鞭笞者公开鞭打自己，认为这是赎罪的方式，他们相信瘟疫是上帝在惩罚世界的罪恶。同时，各种阴谋论迅速传播开来，犹太人再次成为首要的替罪羊，他们被指控在水井中投毒，企图消灭所有基督徒。

就像火灾最终会使土壤翻新一样，黑死病导致的人口锐减反而为幸存者带来了意外的好处：在13世纪，由于人口激增以及连续几年的恶劣天气，欧洲曾经历连年的饥荒，而黑死病过后，由于人口锐减，粮食短缺的问题得到了缓解。人口的减少也为新一代工人提供了更多的就业机会。随着对劳动力需求的增加，工人阶级开始争取改善生活条件和提高工资。阶级起义反映了平民和下层工人阶级的态度和期望发生了巨大转变，例如1358年法国的扎克雷起义、1381年英国的农民起义，以及1378年佛罗伦萨的梳毛工起义或称羊毛党起义。穷人在面对富人的压迫时，发出了伸张正义的呼声，这在1381年英国农民反抗基督教价值观的呐喊中得到了体现："我们被按基督的模样塑造成人，你们却把我们当成野兽。"

上述事件表明，14—15世纪是欧洲历史上一个极其动荡的时期。尽管面临诸多挫折，但欧洲确实已经踏上了一条显著改善人民生活的道路。

意大利的城邦

11世纪,随着阿马尔菲、比萨、热那亚和威尼斯等强大的海上城邦的崛起,意大利的城市开始经历显著的文化发展。尽管名义上仍然隶属于德意志帝国,但这些城市却能够突破帝国的封建统治,发展成为独立的工商业中心。除了北欧的佛兰德斯和汉萨同盟外,意大利城市的繁荣在当时欧洲是无与伦比的。这种繁荣还得益于意大利金融家开发的一系列创新会计和金融技术,如保险合同、信贷和复式记账法等。今天伦敦金融区的伦巴第街,其名称便源于13世纪在此定居的意大利放债人。

这些城市的成功使得商业中产阶级充满了公民自豪感,成为意大利城市最显著的特征之一。这些城市被称为"城市公社",因为其政府是建立在各大行会或工会代表组成的议会协作基础上的,不接受帝国和牧师等任何外部的干涉和控制。[1]

这些自治城市的自由和独立与古希腊城邦甚至罗马共和国形成了鲜明的对比。15世纪的历史学家莱昂纳多·布鲁尼在其著作《佛罗伦萨人的历史》中指出,佛罗伦萨凭借其经典的法律、秩序和公民的忠诚成为一个公正之地,在这里,社会地位由个人功

---

1 行会是伴随中世纪城市发展而产生的,目的是保护和规范贸易。每个行业都有自己的行会,每个行会都有自己的学徒制度。行会的成员通过一个相互保护和尊重的庄严协议而联系在一起。行会成员之间保持的高标准文明素质,已经扩展到所有从事贸易和商业的人彼此深刻联系的城市。每个行业都有一个守护神,成员会专门为其举办节庆。

绩决定，而非特权，所有公民在国家管理中都有平等的话语权。然而当代学者提醒我们，对于这些乐观的说法，不应过于轻信。在佛罗伦萨共和国，政府的参与主要限于富有的行会成员，而较贫穷的公民则被排除在外。这种政治结构使得人文主义者所推崇的平等实际上是一个由少数人制造的神话，他们成功地将个人利益与更广泛的社会利益等同。佛罗伦萨的寡头政治有数据佐证：在大约10万人中，只有4000人拥有投票权。

在佛罗伦萨，七大行会构成了"肥人"（popolo grasso）阶层，包括法官和律师、布料和羊毛商人、医生、丝绸织工和商贩、皮货商、制革商，以及最具影响力的银行家。此外，还有"瘦人"（popolo minuto）阶层，由屠夫、鞋匠、铁匠、锁匠、面包师和酿酒师等十几个较小的行会组成。最贫困的阶层是贱民（plebs），主要是失地农民，他们离开农村来到城市，希望寻找机会，却往往只能从事最卑贱的工作。在佛罗伦萨，尽管发生了一些小插曲，如梳毛工起义，但政治大权仍然牢牢掌握在最富有的行会手中。正如历史学家艾莉森·布朗所写的："除了学者菲利普·琼斯所说的'一些间歇性的激进革命'以外，这些公社的政策仍然保守、严格，代表社会上层的意志，而非民粹主义。"

尽管现实与理想之间存在巨大差异，但这并未削弱公民的政治自豪感。这一点可以从他们在城市环境中大量采用罗马建筑风格中得到体现。布鲁尼在书中模仿古典作家的口吻断言："佛罗伦萨的美,体现了公民的高贵品德。"

在中世纪,城市景观中唯一重要的建筑是大教堂。然而随着时间的推移,大气而质朴的私人建筑以及宏伟的公共市政厅开始出现,显示出世俗世界地位的显著提高。位于佛罗伦萨附近的佣兵凉廊是一座附属建筑,进一步增强了其主建筑维奇奥官的威严气势。佣兵凉廊由三道宽拱门组成,顶部采用科林斯式柱头,装饰着以人物象征手法表现的四大美德:坚韧、节制、公正和谨慎。这座柱廊正是用来展示这些雕塑的,它们的象征意义最能体现城市所推崇的政治风气。如今,佣兵凉廊里仍保留了一些杰作,如本韦努托·切利尼创作的珀尔修斯青铜雕像,手提着美杜莎首级,以及班迪内利创作的雕塑《大力神战胜半人马涅索斯》(1599)。1353年,第一口机械钟被安装在维奇奥官的钟楼上,这标志着教堂钟声的世俗化。从此,钟声开始真正用于指示一天的时间。这种日渐精确的计时方法提高了佛罗伦萨人的工作效率和质量。在一个以商业为中心的城市,时间逐渐被视为金钱,成为一种珍贵且不可浪费的资源。

画家安布罗·洛伦泽蒂受雇在锡耶纳共和国市政厅进行创作,目的是激发人们对城邦精神的自豪感。锡耶纳公社已经成为一个由商人和工匠领导的富有城市,他们利用艺术来纪念自己的成就,并宣传公民参与的价值。洛伦泽蒂的四幅壁画通过寓意手法展示了好政府对城市及其周边的积极影响,以及坏政府所带来的邪恶和分裂。

在洛伦泽蒂的第一幅壁画中，画面中心是一位白须老人，象征着锡耶纳公社。他的头顶上描绘了三个主要的神学美德：信仰、希望和仁慈，旁边则是节制、谨慎、坚韧和正义等美德，以及代表和平与宽容的人物。在公社的右侧，坐在宝座上的人物象征正义。他的正下方是协作，象征着由24名公民（代表市政府上层行会的领导）牵着的一根长绳的起点。这一场景象征着协作精神，它推动社会繁荣，正如画面中商人、工匠和工人的活动所展现的那样。在华丽的宫殿、教堂、高塔和商铺的背景中，一群风姿绰约的姑娘在舞池中翩翩起舞，进一步凸显了和谐的气氛，并从整体的繁荣景象中散发出来。

第二幅壁画是托斯卡纳乡村的鸟瞰图，传达了一种积极的信息——正如城市一样，好政府确保了周围土地的安定与繁荣，这一点从别墅、城堡和肥沃的耕地上可见一斑。与之形成鲜明对比的是，坏政府被描绘成一个漆黑、邪恶的怪物，拥有尖角和利齿，周围环绕着暴政、贪婪、野心和虚荣的化身。

在公社人格化的构图中心，两个裸体小男孩的形象骄傲地提醒着人们锡耶纳与古罗马的渊源。这种血统联系证明了锡耶纳与古罗马价值观之间的伦理联系。宗教并没有被遗忘，而是与公民的美德融合在一起，公民美德又将基督教义与罗马英雄的模范作用结合起来。

在洛伦泽蒂的壁画完工几年后,锡耶纳政府又委托塔迪奥·迪巴托洛为市政厅绘制了一系列新的壁画,以纪念罗马共和国的英雄。画面中心的铭文解释了这些模范形象的含义:"如果你想统治一千年,就以罗马为榜样。遵循共同的善而非自私的恶,像这些人一样给予公正的警告。若你们保持团结,你们的力量和声名将鹊起,就像战神马尔斯的杰出子民。他们征服世界的同时也失去了自由,因为他们不再团结。"

学者约翰·拉纳在评论洛伦泽蒂的壁画时指出,这些作品是"极其珍贵的文献",它们突出了历史与现实的鲜明对比。中世纪的城市常常是蜿蜒的街道和不稳定的房屋构成的摇摇欲坠的迷宫,而公社则被塑造为理性的典范,兼具美感与效率。这种对公社的大力宣扬,反映了新兴资产阶级的自豪感:长期以来,他们被旧贵族视为无知、庸俗的暴发户。教会也强化了这种偏见,认为追求财富是一种腐败,因为它助长了自我推销和对奢侈品的过度依赖。与此相反,领导公社政府的商人们希望传达的信息是,他们的统治不仅创造了财富,还带来了进步、和平、协作、正义、美丽和文明。

然而洛伦泽蒂画中所描绘的普天同庆的气氛,并未完全反映出历史的真相。实际上,富人家族之间的内斗以及邻邦之间的竞争常年冲击着城邦,使得局势如同一座随时可能引发地震的活火山,悬在头顶。从这个意义上说,意大利城邦所盛行的观念,并

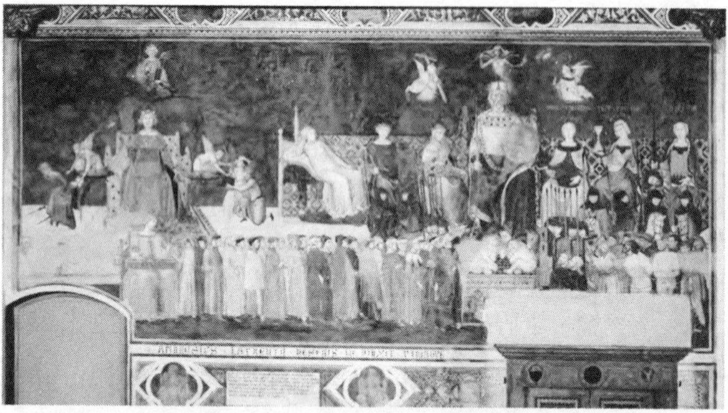

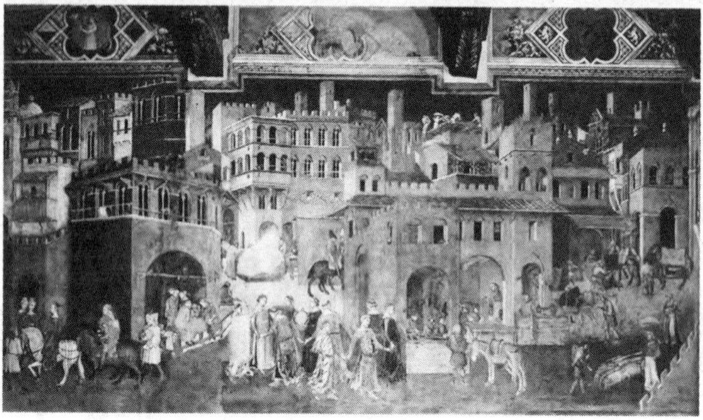

上面四幅图是洛伦泽蒂为锡耶纳市政厅创作的一组壁画，表现了好政府的积极作用和坏政府的邪恶形象

非利他与合作,而是野心与竞争——在追求金钱、权力、名望和认可上,人们渴望远远甩开所有对手。与封建中世纪的权威和传统的稳固不变形成鲜明对比的是,人文主义和文艺复兴成了企业家们活跃商业社会的一个前进动力。

随着时间的推移,顶级富商家族之间的竞争越来越激烈,最终导致了公社的衰落,并催生了领主统治的出现——由一个家族掌管城邦。在这些统治家族中,包括米兰的维斯康蒂家族、曼图亚的贡扎加家族、博洛尼亚的本提沃格利奥家族、乌尔比诺的蒙特费特罗家族、费拉拉的埃斯特家族、维罗纳的斯卡里盖里家族,以及最为人熟知的佛罗伦萨的美第奇家族。军事活动是这些领主的一大特长,大城市不断努力兼并周边的小城市。例如,佛罗伦萨就曾统治过比萨、皮斯托亚、威尼斯、帕多瓦、维罗纳、米兰、帕维亚、洛迪等城镇。这些强大的统治者似乎都具有一种古老特质——他们在行事做派和审美上都坚持效仿旧贵族地主的风格。文艺复兴时期产生的大量艺术作品,都是由新的商人阶层赞助的,他们渴望通过城市的辉煌来彰显自己的成就。为此,米兰赞助了达·芬奇和布拉曼特,曼图亚吸引了安德烈亚·曼特尼亚、彼得·佩鲁吉诺和柯勒乔,而佛罗伦萨则赞助了多那太罗、布鲁内列斯基、韦罗基奥、吉兰达约和波提切利等艺术家,这还只是其中的一部分。

"文艺复兴"(Renaissance)一词源自法语中的"重生"

（rebirth），最初由法国历史学家儒勒·米什莱在1858年提出，后来由19世纪的瑞士历史学家雅各布·布克哈特进一步推广，布克哈特也是《意大利文艺复兴时期的文化》(*The Civilization of the Renaissance in Italy*) 一书的作者。他认为，文艺复兴是在经历了数百年的沉闷、无知和黑暗之后，天分和创造力的一次集中爆发，这在很大程度上受到了15、16世纪作家的影响，如哲学家马尔西利奥·费奇诺和画家兼作家乔尔乔·瓦萨里。瓦萨里在1550年出版的《意大利艺苑名人传》中，将佛罗伦萨在美第奇家族统治下的时代誉为"黄金时代"。我们无法否认瓦萨里书中提到的许多艺术家的卓越和独创性，正如布克哈特和他那一代学者将这些艺术家的创作视为全新的、自由独立的人类新生的征兆。然而像瓦萨里这样的人也可能夸大其词：因为他们忽视了一个事实——这些艺术家的作品与其说是个人创造力的体现，不如说是富人赞助商的宣传工具。此外，正如许多现代评论家所指出的，文艺复兴并不是一个普遍现象，而仅仅是少数精英阶层中的现象。他们急于宣称自己优于之前的中世纪时代，而那个时代早已被他们所唾弃，仿佛它只是古典辉煌与文艺复兴这两道巨浪之间的一朵小水花。

与此相反，现代学者认为文艺复兴并非突然出现，而是一个漫长成熟过程的结果（如我们所见，这一过程从12世纪就开始了）。

了解到这一点后,我将继续使用"人文主义"来描述文艺复兴时期的第一阶段,这一阶段大致从1300年持续到1550年。我们看到,人文主义的一个显著特点是,以彼得拉克为首的学者们在欧洲各地寻找失落的古老手稿。人文主义者从这些手稿中揭示的伟大先贤的训诫中,得出了改进艺术的新方法,以及政治、伦理和哲学领域的基本原则。在接下来的几节中,我们将重点讨论人文主义在彼得拉克影响下所假定的文学特征,以及这一代学者后来的变化——当时,随着对李维和西塞罗等罗马作家的重新重视,作家和知识分子的兴趣点开始从文学领域转向政治领域。

彼得拉克的人文主义文学

在托马斯·阿奎那去世后的年代,原本以严谨的逻辑分析著称的学术研究方法逐渐被一种更抽象、更枯燥的研究方法所取代。例如,那个著名的"一根大头针尖上能容纳几个天使跳舞"的问题,就是用来嘲讽这种僵化的学术风格的。随着经院哲学的衰落,文化复兴随之兴起,这一时期被称为"人文主义运动"。"人文主义"一词最初是在19世纪用来描述一批新的学者,他们放弃了对神学和形而上学的关注,转而致力于复兴布鲁尼所说的"人文主义研究",即对人类成就进行研究,强调人的品质对文明进步的巨大贡献。

人文主义的开端以托斯卡纳的两位重要作家——乔瓦尼·薄伽丘和弗兰齐斯科·彼得拉克——的作品为标志。薄伽丘最著名的作品是用意大利方言写成的短篇小说集《十日谈》。《十日谈》的主人公是7个年轻女子和3个年轻男子，他们在佛罗伦萨遭受瘟疫袭击时逃往乡下。在10天的旅居生活中，他们所讲述的故事构成了《十日谈》中的100篇。薄伽丘关注日常生活，他的讽刺、随性的道德观，以及对教堂和神职人员的调侃，都体现了新城市文化所滋养的世俗心态。

继《十日谈》之后，薄伽丘的另一部重要著作是《异教神谱系》(*Genealogy of the Pagan Gods*)。这是一部关于古希腊和古罗马神话的百科全书，详细描绘了众多神话人物。该书为后世的作家和艺术家提供了丰富的灵感来源，可以帮助他们寻找新的形象和构思，以替代当时已显得陈腐的基督教语言。

彼得拉克被誉为"人文主义之父"，他于1304年出生于托斯卡纳的阿雷佐。在父亲的敦促下，他最初在蒙彼利埃和博洛尼亚学习法律，但很快放弃了法律，转而投身文学，尤其是古典文学的研究。他的父亲是一个保守传统的人，对他的改变感到不满，甚至烧毁了他大量的书籍，但彼得拉克并未因此而动摇，仍继续追求文学。他的大部分文学创作发生在阿维尼翁，当时他在教廷担任过不同的神职。后来，在普罗旺斯的沃克鲁斯他得到了富人的赞助，继续他的文学创作。彼得拉克的作品充满了对爱与美的新柏拉图式庆典的表达，这从他的诗句中可以感受到。

彼得拉克对古典文学充满热情，他遍访欧洲各地，寻找那些藏在偏远修道院图书馆的古老手稿。西塞罗的演讲稿《为阿尔奇阿斯辩护》(*Pro Archia*)和书信《给阿提库斯》(*Letters to Atticus*)是他最宝贵的发现之一，这些手稿是在比利时的列日找到的。彼得拉克于1374年在维尼托的阿尔库亚去世，临终前他将自己的大量藏书赠予了威尼斯人。

彼得拉克对古典时代怀有极高的热情，他常常在想象中与他最欣赏的古典作家——西塞罗、维吉尔、荷马和贺拉斯等——进行对话，甚至给他们写信。尽管他是一个虔诚的基督徒，但这并没有阻止他对中世纪基督教文化中所体现的文化贫困进行批评。他认为，由于缺少上帝的恩典，中世纪导致了对古典遗产的严重误解和歪曲。彼得拉克同样谴责中世纪为"黑暗时代"，认为那是一个被无知、偏见和迷信所占据的时代。文艺复兴之所以被称为"重生"，在很大程度上是因为彼得拉克坚信古典时代留给人类的文化成就是一座智慧的宝库，能够促进基督教的进步。

但丁主张重建神圣的罗马帝国，由皇帝掌管世俗生活，而教皇掌管精神生活。彼得拉克生活在一个帝国理想迅速衰落的时代，他支持西塞罗和李维的观点，赞扬罗马共和国的道德。为了实现这些价值，他撰写了《非洲》(*Africa*)一书，这是一部关于在布匿战争中击败汉尼拔的罗马名将西皮奥·菲拉努斯的传记。此外，他还写了《名人列传》(*De Viris Illustribus*)，受李维的启发，试图通过将古典历史、神话和《旧约》中的模范人物一一配对，建立异教文化和基督教智慧之间的联系。

彼得拉克的声望在当时极为显赫，1340年他被邀请在巴黎和罗马之间选择一个城市，为他授予"桂冠诗人"的称号，相当于今天的诺贝尔奖。他最终选择了罗马，并于1341年4月8日在市政大厅完成了授予仪式。那次罗马之行，他参观了古罗马市民广场、古斗兽场和其他古代遗迹，并对人们对古代遗产的冷漠表示遗憾，他认为这种冷漠使得如此辉煌的成就逐渐在尘土中腐烂。他希望复兴古老的罗马，并因此获得更高的声望。几年后，一个名叫科拉·里恩佐的政治人物崛起，他以派头十足和口才出众著称，呼吁恢复罗马的往日荣光。在彼得拉克的怀旧梦想的鼓舞下，几年前目睹教皇迁往阿维尼翁的罗马民众开始信任一个自称"人民论坛"的组织，并支持其发动政变。科拉·里恩佐通过其雄辩的演讲和对古罗马的热爱，成功地激发了民众的热情。他的统治虽然短暂地带来了和平与稳定，但当科拉开始穿着镶金的白色斗篷招摇过市，自称是罗马帝国的复兴者，并宣称有权将意大利所有城市从统治者手中解放出来并独自称帝时，罗马人逐渐意识到他们被欺骗了。最终，科拉被流放。

尽管彼得拉克博学多才，但却未能识破科拉的骗局，这表明他在面对现实政治问题时缺乏足够的洞察力。或许他自己已意识到这一点：除了对科拉短暂的热情之外，他从未真正涉足政治，反而推崇孤独生活的价值。作为一个道德家，彼得拉克严厉批评他所处时代的腐化与虚伪，但他从未质疑过自己拒绝参与政治舞台的贵族身份，也从未反思过他与富有赞助人建立机会主义联系的行为，这些联系纯粹是为了个人的便利与私利。他自己也坦言，最为关心的，是自己的声誉。对此，他毫无愧疚之意，因为他坚信，真正的天才应当得到认可，享有不朽名誉的永恒荣耀。

彼得拉克是一个矛盾的结合体。与但丁相似，他也是一个在对新事物的兴奋与对变革的恐惧之间左右为难的人。这位桂冠诗人在《歌集》（Canzoniere，又名《散诗集》）中达到了创作的巅峰，直白地表达了这些恐惧与犹豫，并坦诚了困扰他基督教信仰的种种疑虑。就像但丁曾从新体诗派中汲取灵感一样，彼得拉克将爱情描绘为一种纯粹的精神活动。这一观点源自新柏拉图主义的传统——女人遥不可及，追求她的男人则会沉溺于对她美好形象的幻想之中。诗人所暗恋的劳拉，像贝雅特里齐一样，最终嫁给了别人，并英年早逝。她成了美丽与纯洁的象征，而非一个真实的女人。彼得拉克因她的离世而感到深切的悲痛，并从中汲取创作灵感。他将"劳拉"这个名字与"劳罗"（lauro）或"桂冠"（laurel）相联系，使我们不禁联想到代表诗歌与永恒荣誉的月桂树。

在《歌集》的第一首十四行诗中，彼得拉克直接向读者宣布，他们将听到的"散乱诗句"代表了他年轻时的"错误"——诗人希望得到读者的同情和宽恕，但最终，这一切都是徒劳的，只剩下因苦涩之恋所引发的深深悲伤。如此开篇，不禁让读者生疑：如果彼得拉克是第一个将自我激情和诗歌的价值视作幻觉且毫无保留地加以否定的诗人，那我们又为何还要继续读下去呢？然而接下来的一首诗并没有给出答案，反而让读者更加困惑。彼得拉克写道，他与爱人的初次邂逅发生在基督受难日，那时太阳仿佛从世界上收敛了光芒。昏暗的场景大胆地暗示了恋爱中潜藏的罪恶与背叛——诗句中所描绘的激情，与基督徒应当追求的全身心投入截然相反。这种含混不清的基调贯穿整本诗集：当优美的旋律唤起劳拉的形象（她如神圣的幻象般迷人）时，彼得拉克依旧提醒自己和读者：诗性的幻觉，正威胁着宗教信仰所需要的精神纯洁。

与但丁笔下的贝雅特里齐化身天国的救赎方舟不同，彼得拉克笔下的劳拉代表着诗歌，像与她名字相关的月桂树一样，必然扎根于诗人的人性与世俗之中，但这并不意味着彼得拉克的诗在描写一个真实的女人。相反，诗人从大自然中最细微的事物——潺潺的小溪、飒飒的微风、芳香四溢的花丛——中召唤出劳拉，她有一种迷人而短暂的美，是抽象的、诗意的、无形无相的。令《歌集》的作者着迷的，不是一个真实的女人，而是彼得拉克那富有创造性的想象力本身,他从情感、艺术和心理的角度出发,探索的是内心深处的美,而非精神或宗教的纯洁。

诗歌中传达的理想化形象,并不一定能改变人们在现实中对女性的偏见。在一封写给友人的信中,彼得拉克也曾用带有大男子主义色彩的言辞来表达他对女性的看法:"女人都是魔鬼的化身、和平的敌人,是不耐烦、不和谐和争吵的根源。如果男人想要片刻的清净,就应尽量避开她们。"

彼得拉克在一本名为《隐秘》(*Secretum*)的散文中探讨了《歌集》中诗人在世俗和精神上的道德困境。书中的内容主要以虚构的对话形式呈现,诗人与奥古斯丁展开深入交流,而奥古斯丁则是彼得拉克所恐惧与尊重的基督教教条的化身。尽管诗人拼尽全力,试图改变这些教条所设定的严格规则,以最大限度地合法化自己的激情与野心,但奥古斯丁始终保持坚定的立场。为了让对方相信自己的文学追求是合乎道德的,彼得拉克辩称,作为爱情和诗歌的缪斯女神,劳拉激发了他内心的崇高思想与高尚欲望。然奥古斯丁毫不动摇,作为一位严格的法官与特立独行的思想家,他告诉彼得拉克,一切都离不开"贪爱"(cupiditas),即对俗世之物(如美、诗歌、名誉)的渴望,都是错误的,因为除上帝之外,人类不应关心和追求其他任何事物。

经过漫长的争论,彼得拉克最终被迫接受了奥古斯丁的观点。在对话的结尾,诗人向奥古斯丁承诺,他将放弃那些不合理的追求，但在此之前，他必须完成《歌集》，因为这部作品代表了他一生的荣誉与心血。

折磨彼得拉克的宗教信仰的痛苦，完全是中世纪思维的产物。尽管他深受罪恶感的困扰，但他依然坚持将一生奉献给了文学事业。这种固执无疑宣告了一个新时代的到来：宗教与其说是被抛弃了，不如说是被重塑成一种不那么严苛教条的信仰。换句话说，这是一种能够承认人类成就，并与个人价值观相容的信仰。

彼得拉克对古典文学的推崇，展现了他反传统的文化态度。对他而言，艺术是一种自由的表达，理应受到尊重，而不应受制于教条或意识形态的偏见。学者尤金尼奥·加林曾写道："我们说彼得拉克和他的人文主义伙伴们真正'发现'了经典，不仅仅因为他们找到了埋藏在尘土中、被教会隔绝的古老手稿，更因为他们学会了如何欣赏这些经典，将它们视为特定历史时期天才的表达。"9世纪的拉巴努斯·毛鲁斯曾描述过中世纪人对待古典文化的方式："当我们发现有用的东西时，我们会将其转化为自己的信仰；而当我们发现无用的东西，比如偶像、爱情或世俗话题时，我们则会将其摒弃。"

与中世纪在基督教规定的狭隘范围内传播过去所有成就的习惯完全相反，人文主义者是第一批教导人们必须欣赏经典的学者。他们认为，经典作品有着自身独特的价值，挣脱了任何意识形态或宗教的束缚，值得以纯粹的眼光来审视与尊重。

遵循抢救经典的道德要求，许多人文主义学者耗费多年时间，在欧洲各个角落的修道院和大教堂图书馆中寻找那些"被囚禁"的手稿（借用人文主义学者波焦·布拉乔利尼的说法）。他们通过大量收集古代文人的手稿，如西塞罗、塔西佗、塞涅卡、奥维德、卢克莱修和维特鲁威的作品，开始了一项重要的文献修复工作，旨在恢复这些经典文本的原始面貌。人文主义方法的核心观点是：如同古典时期所强调的那样，美德是通过行动而非沉思来表达的，教育则是确保个人道德与智力成熟的必要条件。没有教育，就无法保证社会的稳定与发展。

人文主义政治与艺术

在彼得拉克之后，大多数人文主义者并不像他那样孤独地钻研文学，而是转向了与城邦的公民和政治生活更相关的具体问题。西塞罗的思想激励了新一代学者，让他们形成了新的信念——最崇高、最高尚的生活方式就是为国家效力。这种思想的复兴，再次引发了一种普遍的世俗观念：历史是由人类在目标驱动下不懈努力所塑造和推动的过程。这一观念的根源可以追溯到亚里士多德关于"非公民即非人"的论述，并由此引申出一个观点：自由国家对人类实现其作为文明推动力的宿命至关重要。

为了推动古典文学的普及，1375—1406年担任佛罗伦萨首相的科卢乔·萨留塔蒂说服政府邀请拜占庭学者曼努埃尔·赫里索洛拉斯在佛罗伦萨教授希腊语（与薄伽丘不同，彼得拉克和但丁都不擅长希腊语）。萨留塔蒂及其追随者对希腊和拉丁文化的重视，是基于这样的信念：对古代作家的研究是培养道德品质的必要条件，缺乏它就无法建立一个公正、繁荣的社会。人文主义研究取代了中世纪的三门四科，它主要包括修辞学、辩论术、历史学和伦理学，这些学科旨在强化人们参与政治所必需的道德和理性。类似地，他们发明了"自由艺术"（artes liberales）这一术语，以补充"人文学科"（studia humanitatis）的定义，强调文化是人类精神自由的保证。尤金尼奥·加林对这种新观念做出了总结：

> 14、15世纪在意大利各城邦欣欣向荣的人文文化，首先是通过一种接触古代作家的新途径在道德学科领域表现出来的。它是在语法和修辞学领域实践的新教育方法中具体形成的。它在实践中促成了一个新的城邦管理者阶层，并为其提供了更精细的政治工具。它不仅能指导撰写效率更高的公文，而且被用来制定程序、起草法律，甚至确定人生理想、阐述人生观，找到人生价值。

尽管人文主义者积极推崇共和国的美德，但许多公社依然

"短命",且迅速被领主政治所取代。

在13世纪末对米兰的战争中,萨留塔蒂对佛罗伦萨的信心受到了动摇——作为城邦间友好竞争的代表,米兰本有机会避免与其他城邦一样的结局,却早在13世纪末便落入了维斯康蒂家族的掌控。随着维斯康蒂家族掌握大权,他们的权力几乎等同于国王,但作为商人,他们始终未能获得相应的贵族头衔,而这种差距常常隐藏着深刻的隐患。为了弥补这一点,维斯康蒂家族向法国国王支付了10万弗洛林,购买了公爵头衔。类似的情况也发生在曼图亚的贡扎加家族身上,1433年他们购买了侯爵头衔,并穿上了英王的制服,骄傲地委托艺术家皮萨内洛创作了一幅亚瑟王主题的组画,旨在让自己在画面中大放光彩。

吉安·加莱佐·维斯康蒂在与他共同执政的叔父遇刺后接管了米兰,他是一个残忍的野心家,决心将整个北意大利收入囊中。他找到了一个官方的借口:由一个人统一管理将会造福整个意大利。在相继征服了帕多瓦、维罗纳和维琴察后,吉安·加莱佐又把目标锁定在博洛尼亚和佛罗伦萨。随着战争迫在眉睫,萨留塔蒂通过一篇强有力的演讲,激发了佛罗伦萨市民的爱国情绪,公开讨伐暴政。当市民们在萨留塔蒂的鼓动下正准备奋力抗敌时,突然传来消息,吉安·加莱佐因病暴毙,于1402年去世。萨留塔蒂选择继续他的表演:效仿千年前的伯利克里,这位能言善辩的财政大臣高度赞扬了佛罗伦萨人捍卫自由的勇气与决心,宣称他们拥有一种无与伦比的信念——反抗暴政压迫，人民对自由和独立的热爱无人能敌。

历史学家莱昂纳多·布鲁尼和萨留塔蒂一样，都是共和制的忠实拥趸。他认为，佛罗伦萨所树立的社会和政治公正的榜样，是一种适合全人类的普世原则。要理解人文主义者如何看待本质上由少数有钱有势的商人组成的寡头政体所领导的"理想社会"，我们必须记住一点：宇宙是一个等级森严、秩序井然的系统，这一观念始终根深蒂固。社会常被比喻为人体，是由不同部分组成的整体，每个部分都以其独有的方式在整体健康中发挥作用。新的时代与中世纪最大的区别就是社会流动性。在中世纪，阶级固化、阶级地位是生而有之、无法改变的特征，而共和国的领袖们则认为，他们是通过手艺、才智和创造力获得了参政的机会。布鲁尼在讨论共和制的积极作用时写道：

> 人人都希望赢得国家荣誉，实现自我提升，只要他们通过天分和努力过上一种认真的、受尊敬的生活方式……过去，出身高贵的人才能进入共和国的政府……但现在，令人惊奇的是，一旦政府公职向所有公民敞开，就足以证明这个政府在实现公民价值上的成就。因为，当人们希望赢得国家荣誉时，就会鼓起勇气，尽一切可能提升自己，而一旦被剥夺了这种希望，他们就会

变得懒怠、无力。因此，既然我们的国家有这样的希望和机遇，我们就不该惊讶为什么会有那么多有才华、不懈努力的英才脱颖而出。

布鲁尼认为，贵族不是一种世袭的特征，而是美德的产物，自由社会的竞争是确保人类个性发展的最佳手段。这一观点成为许多后世政治思想家的理想核心。布鲁尼在赞美佛罗伦萨城时，勾勒出一幅理想化的佛罗伦萨及其人民的肖像："佛罗伦萨人民尤其享有完全的自由，他们是暴君的天敌。因此，我坚信，佛罗伦萨从建立之初就对罗马帝国的破坏者和罗马共和国的压迫者怀有仇恨，并持续至今……在对渴望自由的鼓舞下，佛罗伦萨人民始终枕戈待旦、向往共和，这种态度一直影响到今天。"

公民参与被视为一种道德义务，它不仅帮助人们更好地表达自我，还使他们能够牢牢掌握自己的命运。这一理念同样深植于人文主义者利昂·巴蒂斯塔·阿尔伯蒂的思想中，他几乎是"文艺复兴人"的化身：博学多才，堪比另一个达·芬奇。阿尔伯蒂常说"人可以随心所欲地做任何事"，他以精力充沛、才华横溢著称。他不仅是神箭手、骑术高手，还在文学、法律、语言学、数学、天文学、音乐和几何学方面有深入造诣。他还是杰出的建筑师，设计了如里米尼的马拉泰斯塔礼拜堂、新圣母教堂外观和鲁切拉宫等著名作品，并且还是一位技艺精湛的画家。在《建筑论》（*On the Art of Building*）中，阿尔伯蒂引用了罗马建筑师和作家维特鲁威《建筑十书》中的观点，并得出结论：要建造一座美丽的建筑，建筑师必须在设计中复制"最高建筑师"——上帝赋予人体的几何和数字比例。这一观念起源于古希腊人，他们最早将人体的和谐与宇宙的和谐相联系。达·芬奇在其名作《维特鲁威人》中的画作再次印证了这一点——这幅画展现了一位完全对称、比例完美的男子身体，四肢展开，身体被同时包围在一个正方形（象征世俗现实）和一个圆形（象征上帝的永恒）中，象征着人类是神所赋予的微型宇宙。

阿尔伯蒂是最早大幅提升艺术家地位的作家之一，他著有《论绘画》和《论雕塑》两本重要著作。在此之前，艺术家仅被视为一种工匠，字面意义上即为"手工业者"——这一称谓往往严重低估了艺术家的内在价值与思想深度。阿尔伯蒂对此偏见提出疑问，他肯定了画家和建筑师作品中所展现的创造力，并主张他们的手艺应当被纳入人文学科的范畴。与后来的达·芬奇相似，阿尔伯蒂认为，艺术家不仅仅是工匠，更是横跨多个学科和领域的知识分子。

在《论家庭》一书中，阿尔伯蒂强调家庭和教育在推动人格全面发展中扮演着至关重要的角色。然而令人遗憾的是，阿尔伯蒂所倡导的社会平等并未涵盖男女平等。通过重申古老的家族父权思想，阿尔伯蒂与他这一代的大多数男人一样，将妇女视为社

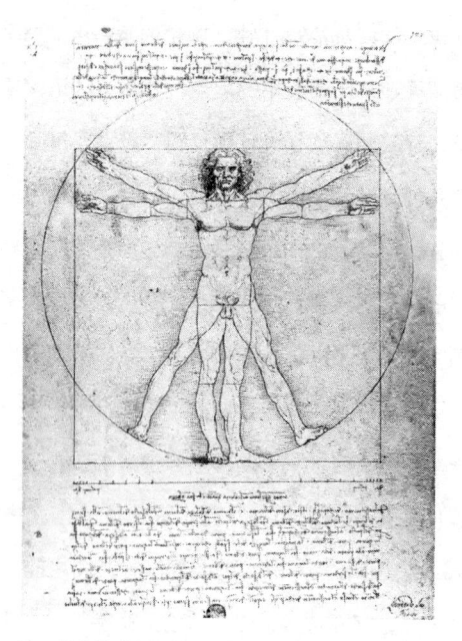

达·芬奇的《维特鲁威人》（约1490年），表现了人与宇宙的完美和谐

会中的配角，未能给予她们应有的平等地位。

尽管偏见根深蒂固，但15—16世纪依然涌现了大量自学成才的女学者、女作家和女诗人。她们大多来自富裕家庭，如伊索塔·诺加罗拉、维罗妮卡·冈巴拉、加斯帕拉·斯坦帕和维多利亚·科隆纳等。而另一些女性则出身底层，例如威尼斯的维罗妮卡·弗兰科，她出生于妓女家庭，凭借过人的文化修养，获得了"高级宠妓"的尊称。

人文主义者吉安诺佐·马奈蒂同样表达了对人类作为天赋异禀的动物的赞美。他在《论〈四书〉中人的尊严和卓越》(*On the Dignity and Excellence of Man in Four Books*)一书中阐述了这一观点,旨在回应教皇英诺森提乌斯三世近200年前在《人的苦难》(*On the Misery of Man*)中表达的悲观思想。学者查尔斯·G·诺尔特指出,尽管教皇为了突出精神而"将身体比作腐烂和排泄物,马奈蒂则称赞了人体的和谐美,认为人类以自身形象反映了上帝的创造力"。

人文主义者确实有理由保持乐观,尤其是在佛罗伦萨,纺织业使这座城市成为欧洲最富有的地方。佛罗伦萨的最大优势之一是一种从地衣中提取的神秘染料,这种染料由商人费德里科·奥里卡里从东方引进,赋予了从英格兰、苏格兰和北非进口的优质羊毛一种美丽的紫罗兰色。佛罗伦萨成为超级大国的另一个重要因素是其强大的金融活动,几大家族如巴迪-佩鲁齐、斯特罗齐、阿尔比齐掌控了这个行业,而最具影响力的还是美第奇家族,他们成功地将弗罗林银币打造成了欧洲最强大的货币。

随着商业的繁荣,佛罗伦萨的行会越来越注重改善城市环境。羊毛行会和布料行会共同出资修建了一座由阿诺尔福·迪·坎比奥设计的哥特式教堂,该教堂于1296年落成。此外,行会们还资助了附近洗礼堂的建设,并由乔托设计了钟楼、祈祷室以及谷物市场等重要建筑。

佛罗伦萨的世俗和商业掌控的政府为艺术项目拨出了大量资金，虽然大多数资金都用于宗教目的。尽管教会的声誉已经大不如前，常带有迷信色彩，但宗教依然具有强大的影响力，尤其是对最后审判的恐惧仍萦绕在人们心头。正如我们所见，那些违反教会禁令、从事高利贷的银行家们，常常在家庭小教堂中投入巨资，试图通过花钱来赎罪。例如，巴迪－佩鲁齐家族曾斥巨资装饰圣十字方济各会名下的两座小教堂，其中一座献给了当时在世的圣方济各，另一座献给了施洗者、福音作者约翰。考虑到圣方济各早已放弃了富裕生活，选择苦修，这一行为显得尤为奇怪——当然，除非巴迪－佩鲁齐家族是为了忏悔，期望上帝宽恕他们在商业上的罪恶。此外，圣方济各也可能只是一个幌子，帮助他们掩饰自己的巨大野心。在这个对暴虐欲望高度敏感的城市里，这样的伪装是至关重要的。巴迪－佩鲁齐家族最终遭遇了严重的打击：当爱德华三世国王未能偿还所借贷款时，导致巴迪－佩鲁齐银行发生灾难性的倒闭。爱德华三世曾从佛罗伦萨家族那里获得大笔贷款，用以资助对法战争。

辉煌之城佛罗伦萨

在佛罗伦萨的众多富商家族中，美第奇家族独树一帜，其事业的开创者是乔瓦尼。他是一位聪明的商人，成功地成了教皇的御用银行家。乔瓦尼时常以佛罗伦萨城市的名义进行慈善捐赠，其中包括资助一所孤儿院——佛罗伦萨育婴堂。这所孤儿院由丝绸行会出资，聘请菲利波·布鲁内列斯基设计，被视为最早的文艺复兴建筑之一。乔瓦尼于1429年去世，他的儿子科西莫继承了家族事业。科西莫不仅精于生意，还具备深远的政治眼光，他敏锐地意识到，培养良好的声誉对家族的成功至关重要。为了保持正直和中庸的形象，科西莫平时总是低调谦逊。当建筑师布鲁内列斯基向他提出一份奢华的府邸设计方案时，科西莫谨慎地拒绝了，他邀请建筑师米开罗佐·米凯罗奇接手，后者设计了一个更加适中、符合实际的方案。

科西莫的主要竞争对手是纳尔多·阿尔比齐，他因嫉妒科西莫的声望而散布谣言，声称科西莫有意接管佛罗伦萨共和国。结果，科西莫被判流放。然而这种流放并未持续太久。当阿尔比齐试图为自己谋取权力时，科西莫很快被召回，并当选为佛罗伦萨共和国的首席保安官（gonfaloniere）。科西莫在政治上非常小心谨慎，逐渐积累了权力。尽管他始终保持低调，表面上让人民觉得佛罗伦萨依然是一个共和国，实际上，佛罗伦萨正悄然转变为一个领主国家。科西莫凭借自己的政治手腕，精明地进行贿赂与操作，压制批评者，掌控政治方向。虽然官方始终没有承认，但佛罗伦萨实际上已成为科西莫的私人领地。这一切均反映出他与古罗马的奥古斯都有着相似的经营才能：他毫不犹豫地操控选举，巧妙地展示自己作为共和国救世主的形象。科西莫的头衔便是最好的证明——就像奥古斯都在罗马一样，他被佛罗伦萨人民尊称为"国父"。

科西莫的一个显著优点是他卓越的外交手段，尤其是在保护佛罗伦萨免受米兰扩张威胁方面。例如，他通过大量资金支持米兰军事领袖弗朗西斯科·斯福尔扎，帮助他从维斯康蒂家族手中夺取政权。科西莫与米兰的新统治者结成同盟，这为佛罗伦萨提供了对抗威尼斯的有力筹码。威尼斯当时如同一位野心勃勃的海洋女王，多年来以侵略策略威胁着意大利的其他地区。通过这一精明的外交策略，科西莫成功地保障了佛罗伦萨在意大利政治中的重要地位。

科西莫对佛罗伦萨的慷慨资助使他赢得了极高的声誉，尤其是在艺术领域。他赞助了大量艺术家，包括吉贝尔蒂、保罗·乌切洛、卢卡·德拉·罗比亚、吉兰达约、菲利波·里比、布鲁内莱斯基和多那太罗等人。这种资助，源于他对上帝审判的恐惧，也体现了他和其他富商一样的心态——通过投资宗教事业来赎回自己的罪过。例如，他资助了圣马可修道院的重建，并赞助弗拉·安吉利科创作了令人瞩目的宗教壁画。在人文主义学者的影响下，科西莫还在圣马可修道院建立了第一座公共图书馆，致力于寻找和购买手稿，最终使佛罗伦萨的图书馆成为全欧洲最大的藏书馆。这个宝贵的文化宝库后来被迁移至由米开朗琪罗设计的老楞佐图书馆。15世纪中叶，约翰内斯·古腾堡发明了印刷机，这一技术革新使得书籍这一曾经属于少数人的文化特权，变成了大众可以广泛获取的工具，为人文主义运动的传播提供了重要推动力。

与欧洲许多城市在文艺复兴时期蓬勃发展不同，拜占庭在此时期却陷入了困境。尽管拜占庭皇帝米海尔七世帕莱奥洛戈斯在第四次十字军东征后尽力恢复城市的昔日辉煌，但随着穆斯林威胁的加剧，拜占庭的局势依旧日益严峻，城市也未能得到有效的振兴。为了寻找出路，拜占庭人开始开辟新的外交关系，希望调和拉丁文化和希腊文化的矛盾。此时，哲学家乔治·普莱桑（George Plethon）应科西莫的邀请来到佛罗伦萨，进行了一系列关于柏拉图的演讲。柏拉图在当时的西方世界几乎被遗忘，除了西塞罗、圣奥古斯丁等人间接引用外，柏拉图的著作几乎消失，唯一保留下来的只是《蒂迈欧》对话录，这篇作品在4世纪由卡里迪乌斯翻译成拉丁语。普莱桑的柏拉图系列演讲激发了佛罗伦萨学者和人文主义者的热情，科西莫被柏拉图的神秘哲学深深吸引，并决定投资创建柏拉图学院，学院最终于1445年建成。科西莫任命哲学家马尔西略·费奇诺为院长，后者不仅将柏拉图和普罗提诺的著作翻译成拉丁文,还翻译了伪赫耳墨斯[1]的著作。费奇诺和其他新柏拉图主义者的工作使柏拉图的哲学成为文艺复兴学者的重要研究方向,也彻底结束了亚里士多德主导西方学术思想近400年的局面。

费奇诺的最重要著作《柏拉图神学》(*Theologia Platonica*)被学者威尔·杜兰特形容为"令人困惑的正教说法、神秘主义和希腊文化的混合物"。在这本书中,费奇诺将柏拉图视为启蒙哲学家,认为他的思想预见了最终被基督教确认的真理。费奇诺的新柏拉图主义哲学的核心思想是:人类作为物质和精神的交汇点,具备独特的地位,能够通过爱与美的力量,迈向更高层次的感知和理解。他认为,通过提升佛罗伦萨的黄金时代,艺术创作者得以提升,这些创作者的美德通过他们的创造力得到体现,艺术作品的美感成为接近宇宙神圣创造者上帝的桥梁。正如评论家亚瑟·赫尔曼所解释的,艺术家的创造性不仅是美的体现,也是他们寻求更高精神境界和内在美德的途径。

13世纪以来,佛罗伦萨确实成为艺术成就的巨大展示台,而贯穿这一切创新的主线,是对古典世界的重新发现与兴趣。然而重新研究古代的经典模式并非易事,因为古代的遗物大部分已被遗弃,且早已被风化或埋藏在土壤之下。罗马,这座曾是古代文

---

[1] 赫耳墨斯是古希腊信使之神,被讹传为摩西死后不久的古埃及智者(当时的学者认为这些"赫耳墨斯"作品来自100—300年的一个无名希腊作家团体)。

物的宝库,早已沦为废墟。布鲁内莱斯基和多那太罗多次前往罗马,他们曾在十年间反复描摹雕塑和浮雕的草图,测量和计算古代建筑的比例。他们深知重建这些古代辉煌的困难——卡皮托利尼山和古罗马公共论坛,已变成了当地人称作"山羊山"和"奶牛场"的地方,成了放牧牛羊和养猪的场所,这一现状让我们感受到了罗马建筑的凄凉与荒废。

尽管罗马的环境肮脏破败,但依然是许多朝圣者的热门目的地,他们手里拿着《罗马传奇》(*Mirabilia urbis Romae*)这本旅游指南,参观这座历史悠久的城市。然而吸引这些朝圣者的主要还是宗教遗物,比如圣托马斯在耶路撒冷的圣十字教堂留下的断指、圣母马利亚的母亲圣安妮的手臂,或圣保罗教堂中保存的皈依基督的撒马利亚妇女的头颅。布鲁内莱斯基和多那太罗并不属于这些虔诚的人群,这一事实或许让当时的罗马人感到困惑:这两位艺术大师在这片废墟中徘徊究竟是在寻找什么?他们似乎在不停地挖掘,是在寻找金币还是其他来自过去的珍贵遗物?在当时的迷信眼中,这样的行为充满了风险,他们很可能认为这些人是寻宝者,是扰乱了神圣与秩序的异教徒。没有人愿意与这种行为有所牵连。然而他们几乎无法意识到,正是这种对古代遗迹的探索与好奇,激发了艺术家们的创作灵感,从而催生了文艺复兴这一伟大的艺术革命。

布鲁内莱斯基的罗马之行发生在他在佛罗伦萨输给洛伦

佐·吉贝尔蒂之后，后者赢得了佛罗伦萨组织的比赛，获得了装饰洗礼堂青铜门的机会。吉贝尔蒂的获胜使他继续完成了这个宏伟的大门，米开朗琪罗将其誉为"天堂之门"，这让布鲁内莱斯基感到非常失落。然而布鲁内莱斯基后来被邀请设计圣母百花大教堂的穹顶，这一机会最终使他证明了自己的才华。1434年，布鲁内莱斯基完成了这一令人叹为观止的工程，他的设计灵感来源于罗马的万神殿。穹顶采用了砖石构建的坚固框架，并支撑着双层外壳，位于八角形的内室之上。这个华丽的穹顶稳稳地覆盖在圣母百花大教堂上空，被誉为世界的奇迹，注定将激励未来几个世纪的建筑师。几年后，当米开朗琪罗负责规划罗马圣彼得大教堂的穹顶时，他也向布鲁内莱斯基的杰作致敬。他曾说："我会做一个更大的穹顶，但它绝不会比布鲁内莱斯基的穹顶更美。"

布鲁内莱斯基因其研究线性透视法而闻名。如我们所见，中世纪艺术家往往强调上帝的无限性，而忽视了人的相对性，因此他们通常不考虑三维空间结构，而是更倾向于表现神性的抽象与逻辑，将其视为与物质世界截然不同的存在。布鲁内莱斯基彻底颠覆了这种光学手法和思考视角，发展出重要的数学和几何原则，推动文艺复兴时期的画家开始优先考虑从人类主体视角出发的消失点，将人类再次确立为衡量万物的尺度。

像多那太罗所做的那样，古典遗产被转化为一种充满活力的现实主义，这种雕塑艺术拥有永恒的革命性。例如，在《圣经》

人物哈巴谷的青铜像中，我们可以看到这种风格的初步体现。这尊雕像被当地人称为"大头像"（Zuccone），位于乔托钟楼顶部的壁龛中。与哥特式艺术中对《圣经》人物理想化、宁静的表现截然不同，多那太罗赋予哈巴谷一种鲜明的现实主义特色：他的头像是一个奇形怪状的大脑袋，脸部粗糙，身躯强健，披着一件变化无常的斗篷，看起来不像先知，反而更像一个无所畏惧的罗马议员，身处于动荡的世界中。在对现实主义的追求中，多那太罗不仅精通各种材料的运用（如灰泥、大理石、青铜、木材），还以前所未有的方式传达了充满戏剧性的人类生活。他为锡耶纳大教堂设计的施洗者约翰的铜像，以及为忏悔者抹大拉的马利亚所雕刻的瘦骨嶙峋的木雕，均展现了一个在荒野与孤独中，坚韧地追求救赎的中世纪传奇人物。

这样的伟大成就最终将雕塑从陪衬的地位中解放出来，这也是极为恰当的。在一千多年里，雕塑一直被视为宗教建筑的附属品，几乎所有的雕塑作品都围绕着教堂的装饰与功能展开。除了军事领袖加塔梅拉塔的青铜骑马像外，多那太罗在教堂之外构思的第一座独立雕塑就是著名的《大卫》——这是罗马帝国灭亡后，西方世界重新出现的第一座独立圆雕。

它很可能是美第奇为其宅邸庭院设计的，雕塑中年轻的牧羊人大卫被描绘成一个裸体少年，骄傲地踩着巨人哥利亚的头颅。根据《圣经》记载，哥利亚是以色列人与非利士人战争中的一名恐怖战士，最终被大卫用绳索和飞石击败。大卫的雕塑散发出强烈的情色感，尤其是哥利亚头盔上的长羽，似乎触及男孩右腿内侧，并指向他的腹股沟。在这幅作品中，没有任何虚幻或宗教元素：多那太罗彻底割断了与宗教传统的联系，不仅赋予雕塑脱离宗教背景的自主性，还使身体的感官和纯粹的现实成为值得欣赏和赞美的艺术主题。

正如上面提到的作品所示，布鲁内莱斯基和多那太罗的创作灵感并非来源于单纯复制古物，而是将它们作为全新的创作源泉。彼得拉克也提倡这一原则，他认为文化并非枯燥的知识，而是建立在新旧交融综合理念之上的一种积极的同化过程。他将这

布鲁内莱斯基创作的圣马利亚教堂穹顶，1434

左图：多那太罗塑造的《圣经》人物哈巴谷，俗称"大头像"
右图：多那太罗塑造的瘦弱的抹大拉的马利亚

种融合比作蜜蜂穿梭于不同的美丽花朵之间，然后酿成自己独特的蜂蜜。

正如布鲁内莱斯基在建筑领域和多那太罗在雕塑上的贡献，乔托之后第一个以独特方式诠释古典主义的画家是马萨乔。他在26岁时英年早逝，留下了两幅重要的画作：一是新圣母马利亚教堂的壁画《圣三位一体》，其娴熟地运用了透视法，给同时代的人留下了深刻印象；二是他为佛罗伦萨卡尔米内圣母大殿的布兰卡奇教堂创作的浮雕壁画。马萨乔的独特个人风格，尤其体现在名为《缴纳税银》的局部场景中。

多那太罗的青铜大卫像，是罗马帝国解体后西方第一座独立青铜圆雕

这一场景生动地描绘了《马太福音》中的故事：一个税吏阻止基督及其门徒向国家要钱。这一系列精心编排的手势、动作和

表情，通过坚固的浮雕塑像表现出来，传达了故事中所描述的多种思想和情感——自信、惊讶、犹豫和愤怒——都围绕着基督的平静。基督告诉彼得去湖边钓鱼，在鱼嘴里找一枚硬币（彼得听从了基督的命令，在图后面可以看到）。空间的纵深显示了马萨乔对透视法的熟练运用，增强了画面的真实性，比如画家所突出的自然光（自然光早已被艺术家遗弃了一千多年），通过地面上的长长投影，表现了寒冷冬日的午后。

马萨乔运用高超的技艺，巧妙地将基督融入一个完全现实的场景，这一创新得到了当时观众的一致赞赏。这些赞美无疑让丝绸商人费利斯·布兰卡奇感到自豪，他是这幅作品的赞助人之一。和其他商人一样，他不仅是出于对宗教的虔诚，更是为了提升自己的世俗地位。通过选择金钱作为主题，布兰卡奇向市民传递了一个信息：尽管他拥有财富和成功，但这丝毫未削弱他对社

马萨乔的《缴纳税银》，位于佛罗伦萨的布兰卡奇教堂

上图：马索里诺描绘的圣彼得引发的双重奇迹
左图：画面局部的两个男人正在交谈

会责任的承担。面对米兰战争带来的财政压力,市民们一直在讨论如何提高税额,而布兰卡奇一方面通过这幅作品炫耀自己的公民美德,另一方面也在积极支持征税措施。

马萨乔通过宗教主题掩饰世俗意图的做法,也出现在他的学生马萨里诺的作品中。他的画作同样陈列在同一座教堂内。其中,有一个著名的场景是将《新约》和《旧约》中的两个事件巧妙地融合在一起:圣彼得奇迹般复活了塔比瑟,并治愈了一个瘸子。

连接两个场景的背景,被描绘成一座阳光普照的广场,两侧是一组典雅的粉彩房屋,呈现出典型的15世纪佛罗伦萨生活与商业场景。马萨乔和马萨里诺将《圣经》中的场景置于熟悉的时代

法布里亚诺的祭坛画《东方三博士的崇拜》,位于佛罗伦萨的圣三一教堂

背景中，这一做法源自几位15世纪艺术家，如扬·范艾克、罗吉尔·范德韦登和罗伯特·坎宾，他们在布鲁日、根特和布鲁塞尔引领潮流。类似地，马萨里诺也在这幅画中注重了日常生活的细节：如挂在窗外的毯子上掸去的灰尘、花盆、鸟笼，以及从远方带来的猴子。在这个美丽的早晨，市民们在街道上做生意，平静的日常生活呈现出活力。画面中最重要、最中央的两位人物，身着文艺复兴时期华丽的衣帽，专心交谈，丝毫未注意到圣彼得在他们旁边发生的奇迹。观众可能会感受到，这仿佛是两个截然不同的世界：一个是世俗的、充满商业活力的世界，另一个是平行

戈佐利为美第奇宫小教堂所作的壁画（1459—1461年）

上图：波提切利的画作《东方三博士的皈依》（1476年）
下图：艺术家本人出现在画面边缘

的宗教精神世界。那么，如何理解画家这种神秘的安排呢？或许答案在于对比这座城市的繁荣与圣彼得奇迹的重生：瘸子和死去的女子的复生，巧妙地隐喻了佛罗伦萨城市的复兴与空前的辉煌，展示了其在商业活动中的"复活"。

借用宗教主题来赞美世俗成就，这种胆略在著名画家让蒂尔·达·法布里亚诺的作品中达到了新高。他受美第奇家族的劲敌、银行家帕拉·斯特罗齐的委托，创作了一幅名为《东方三博士的崇拜》(*The Adoration of the Magi*)的祭坛画，这幅画陈列于佛罗伦萨的圣三一教堂圣器馆中。

在这幅画中，最特别的是艺术品的赞助商被直接描绘在场景中。中世纪鼎盛时期，虽然把赞助人放入宗教组画已成惯例，但有两条严格的规则：赞助人的形象必须相对宗教人物居于次要位置，并且要表现出对神圣事件的谦卑和尊重。然而法布里亚诺几乎是狂妄地将斯特罗齐家族成员画得与东方三博士同等大小，并将他们放在三位国王旁边的最重要位置。更为突出的是，在他们身后站着一群穿着讲究的随从，象征着斯特罗齐家族的豪华随行队伍。

但这幅画还蕴含更多深层含义：根据基督教传统，圣母和圣子的地位是最特殊的，任何人物或事件都不能居于其上。法布里亚诺起初似乎遵守了这一规则，将耶稣降生的场景设为长长的游行队伍的终点。然而当我们仔细观察时，活跃的人群、五颜六色的服装、异国猴子、猎鹰、躁动的马和纯种狗不断地吸引着我们的目光，将我们从神圣场景的沉思中拉开。画中的人物更是令人分心：除了帕拉·斯特罗齐（可以通过他左臂上的猎鹰辨认出来），他身边的人物似乎没有一个人在关注耶稣的降生。即便是马槽顶上发光的伯利恒之星，也未能引起他们的注意。他们兴奋地参与着狩猎活动，活动结束后，人们互相对视，仿佛在分享经历，或仅仅是惊讶于两只鸟儿在他们头顶上争斗。眼神游移不定，唯独不看婴儿耶稣。在那个不宽容的时代，这种不敬行为会被教会视为严重的亵渎，甚至可能引发地狱之火的惩罚。

尽管像阿尔伯蒂和费奇诺这样的道德家认为，美德才是人类欣赏美的真正动因，但富裕的佛罗伦萨人消费艺术品的动力，往往更受时间和政治因素的驱使。要证明这一点，只需看看贝诺佐·戈佐利在美第奇宅邸小教堂所绘制的壁画。

壁画的创作动机源自几十年前的一件事：1438—1439年，佛罗伦萨会议召开，试图调和东西方教会的矛盾。科西莫拥有一定声望，因此将议会从费拉拉迁至佛罗伦萨，并在那里慷慨接待了各界名流，包括拜占庭皇帝和君士坦丁堡的元老们。尽管会议未能达成预期目标，也未能消除美第奇家族的负面形象，但从某种意义上说，它无疑是美第奇家族的一次巨大成功。因此，他们选择了一个宏大的艺术主题来纪念这一事件：东方三博士的伯利恒之旅，这与法布里亚诺的祭坛画类似。人们猜测，这一选择也可能是为了超越对手斯特罗齐家族。证据之一是这幅作品的规模宏大，覆盖了教堂的三面墙，或者更直接地说，美第奇家族在画中以东方三博士的形象出现。这一大胆选择的动机仍然是财富：美第奇家族认为自己有权与东方三博士相提并论，因为他们组织了佛罗伦萨会议，并对基督教世界做出了贡献。当然，还有更深层的含义：在佛罗伦萨的富人中，没有谁比伟大的美第奇家族更配得上上帝的赞许和认可。

在戈佐利的壁画中，最引人注目的人物是年轻的洛伦佐·美第奇，他戴着饰有宝石和金色穗子的皇家头巾。在他身后一片色彩斑斓、童话般美丽的风景中，我们看到了他的父亲皮耶罗和祖父科西莫。在美第奇、东方三博士之后，长长的庄严队列包括衣着华丽的贵族、大官、宫廷内臣、乡绅和侍从。在长长的队伍中，我们看到了东罗马帝国皇帝约翰八世和君士坦丁堡的元老们。其他名人还有意大利人文主义者费奇诺和克里斯托佛·兰迪诺，以及画家本人，他戴的红帽子上绣着自己的名字。戈佐利敢把自己放在画作里，揭示了艺术家刚刚获得的自我意识，尤其是，他们意识到自己在维护掌权者的荣誉是如此重要。

不久，许多艺术家开始纷纷效仿。其中最典型的是桑德罗·波提切利后来的一幅画，即作于1476年的《东方三博士的皈依》（*The Adoration of the Magi*），同样是为了致敬美第奇家族（在画面中，科西莫跪在圣母面前，他的两个儿子皮耶罗和小乔瓦尼也被画成东方三博士,而他的孙子朱利亚诺和洛伦佐则在人群中见证这一切)。波提切利本人在画作中直视观众时所表现出的高傲,传达了意大利艺术家此时所拥有的自豪感。

毫无疑问,戈佐利的壁画在美学上堪称伟大,但美第奇家族通过宗教象征来提升政治权力,暴露了他们的傲慢。科西莫究竟是怎么了?他一生都小心翼翼地避免炫耀,为什么突然变得如此张扬?许多学者认为,科西莫仅在作品的初期阶段进行过监督,而他的儿子皮耶罗(绰号"痛风者")则被权力的奢华所吸引,完成了后续部分。值得注意的是,科西莫依然是画中唯一骑着棕毛骡子的人,这显然是在暗示基督进入耶路撒冷时骑的就是骡子,体现了谦卑与低调。也许,皮耶罗想通过这一细节致敬父亲的谦逊,却完全没有从父亲的榜样中汲取教训。

关于教堂的最后一件事:当我们走进教堂时,那些令人眼花缭乱的美丽画作让人难以忘怀,以至于我们很容易忽视其中一个最重要的《圣经》场景——耶稣诞生。菲利波·利比曾在圣坛上方画过一幅小画来补充这一细节,但这几乎是事后才想到的,且容易被忽略。这一细节表明,尽管中世纪弥漫着对灵魂不朽的渴望,但文艺复兴时期的大多数富人其实更渴望的是名望、掌声和社会的认可。

尽管如此,仍然有一些纯粹的灵性表达存在。那些将艺术作为宗教工具的人中,包括西蒙尼·马提尼,他是锡耶纳的居民和工匠，依然保持着拜占庭风格和技法，画面缺乏动态、透视和自然光。而在佛罗伦萨，宗教绘画的另一位代言人是弗拉·安吉利科，他为圣马可修道院的修士房间装饰了宏伟的神秘幻象。

菲利波·利比的画作也出现在贝诺佐·戈佐利设计的教堂中，但他的性格与虔诚的安吉利科完全不同。菲利波在年幼时便失去了父母，被送进修道院，16岁时成了一名修士。他不仅是一位伟大的画家，也是一个反复无常的人，经常无法按时完成工作。科西莫常常把他锁在房间里，逼迫他创作，但菲利波却经常跳窗逃走。最终，他因爱上了一名修女而被指控不道德，因为他将修女从修道院绑架了出来。他为圣母马利亚创作的许多画像都带有这名修女的面容。此后，多明我牧师萨伏那洛拉严厉地谴责了这些亵渎行为，称其为对基督教精神的极大冒犯。

伟大的洛伦佐及其宫廷

科西莫去世后，皮耶罗接管了政权，但他接管五年后就去世了，留下了年仅20岁的儿子洛伦佐来掌管家族生意。尽管洛伦佐在赚钱方面没有像科西莫那样的才能，但据同时代人所言，他无疑具备与祖父相似的政治手腕，能够巧妙地操控政局。与科西莫一样，洛伦佐采取了谨慎的方式来巩固自己的权力。为了确保获得多数人的支持,他操控了"balia"议会(即"七十人议会",创建于1480年,是一个永久性的议会机构)的决议。

在洛伦佐的统治下,佛罗伦萨的城市繁荣和秩序得以恢复,至少在短期内平息了党争。只要贸易和货币能够自由流通,人民便会感到满足,即使代价是失去自由。洛伦佐将佛罗伦萨打造成了一座充满光明、优雅、欢乐和娱乐的城市,并利用这一点,进一步美化了自己仁慈的形象,这使得美第奇家族在政治舞台上得心应手。16世纪历史学家弗朗西斯科·圭恰迪尼曾写道:"如果佛罗伦萨必须有一个暴君,那么没有比洛伦佐更适合的人选了。"

洛伦佐是一个聪明且有教养的人,年幼时便掌握了拉丁语和希腊语。他热衷于艺术、文学和哲学,身边常常围绕着大学者和艺术家。除了敬业、严肃的一面,洛伦佐也是个乐观的人,喜欢生活中的轻松和愉悦。在他的领导下,壮观的比赛、华丽的游行、奢华的狂欢节和富有创意的化装舞会成了这座城市的标志,同时也给文学、诗歌、绘画、雕塑和建筑等艺术形式带来了辉煌的成就。洛伦佐为佛罗伦萨注入了活力和声望,因此城市授予了他"伟大的"(il Magnifico)这一称号。然而正如洛伦佐在一首诗中所写的:"未来往往会迎来迷人的春季,但也伴随无法预见的灾难。"

对洛伦佐来说,这种难以预测的现实遭遇,源自竞争对手帕齐家族与教皇西斯都四世的合谋(西斯都四世出身方济各会,但他违背了苦行寡欲的誓言,支持宗教裁判所,搞裙带关系,是个无耻的政客)。1478年复活节,当洛伦佐和弟弟朱利亚诺在大教堂参加弥撒时遭遇刺客。洛伦佐成功逃脱,但年轻的朱利亚诺未能幸免。洛伦佐随即展开了迅猛如雷的报复行动,立刻逮捕了阴谋者并处以极刑,将他们的尸体悬挂在巴杰罗宫的窗外长达几天,以警告那些仍藏匿在暗处的阴谋家。被处决的名单上,比萨大主教赫然在列,教皇震惊不已,决定将洛伦佐逐出教会,并中止与美第奇银行的业务往来。洛伦佐何其精明,必定不会让局势持续紧张:他凭借祖父那样娴熟的外交手段,最终与教皇修复了关系,并维持与米兰和那不勒斯等其他大城市的微妙平衡。

洛伦佐具备多重人格——政治家、暴君、战士、外交家、学者、诗人和艺术爱好者——且这些角色能完美地共存。更令人难以置信的是,在众多令人唾弃的暴力事件中,竟然是那个在诗歌中细致赞美爱与美的诗人,亲自下令洗劫沃尔泰拉。在这样的多面领导下,佛罗伦萨仿佛变成了一个"贵族",它散发出一种光彩夺目、魅力四射的光环,甚至能够吸引那些失去自主权和独立尊严的意大利人。

在洛伦佐的推动下,美第奇宫廷成了吉兰达约、波提切利、皮耶罗、安东尼奥·波莱奥洛、安德烈·德尔·韦罗基奥、达·芬奇和米开朗琪罗等艺术家,路易吉·浦尔契、波利齐亚诺等作家,以及费奇诺、皮科·德拉·米兰多拉等哲学家的聚集地。

浦尔契和波利齐亚诺都是洛伦佐的朋友和座上宾，但他们在品位、风格和个性上截然不同。浦尔契的诗歌代表作《摩根特》旨在讽刺骑士精神，而身为古典学者的波利齐亚诺则将浪漫情感倾注于抒情诗，直接向彼得拉克优雅细腻的风格致敬。他最著名的诗作《马上比武的朱里亚诺·美第奇》是为圣十字广场上举行的竞赛而写，旨在纪念洛伦佐的弟弟朱利亚诺。全诗虽然用意大利语创作，却充满了对异教和古典文化的引用，并以朱利亚诺之死作为结尾。

波利齐亚诺是洛伦佐在诗歌和文学上的导师，而费奇诺则激发了洛伦佐对柏拉图哲学的热情。费奇诺的思想深度（他的柏拉图学院由洛伦佐的祖父科西莫创办），似乎与基督教的原则相契合。理查德·塔纳斯写道："接触柏拉图在费奇诺身上产生的最神奇效应，就是让他意识到，从历史之初，人类的一个主要特质便是对智慧与心灵完美的追求。"这一认识让费奇诺相信，基督教及其之前的所有伟大传统——从古埃及的诠释学到犹太卡巴拉（诠释《希伯来圣经》的古老神秘学）——都存在思想渊源，并吸收了毕达哥拉斯、柏拉图以及大部分新柏拉图哲学家的智慧。学者查尔斯·诺尔特写道，据费奇诺所述，"这些古代圣贤都受到了神的启发，他们的使命就是教导人们精神可以超越物质，让整个世界为基督教信仰做好准备"。[1]

据费奇诺所述,世界是一个生命体,受到"来自上帝的神圣影响,穿透天空,从元素中降落,并在物质中走向终结"思想的激发。被上帝置于那令人敬畏的生命等级中心的人,拥有自由选择他想要成为的对象的自由:要么被困在动物的水平上,要么超越物质性,跟随神圣创造力的内在火花,从而达到本性所能达到的惊人高度。文艺复兴时期如此热衷于艺术之美的奉献精神,实际上是一种对上帝赋予最喜爱生物——人类——的赞美,彰显了人类作为共同创造者的角色。

除了费奇诺,洛伦佐身边的另一位重要学者是乔瓦尼·米兰多拉,他以博大精深、兼收并蓄的文化素养而闻名,且精通多种语言,包括希腊语、拉丁语、希伯来语、阿拉伯语和亚拉姆语。皮科与费奇诺一样,认为所有知识是相互交织的,他提出了一种结合基督教、希腊哲学、犹太卡巴拉、神话与神秘哲学家伪赫耳墨斯思想,以及波斯先知琐罗亚斯德教义的综合体系。皮科将这种复杂的综合体系描述为不同的光照阶段:古代智者所传授的智慧与基督教相一致,因为基督教表达了一种普遍的灵魂,这种灵魂渗透规范了整个宇宙。学者亚瑟·赫尔曼在《洞穴与光明》一

---

[1] 有趣的是,文艺复兴时期对过去各种理论和传统的普遍热情也导致了对那些没有任何真正的实验有效性的学科的支持,比如神秘主义、占星术、占卜术、魔法和炼金术。费奇诺对魔法、神秘主义、神谕和咒语的迷恋,也被持怀疑态度的马基雅维利(我们稍后将详细讨论他)认同,尽管他有唯物主义的观点,但他经常把神童和预言与实际的历史事件联系起来。

书中写道："皮科令人震惊的兴趣范围和他取之不尽的学术精力，都是为了完成一项任务，那就是证明所有的宗教和哲学，无论是古代的还是现代的，无论是异教徒还是基督徒，实际上都形成了一个统一的知识体系。"

中世纪将人类视为因原罪而受伤的脆弱存在，这一观点强调了上帝的恩典是拯救人类的必需条件。然而在皮科的《论人的尊严》一文中，这一看法完全不存在。对皮科而言，人是上帝赐予的天赋英雄，具备智慧、创造力，并拥有选择自己成为什么的绝对自由："噢，人类最高、最奇妙的恩典。对他而言，无论他选择什么、做什么，都是理所当然的。"

根据传统教义，基督的救赎是不可或缺的。然而皮科选择避开了人类堕落的故事，而是以一种全新的方式想象上帝与亚当的对话："我把你置于世界的中心，这样你便能轻易地看到一切。我使你成为非天、非地、非生、非死、非永生的受造之物，让你崇高，并赋予你成为自己创造者和塑造者的能力。你可以自由地塑造自己。你将能够堕落为低级的生命形式，那是兽性的；你也将有能力通过灵魂的审视，获得重生的力量，化为更高形式的生命，那是神圣的。"

为了探索这些思想，皮科提议在罗马举办一次学者的公开聚会。此次雄心勃勃的会议的主要议程是讨论皮科所提出的900多个议题，旨在找到所有哲学和宗教之间的基本共性。皮科希望能够与同时代的主要学者进行对话，但他最终得到的是教会的否决，其中23个议题被判定为异端邪说。

费奇诺和皮科的著作引发了许多复杂的讨论，但早期人文主义者满怀热情地希望人们重拾政治理想，这些努力在后来的思想界讨论中大多被忽视。一些学者认为，美第奇家族故意提倡柏拉图的抽象推理，而忽视那些更注重实用主义的哲学。学者查尔斯·G.诺尔特写道："它迫使受过教育的阶层脱离了公民理想和共和自由。"证据显示，所有关于公民献身公共利益的主题都被排除在艺术之外——在洛伦佐的领导下，虽然给人带来了一种审美上的刺激，但这种文化在政治上和意识形态上却日渐空洞，依然带有典型的宫廷化品位和风格。

波提切利的名作《维纳斯的诞生》和《春》，最初可能是献给洛伦佐的表兄弟迪皮尔弗兰切斯科·美第奇的。画作展现的内在矛盾难以掩盖——在被引用的美丽神话吸引后，观众很快意识到，在这华丽的外表之下，作者真正想要表达的，与其说是心灵主题和柏拉图哲学思想中虚无缥缈的快乐，不如说是歌颂佛罗伦萨的大老板，即美第奇家族的伟大。

神话记载，在克罗诺斯割下父亲乌拉诺斯的生殖器并将其扔入大海后，海中便诞生了爱神维纳斯。波提切利的这幅画描绘了新生的维纳斯站在一个巨大的贝壳上，从海中漂至岸边。海风吹动她身上的薄纱，象征着情欲与激情，而迎面而来的仙女则用手遮掩她的裸体，代表纯洁的精神之爱。人物的优雅描绘，缺乏物质上的一致性（与多那太罗或马萨乔的现实主义作品形成鲜明对比），再加上画作中的梦幻气氛，似乎指向了一种先验的新柏拉图主义维度。然而这种印象只是表面现象。由于党派斗争和宣传目的，这幅画实际上背离了其所暗示的纯洁与灵性。波提切利并非借维纳斯的降临来宣扬禁欲主义的终结，而是通过宫廷中常见的奉承与夸大，宣告了一个事实——随着美第奇家族的胜利，佛罗伦萨被赋予了一种柏拉图式的高贵纯洁之美。

在波提切利的另一幅名画《春》中，维纳斯再次被置于舞台中央。在她的上方，丘比特飞向三位翩翩起舞的贞洁女神，对她们射箭。当贞洁女神因爱而复苏时，大自然就会让花朵绽放，这一过程由春天女神弗洛拉所表现，她将花撒在四周。她身后的女神是克洛里斯，神话记载，克洛里斯是春风之神泽费罗斯的爱人。站在她面前的是信使之神赫耳墨斯，他拨开妨碍宁静的云朵。这幅画似乎提出了一个修辞学问题：维纳斯和美惠三女神居住的人间天堂究竟在何处？答案不言而喻："佛罗伦萨。"显然，这又是一种老练的手段来谄媚洛伦佐。就像柏拉图理想中的"哲学王"一样，洛伦佐将佛罗伦萨变成了一座充满美丽与爱的神奇花园。"佛罗伦萨"一词源自意大利语"盛开"（orire），隐含着神话中的重生主题。

这幅画的深奥本质及其借鉴的异教文化，旨在取悦那些通过

波提切利的名作《维纳斯的诞生》

波提切利的另一幅名作《春》

破解视觉谜语来炫耀智慧的知识分子群体，从而确认他们在特权阶层中的优越感。

几年内，这种宫廷心态在拉斐尔的画作《巴尔达萨·卡斯底格朗肖像》中达到了巅峰。这幅画用于装饰乌尔比诺的蒙特费特罗宫，那里是文艺复兴时期最活跃的艺术和文化中心之一。1528年，威尼斯印刷出版商阿尔杜斯·曼纽斯为卡斯蒂格利奥出版了一本《侍臣论》。这是一本朝臣行为规范，指导大臣在复杂的宫廷环境中的穿着、交谈和举止。其主要观点是：优雅离不开凝练的智慧，因此朝臣必须首先成为"通才"，即除了擅长体力活动外，还必须精通希腊语、拉丁语，具备历史、哲学、文学、音

吉兰达约所绘的《承认方济各会》，位于佛罗伦萨圣三一教堂的萨塞蒂礼拜堂

乐、绘画、雕塑和建筑等知识。朝臣应当时刻展现文化素养和机智的、毫不费力的作风，他称其为"潇洒"（sprezzatura）。卡斯蒂格利奥这本书有个很有趣的地方，就是对朝廷命妇的定位。根据他的观点，受过教育的朝廷命妇应当是朝臣的伴侣，在智力才能上和男人平起平坐。也就是说，文艺复兴时期逐渐成熟的个性意识不应被错误理解——"尊重自己"，不等于追求纯粹自由独立的个性，而是渴望成为官廷所代表的高度排他性的宇宙的一部分。

在探讨文艺复兴时期的伟大艺术家时，也应该采取类似的谨慎态度，正如前面提到的，这些才华横溢的艺术家并非完全自由的创作者，他们的作品往往是为慷慨的金主服务的。

与波提切利不同，另一位美第奇赞助的著名画家吉兰达约提供了一个很好的反面例子，他为佛罗伦萨圣三一教堂的萨塞蒂家族礼拜堂创作壁画。这所教堂是献给圣方济各的。

画中描绘了教皇洪诺留三世对圣方济各教派的认可（很奇怪，这位苦行修士竟然是银行家最喜欢的圣人）。萨塞蒂本人曾在美第奇银行担任要职，他站在右侧，目光注视着他的老板洛伦佐和另一位亲友安东尼奥·普奇。萨塞蒂旁边是他的小儿子，三个大儿子穿着红衣服站在左侧。壁画最有趣的地方是背景——佛罗伦萨的象征领主广场。去过佛罗伦萨的游客都能一眼认出，广场一侧是韦奇奥宫，另一侧是佣兵凉廊。

靠近观众一侧的拱门是马克森提乌斯和君士坦丁在罗马建造的和平神庙的大拱门。众所周知,圣方济各是在罗马会见教皇,而非佛罗伦萨,梵蒂冈承认他教义的仪式当然也不会发生在罗马的异教遗址中。那么,为什么画面中出现如此不符合历史事实的场景呢?主要原因是创作者希望将佛罗伦萨提升为"新罗马",并将洛伦佐塑造成新的罗马统治者,佛罗伦萨成为昔日罗马传奇的继承者。画中提到罗马和平神庙,是为了强调佛罗伦萨和罗马在帕齐阴谋后重归和平的关系。安东尼奥·普奇站在洛伦佐身旁,他正是推动教皇与美第奇家族联手的关键人物。画面中的复杂意涵令人难以忽视——世俗和宗教符号被巧妙地重新组合,旨在对美第奇家族进行赞美。然而最终美第奇家族与圣方济各及其教会并未产生实际联系,世俗的权力欲望无疑战胜了神秘和圣洁的象征。

幻想破灭与犬儒云集

1492年,洛伦佐逝世,年仅43岁,美第奇家族的黄金时代随之结束。两年后,洛伦佐的继任者皮耶罗面临着巨大的威胁——法国查理八世的后裔入侵意大利,意图夺回1435年西班牙阿拉贡家族从法国安茹家族手中夺走的那不勒斯王国。

由于怀疑查理的扩张意图，皮耶罗试图通过向查理献出萨尔扎纳、比萨和利沃诺等城市来博得法国国王的宽恕。然而皮耶罗的懦弱激怒了佛罗伦萨人，他们将其驱逐出城，恢复了共和国制度。随之而来的混乱促进了圣马可修道院的多明我会士吉拉莫·萨伏那洛拉的崛起。萨伏那洛拉在布道中不断宣扬末日论，向佛罗伦萨人灌输恐惧思想，谴责人民的道德堕落，并保证上帝很快会惩罚这座堕落的罪恶之城。查理八世的入侵被许多人解读为萨伏那洛拉的预言成真。在萨伏那洛拉激烈话语的煽动下，一种罪恶、恐惧与迷信交织的情绪达到了燃点，一触即发，给了清教徒异常狂热的思想以可乘之机。

讽刺的是，来自费拉拉的萨伏那洛拉最初是应洛伦佐之邀来佛罗伦萨的，哲学家皮科·德拉·米兰多拉也曾建议他前往，因为他欣赏萨伏那洛拉炽热的信仰和有力的言辞。一到佛罗伦萨，萨伏那洛拉便当上了圣马可修道院的院长。洛伦佐很快发现，萨伏那洛拉用尖刻的言辞谴责他追求艺术、美和各种智慧的幻想。为了安抚这位严肃的修士，洛伦佐常常送礼物到圣马可修道院，但他的努力却换来了对方的愤怒和轻蔑的拒绝。虽然洛伦佐表面上是个基督徒，但萨伏那洛拉显然触动了他内心深处的信仰。当洛伦佐突然病倒，奄奄一息时，他要求萨伏那洛拉为他举行最后的赎罪仪式。据当时在场的波利齐亚诺所说，萨伏那洛拉赦免了洛伦佐，条件是他必须为自己的罪行忏悔，并承诺一旦康复将改变自己的生活。然而萨伏那洛拉的传记作者维拉里给出了一个不太温柔的版本,称萨伏那洛拉要求洛伦佐恢复佛罗伦萨的自由。洛伦佐拒绝了这一要求,因此萨伏那洛拉也拒绝赦免他。

对罪恶的过分关注,使萨伏那洛拉成为一个专注于囚禁和用刑的"佛罗伦萨恐怖分子",但并非他说的每一句话都极端或狂妄。例如,他对宗教艺术沦为权力装饰品的批评,虽显得激烈,却从虔诚信徒的角度看,似乎也合情合理。正如我们所见,除了美第奇家族外,许多佛罗伦萨富商将宗教象征当作炫耀个人荣誉的资本。富商乔瓦尼·鲁切莱资助了由阿尔伯蒂设计的新圣马利亚教堂的大理石外立面,毫不犹豫地将自己的名字刻在教堂顶上基督太阳符号的正下方。即便今天我们习惯了富豪们通过广告自我标榜,鲁切莱的这种自大依然令人咋舌。同样,在洛伦佐的舅舅乔瓦尼·托纳布奥尼的资助下,吉兰达约创作的圣母主题壁画中,他借用了洛伦佐母亲卢克莱齐亚的形象(该壁画位于新圣母马利亚教堂),并将其他佛罗伦萨贵族的面貌赋予《圣经》中的人物。萨伏那洛拉反对这些过分行为是可以理解的,但无法接受的是他煽动追随者制造了臭名昭著的"虚荣之火"暴力事件,成堆的书籍、艺术品、奇装异服、化妆品和各种奢侈品都被他集中焚毁。当萨伏那洛拉的矛头转向梵蒂冈时,教廷腐败在亚历山大六世的统治下达到了顶峰。面对萨伏那洛拉的指控,教皇立即试图将他逐出教会,并斥其为异端。尽管如此,势头正盛的萨伏那洛拉丝毫未受影响，继续抨击那些以邪恶堕落玷污纯洁信仰的人。许多人被他激烈的言辞所震慑，包括宫廷画家桑德罗·波提切利，他深感内疚，突然开始痛批自己以往的作品，并宣布彻底献身于虔诚的艺术。这场精神领域的艺术革命体现在他的画作《神秘的耶稣诞生》中，画面中，一群美丽的天使在圣洁的光环中和谐地歌唱、起舞。

佛罗伦萨人最终厌倦了萨伏那洛拉鼓吹的厄运和黑暗，于1498年5月23日将他绞死，并将他的尸体一把火烧成灰烬。行刑地点正是他曾点燃"虚荣之火"的地方。或许，萨伏那洛拉留给后世的最大遗产，就是为马丁·路德的新教改革埋下了火种。马丁·路德十分崇拜这位先知式的牧师，尊称他为"圣人"。

萨伏那洛拉死后的权力斗争使佛罗伦萨陷入了无政府的边缘。为了防止最坏的情况发生，上层贵族们选举出温和的皮耶罗·索代里尼担任共和国首席保安官。索代里尼的智囊团中有尼科洛·马基雅维利，他主要负责几个外交使团，还组织了一支民兵队，这支队伍不同于雇佣军，而是从公民中挑选的——马基雅维利一直强调，这对共和国的国防至关重要。

马基雅维利的生活在1512年急转直下，当时，重掌佛罗伦萨的美第奇家族指责他怀有阴谋，并剥夺了他的公职。在遭受监禁和酷刑之后，马基雅维利被迫隐居在远离佛罗伦萨的乡间别墅。尽管写了许多上诉书，但马基雅维利再也无法重获美第奇家

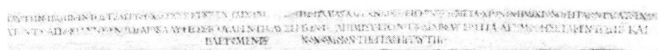

波提切利的《耶稣的神秘诞生》,宣告他回归虔诚的艺术

族的宽恕与信任。在一封写给朋友的信件中,他坦承唯一的慰藉就是读几本古典作家的作品。和彼得拉克一样,他每天与古典作家进行心灵对话。他写道:"黄昏时,我回到家,走进书房,脱下土气的衣服和沾满污泥的靴子,换上宫廷服装。我就这样穿戴整齐,走进古人们的宫廷,受到他们的热烈欢迎,我一边吃着家常便饭,一边与他们交谈,询问他们行为的动机,我并不觉得羞愧。这些古人满怀仁慈地回应我。在这四个小时里,我并不觉得疲倦,不烦恼、不怕困苦,也不再惧怕死亡,我全身心地投入其中。"

正是在那段艰难的岁月中,马基雅维利写下了两部巨著:一部是《论李维》(*Discourses on the First Ten Books of Titus Livius*),他在其中赞扬了共和国的价值;另一部是《君主论》(*The Prince*),这是一本关于君主确立绝对专制权威的指南,与当时的主流学术背道而驰。《君主论》中包含的犬儒主义观点令一代代学者感到困惑:是什么促使马基雅维利去赞美一种与他毕生支持的共和国理想相悖的制度?马基雅维利从未直接回应,因而引发了各种猜测:第一个观点是,《君主论》的理论仅仅是他讨好美第奇家族的产物;第二个观点则强调作者的爱国情怀。由于法国的入侵,马基雅维利得出一个结论:如果意大利不统一国家,它将屈服于外国的铁蹄,他希望与《君主论》一起等待一个强大领袖的到来,将意大利所有城邦归于一人统治之下,就像其他欧洲君主那样；第三个观点认为，马基雅维利在年轻时曾三次目睹佛罗伦萨政府垮台，让他彻底失望——与其说是对共和国理念本身失去信心，不如说是对同时代的人能否维持一个基于无私和协作的政体感到怀疑。在马基雅维利主张的政治改革中，专制可能只是在当时强加秩序与和平的过渡步骤，在未来的某一天，佛罗伦萨人会走向成熟，最终获得建立他眼中最完美共和国制度所需的品质。

不可否认，马基雅维利的论证核心在于他对人性的深刻洞察。亚里士多德曾指出，人类天生有能力在自治社会中培育正义，前提是尊重他人的尊严与自由。马基雅维利在年轻时曾接受这一理想，但随着他直面人类的邪恶与自私，逐渐产生了怀疑。他在《君主论》中写道："人类是善变的懦夫，自私、贪婪且善于嫉妒。"这一观点显然与亚里士多德及文艺复兴思想家们对人类美德的看法相悖，表明马基雅维利在经历世俗的种种变迁后，开始相信人类本质上是一种堕落且缺陷重重的生物。他从历史中得出一个重要结论：自由与正义的最大敌人，并非外部敌人，而是内在的人的天性。然而马基雅维利过于务实，以至于未能有效解决这一难题：他的时代急需答案，而理论的滞后则使他未能跟上时代的步伐。

在这种思维下，马基雅维利只能转向他理想中的完美君主——一个通过实际行动保证社会秩序的人，一个在必要时不惜使用暴力的人。按此逻辑，马基雅维利建议君主应当是一种"半兽人",其"兽"的部分既像狐狸,又像狮子。换句话说,君主需要将力量与狡猾结合,必要时还要伪装成仁慈与善意。马基雅维利的理论强调,政治的实践始终需要平衡的手段,交替使用大棒与胡萝卜。他直截了当地承认:"征服者在夺取一个国家时,应当考虑到所有附带损害,并一次性施加所有伤害,这样可以一劳永逸地安抚人心,在施恩惠时赢得民众的支持。"

在马基雅维利看来,最能体现君主所需的聪明与残忍相结合的典范,便是极度腐败的教皇亚历山大六世的儿子恺撒·博尔吉亚。在父亲的帮助下,恺撒18岁便当上了枢机主教,并试图在马尔什和罗马尼亚的领土上建立一个强大的公国。这个地区长期战乱,为了制止纷争,恺撒派出一名叫拉米洛·德洛科的铁腕人物来平定当地局势。拉米洛通过极端暴力手段迅速恢复了秩序。任务完成后,拉米洛被逮捕并被腰斩,而博尔吉亚则借此机会在民众面前洗脱了自己的罪名。他将拉米洛的尸体暴露在公共广场上,结果却受到了民众的热烈欢呼,人们感激他将他们从拉米洛的暴政中解救了出来。

根据马基雅维利的评价,这种才智只会赢得表面上的赞赏与尊重。如果一个人想在政治舞台上真正发光发亮,他必须抛弃善良与同情,转而采取那些以保障国家安全为目的的残酷计谋。马基雅维利这一观点虽然有其道理,却也显得过于粗暴。在他眼中,君主的美德是一种硬汉式的、几近独裁的统治,与基督教所倡导的仁慈和同情心背道而驰。然而在马基雅维利看来，君主表面上模仿良好的品质，假装尊重宗教，这反而是聪明之举，因为没有什么能比害怕上帝的惩罚更能激励人民的行动。诚然，从古至今，欺骗与掩饰一直是权力的装饰，但在马基雅维利之前，从未有人敢公开承认这一点，更不用说写一本关于如何合理说谎和欺骗以获取权力的手册了。对他而言，政治是一项非道德的事业：君主的职责是维护法律与秩序，如果必须使用残忍、伪装或操控手段，亦是正当的，因为目的和手段本身就是相符的。

马基雅维利的犬儒作风震惊了同时代的人，主要原因在于他的政治理论驳斥了一个古老的幻想——神圣的宇宙是公正有序、合理组织的。对马基雅维利来说，在一个不再受到神圣指引的世界中，只有君主掌握着权力的舵。君主唯一能够依赖的，是他个人的力量与才能，能够承受来自各方势力的无情压力，这不仅包括来自竞争对手的挑战，还包括变幻莫测的命运和运气的压迫，后者被他称为"运势"（fortuna）。

在思考命运的主题时，马基雅维利可能受到了拉丁诗人、伊壁鸠鲁派哲学家卢克莱修的影响。卢克莱修在他的《物性论》（*On the Nature of Things*）一书中写道："掌控命运的是机会，而非某种超自然的神圣计划。"波吉奥·布拉乔里尼和阿尔伯蒂等文艺复兴人文学者也曾探讨过命运，但他们的忧郁态度与马基雅维利的激进语调截然不同——后者将命运比作一个必须用武力驯服的婢女："与其谨慎，不如冲动，因为命运是女流之辈，你若想控制她，就必须绑起来鞭打她。"

同一时代还产生了其他哲学流派，如早期人文主义者的公民乐观主义和弗拉·安吉利科的宗教神秘主义；还有皮科和费奇诺，他们将人类提升到神性的地位；萨伏那洛拉的过分狂热主义，马基雅维利的悲观主义，以及他对人性不抱期待的观点，清晰地反映出了那个时代纷繁复杂的智力画卷。而这个时代的许多思想线索，都离不开它们多种多样、反差巨大的表达方式。

与雅各布·布克哈特所表达的乐观主义不同，历史学家尤金·尼奥·加林生动地描述了始终弥漫于整个文艺复兴时代的阴郁氛围，尤其是在面对那个古老的、安慰人心的信念——宇宙是一个安全有序之所在——逐渐消失时，那个时代所传达出的巨大焦虑。加林写道：

> 有这样一种写历史的方式，它把人类自由重建自我的过程，描绘成某些辉煌成就的凯旋进军。但如果你仔细阅读那个时代最重要的记录，就会发现……人们并没有看到事情的开头，而仅仅隐约看到了结局。他们看到的结局，夕阳无限好，却已近黄昏。的确，我们经常会看到一些新作品不断诞生。人们确信，人类确实有能力重建自己和整个宇宙。但人们同时也意识到，一个按我

们的需求而安排调整的平凡、熟悉的宇宙,早已永远地失去了安稳和宁静。

罗马文艺复兴:荣耀,或者一团乱麻

如我们所知,"巴比伦之囚"源于教廷迁至阿维尼翁,以及随之而来的教会大分裂(Great Schism),当时各方势力争夺教会的控制权,导致教会声誉一落千丈。十字军东征的失败与一些破坏性运动的兴起,如约翰·威克里夫和扬·胡斯发起的宗教改革,已严重削弱了教会的权威。同时,许多民众对教廷的敛财与腐败行为感到愤慨。

1417年对教会而言是关键的一年,大分裂终于结束。随着马丁五世(1417—1431年在位)的当选,罗马教廷在罗马城全面重建,并开展了一系列工作,使这座城市重新成为基督教世界的中心。

在教廷迁往阿维尼翁期间,直属于教会的意大利领土陷入了持续的混乱,既被强人占领,又遭盗贼和土匪的骚扰。为了解决这一问题,马丁五世积极投身于恢复教皇国家的工作中。为了实现这一目标,他不惜动用自己作为意大利中部最大科隆纳家族成员的贵族身份和广泛关系。这一举措却带来了不良后果:教皇为自己的亲属提供了种种政治便利，最终催生了"裙带关系"（nepotism）一词，该词源自"侄子"（nephew）一词。

在活跃的教皇生涯中，马丁五世同样关心罗马城衰落的问题。这项任务相当艰巨，因为当时城市的卫生条件极为糟糕，尤其是缺乏淡水资源。尽管古罗马曾修建过12条渡槽，但其中只有一条还能正常运行。城里的水源仅剩台伯河，而许多民房却挤在这条肮脏的河边——这是个重大错误。频繁的洪水泛滥常常摧毁简陋的棚屋，留下沼泽和污染的烂摊子。老鼠和蚊子肆虐，导致了疾病和死亡。为了筹集资金修复破败的城市基础设施，马丁五世在1423年举办了一场周年庆典。许多朝圣者的捐赠为教会提供了大量资金，这些钱被用来修复城市的下水道系统，并雇用暴徒清除盗贼和土匪，同时消灭害虫。此外，这笔钱还用于装饰重要的教堂，比如拉特朗的圣乔瓦尼教堂，雇用著名画家如蒂尔·达·法布里亚诺和皮萨内罗等创作艺术品，装饰这些宗教建筑。

和马丁五世一样，教皇尤金四世（1431—1447年在位）也曾到访佛罗伦萨，并对这座城市的惊人美丽赞不绝口，并对吉贝尔蒂为洗礼堂大门设计的精湛工艺印象深刻。因此，一当上教皇，他就立刻聘请佛罗伦萨雕刻家菲拉雷特来铸造圣彼得大教堂的青铜大门。菲拉雷特选择将基督、圣母、彼得和保罗等圣人置于希腊和罗马神话人物身边，如朱庇特、伽倪墨得和勒达。这一选择不仅表明艺术家对异教主题的文化热情,也反映了这种文化热情已经渗透到作为教会最高象征的大教堂中,打破了教会传统艺术的界限。

此外,菲拉雷特还构思设计了第一座理想中的文艺复兴城市,并因此而闻名。这座从未实际建起的城市名为"斯福尔扎城",是为了纪念米兰公爵弗朗切斯科·斯福尔扎。菲拉雷特的这一计划吸引了达·芬奇,他同样沉迷于对创造一座理想城市的构想。为了纪念自古典时代以来备受赞誉的神圣几何原则,菲拉雷特将斯福尔扎城设想成一个内含完美圆形的八角星形。英国建

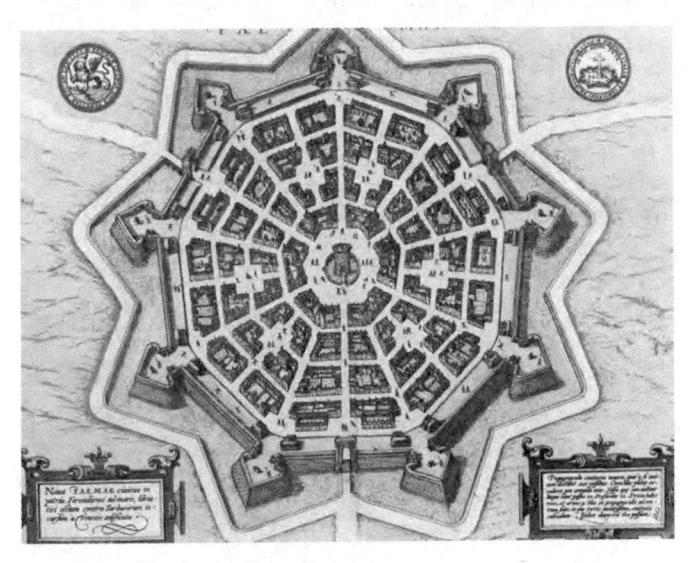

理想的文艺复兴城市斯福尔扎城的规划草图

筑学家科林·罗和弗雷德·柯特在他们合著的《拼贴之城》一书中，将斯福尔扎城比喻为一座"理想之城"，这一比喻恰到好处。他们写道："这座城市的设计结合了《启示录》和柏拉图的《理想国》以及《蒂迈欧》，并融入了对一座新耶路撒冷的展望。"

在政治上，尤金教皇的最大胆举措之一，就是下令将马丁五世非法分配给自己族人的土地归还教会。科隆那家族依然势力雄厚，令其他贵族望尘莫及，他们愤怒至极，直言斥责教皇。为了保全自身安全，尤金不得不匆忙乘小船逃离罗马，躲避敌人投掷的石块，从台伯河仓皇而下，顺流而去。逃至佛罗伦萨后，教皇开始筹划复仇计划。为此，他雇用了一名以残忍著称的海盗，平日用掠夺来的财物养起了一支民兵队。此人名叫乔瓦尼·维泰莱斯基，是雷卡纳蒂的主教。罗马的血腥仇杀时有发生，若台伯河有朝一日干涸，河底定会显露出无数尸骸，令人不禁联想，这片浑浊水域中，是否曾有成千上万的生命葬身其中。罗马人已经变得愤世嫉俗，面对这些关于城市的丑闻充耳不闻。当维泰莱斯基通过种种残酷手段恢复秩序时，罗马市民竟在国会大厦前请愿，要求为他竖起一座骑马雕像。然而教皇深知，个人崇拜可能助长新的敌对势力，便迅速雇用了第二个恶棍，暗中除掉了维泰莱斯基。

教皇尼古拉五世（1447—1455年在位）是继尤金四世之后的又一位人文主义者，他坚信哲学与宗教、异教文学作品与基督教作品、世俗艺术主题与宗教主题应当相互融合。一个长期困扰他的难题是：如果罗马的外观与其他意大利城市，如佛罗伦萨、威尼斯、米兰的鼎盛时期相比显得黯淡无光，那么它又怎能承载起基督教首都的地位呢？对尼古拉来说，许多文艺复兴时期的教皇，与他一样，更像是世俗的君主，而非心灵的牧师。而他眼前的选择也十分明确——作为教皇的城市，罗马理应拥有比世界上任何其他城市更加宏伟与美丽的面貌。

为了筹集建设资金，尼古拉五世于1450年举办了一次周年庆典，这次庆典活动的巨大成功带来了丰厚的收益，教皇立即将这笔资金用于修复罗马的城墙和城门、铺设街道以及修缮阿夸维金渡槽。他还聘请了托斯卡纳建筑师贝尔纳多·罗西里诺对圣母大殿、拉特朗的圣乔瓦尼宫殿、圣保罗和洛伦佐圣殿教堂进行改良，同时邀请建筑师阿尔伯蒂设计了新的宫殿、门廊和露天广场。此外，教皇还赞助了威尼斯宫的建造（这座宫殿因墨索里尼常在露台上对公众演讲而为人熟知）。尼古拉五世还聘请了当时最著名的画家，包括安德烈亚·卡斯坦诺和弗拉·安吉利科。

除了迫切需要修复的圣彼得大教堂，尼古拉五世筹划的最雄心勃勃的项目是修建梵蒂冈宫殿，并将其作为教皇的新寓所（然而在建成之前，他便去世了，最终由继任的教皇接手）。传统上，教皇通常居住在拉特朗的圣乔瓦尼宫。为了这一项目，尼古拉五世从罗马斗兽场和马克西穆斯大赛场挖来了2500车大理石和石灰岩。这一大胆的举措,似乎与尼古拉五世的人文主义倾向相悖,显得颇为矛盾。在文艺复兴时期,收集古罗马硬币和雕塑等文物颇为流行,但谈及罗马的建筑,尤其是那些饱受岁月摧残的建筑时,罗马人往往表现得漠不关心,更多的是想着开采这些古老建筑中的石材用于新建筑。例如,为了修复圣母大教堂,人们拆除了无敌太阳神庙,将其改建成一座小教堂,而西斯廷教堂则是用哈德良陵墓的石材建造的。类似的情况也发生在圣彼得大教堂的建设过程中,教堂的装饰用的就是罗马各处宫殿拆下的大理石。同样,最伟大的古建筑之一——罗马万神殿,也未能幸免,它的一部分被用来建造圣天使堡的炮台;圣天使堡的部分建材,还来自吉安·洛伦佐·贝尔尼尼为圣彼得大教堂设计的著名石雕穹顶。1625年,万神殿内装饰门廊顶部的青铜屋顶被彻底拆除。当时,来自巴贝里尼家族的教皇乌尔班八世下令拆除这些铜件,罗马市民以一句话讽刺他:"蛮族没做到的,巴贝里尼做到了。"[1]

尼古拉五世一生中最悲惨的事件发生在1453年,当时他曾多次进攻拜占庭的奥斯曼土耳其人,终于掌握了中国人在9世纪发明的致命混合物——黑火药,并利用其炸毁了拜占庭的坚固城墙。土耳其人在掠夺城市并奴役大部分市民之后,还将圣索菲亚

---

[1] 这句话被张贴在罗马著名的"会说话的雕塑"上,其名为《帕斯奎诺》(Pasquino),位于罗马的纳沃纳广场附近。这尊严重受损的雕塑创作于3世纪。在16—19世纪被用作一种告示牌,罗马人会在上面留言针砭时弊,通常是以诗歌的形式,矛头直接指向教皇、教士和政客。

大教堂改建为清真寺,以此来为自己的胜利加冕。

随着繁荣了1500年的拜占庭帝国的灭亡,以及基督教世界对穆斯林日益增长的恐惧,恢复基督教首都的权力和荣耀似乎成了当务之急。对于教皇尼古拉五世来说,这一目标不仅仅是政治层面的复兴,更包括对过去伟大遗产的永久保护。作为一个知识分子和充满激情的文人,他深知文化遗产的重要性。于是,尼古拉五世派遣代表前往欧洲各地,尽力收集古代手稿,并热情接纳大量希腊难民来到罗马。这些难民逃离拜占庭,将书籍偷偷带出那座已遭破坏的城市。正因尼古拉五世的努力,许多珍贵书籍被收集起来,形成了梵蒂冈图书馆的核心藏书(后来,教皇西斯图四世开始着手建造图书馆的主体)。

这一时期的另一位著名教皇是皮乌斯二世(1458—1464年在位),他来自显赫的皮科洛米尼家族。作为一位博学多才的学者,皮乌斯二世对古典文学充满热情,同时也享受世间的种种乐趣。他除了留下许多私生子外,还创作了大量诗歌、书信和对话。在他的回忆录《碑铭经眼录》(*Commentarii*)中,他采用了浮夸的文风,尽显他对华丽辞藻的喜爱,尤其是在大篇幅的自我宣传中。他自称为"教会的英雄和运动员",并将自己描绘为在混乱世界中维持秩序的使者。除了热衷于裙带关系,他和尼古拉五世一样,都未能说服意大利及欧洲各国君主联合起来抗击土耳其人。皮乌斯二世的重要遗产之一,是他重建了小城皮恩扎(托斯卡纳的发源地),并将其打造成了文艺复兴时期的艺术瑰宝。在他的任期内,托尔法还发现了大量明矾,这种材料在染料业中用于固定颜色。皮乌斯二世随即禁止教徒从土耳其进口明矾,成功垄断了这一资源,为教会带来了可观的收入。

1475年,在时任教皇西斯图斯四世的领导下,罗马举行了一次周年庆典。为了纪念这次庆典,教皇下令在台伯河上建造了一座桥,这是自罗马帝国时代以来的第一座新桥。西斯图斯四世还下令开设了欧洲第一座公共博物馆——卡匹多尔博物馆(Capitoline Museum),这座艺术殿堂中展示了许多珍贵的作品,其中包括君士坦丁巨型雕塑的头部和手掌(雕塑仅剩的残片)以及著名的《拔刺的小男孩》(*Spinario*)——这座铜像刻画了一个小男孩从脚上拔刺的情景,激励了众多文艺复兴艺术家。

在这一时期,人们对古典遗物的热情达到了狂热的程度。一些人文主义者,如朱利奥·蓬尼奥·莱托,喜欢在罗马的废墟中徘徊、流泪,悼念那段辉煌的历史。他的家中收藏了大量古董,甚至还建立了一所学院,供学生们聚集交谈,在这里,他们可以假装自己生活在罗马共和国的鼎盛时期。

正是在这种充满激情的氛围中,一场寻找古代艺术杰作的大型考古运动悄然展开。主要的文物发现包括著名的《望楼的阿波罗》,以及1506年在罗马葡萄园出土的《拉奥孔》。当尼禄金宫首次被发掘时,许多人以为它仅是一座装饰奇异的"洞穴"

（grotte）。米开朗琪罗和拉斐尔曾多次造访此地，用梯子下到洞中研究壁画。随后，许多文艺复兴时期的艺术家开始采用"洞穴"（grottesco）风格，或称"怪诞"（grotesque）风格。

除了梵蒂冈图书馆，西斯图斯四世主导的最大项目是西斯廷大教堂，用作教皇的日常活动场所。来自佩鲁贾的佩鲁吉诺和平图里基奥，是教皇最早聘请来装饰教堂的两位画家。如我们所知，西斯图斯四世曾卷入佛罗伦萨的帕齐阴谋，而洛伦佐·美第奇为了修复与教会的关系，同时也为了讨好手下最优秀的艺术家，将他们送到罗马为教皇工作。西斯廷教堂下半部分的画作上，留下了这些艺术家的名字——桑德罗·波提切利、多梅尼科·吉兰达约、科西莫·罗塞利。

西斯图斯四世的名声并不太好，尤其是他总把重要职位留给族人，搞裙带关系。然而这方面的顶尖高手依然是亚历山大六世，他始终不懈地确保家人身居高位。亚历山大六世缺乏信仰，野心勃勃，贪图享乐，政治上的不作为使他成为文艺复兴时期最堕落的教皇。他生了许多孩子，其中包括前面提到的恺撒·博尔吉亚——他是马基雅维利笔下的"君主"，也是卢克雷齐娅的哥哥，众所周知，卢克雷齐娅与她的父兄有着不伦关系。亚历山大六世原名罗德里戈·博尔吉亚，1431年生于西班牙萨蒂瓦。年幼时，他就被他的叔叔、教皇加里斯都三世任命为枢机主教，担任的是尼古拉五世与皮乌斯二世之间的圣彼得职务。为了顺利当上教皇，罗德里戈大方地向其他枢机主教贿赂。当他通过贿赂和腐败最终登上教皇宝座时，他选择了马其顿的亚历山大大帝作为自己的称号，企图效仿这位英雄王，当然，结果却名不副实。

亚历山大六世即位后，将"天主教国王"的荣誉称号授予阿拉贡的费迪南德和卡斯蒂利亚的伊莎贝拉——这是西班牙国王在经历了长达800年的摩尔人占领后，终于攻占了摩尔人最后的堡垒格拉纳达，成功收复失地。当然，这两位国王的另一大成就是赞助了哥伦布的航海活动，使得哥伦布在1492年发现了美洲。在哥伦布登陆新大陆之前，人们仍然认为大西洋的边界是悬崖峭壁，传说那儿能吞噬一切敢越雷池一步的航海者。中世纪有句关于直布罗陀的俗语"Non plus ultra"，意为"不可越过此处"。但丁在《神曲》中提到尤利西斯的隐喻，他越过了海峡上的大力神之柱，勇敢远航，这次大胆的尝试象征着突破探索的极限，遵照上帝的旨意，探索未知的知识。一些学者认为，大西洋的名字或许源自传说中的亚特兰蒂斯，柏拉图曾说，亚特兰蒂斯的居民因傲慢激怒了众神，最终被沉入海底。

亚历山大六世正式将发现的美洲土地授予了费迪南德和伊莎贝拉（巴西除外，巴西后来被分给了葡萄牙），作为回报，西班牙从美洲运回了整船黄金。这些宝贵的黄金被用来装饰罗马圣母大教堂的穹顶，至今依然可见。

米开朗琪罗第一次来到罗马，正是在亚历山大六世的任期内。米开朗琪罗于1475年生于台伯河谷的一个小镇。年幼时,他被家人交给了一位奶妈抚养,而这位奶妈是石匠的女儿,丈夫也同样是石匠。米开朗琪罗晚年曾写信给友人乔尔乔·瓦萨里说:"乔治,如果说我有什么天赋,那一定是从我出生的阿雷佐镇的一个寒冷地方诞生的,具体来说,就是我在用奶妈的乳汁把凿子和锤子画进我的记忆里时。"米开朗琪罗在吉兰达约的画室开始了他的艺术生涯,在那里,他学习了绘画艺术。但很快,他意识到自己的真正兴趣不仅仅在画笔和色彩上,而是雕塑。众所周知,吉兰达约嫉妒所有可能威胁到他艺术声誉的人,他高兴地看到这个有才华的年轻男孩离开了他的画室,前往圣马可的美第奇花园。那里,除了展示伟大艺术的作品外,还成了一所雕塑学校。

不久,米开朗琪罗便引起了洛伦佐的注意,后者一直在寻找新的艺术天才。米开朗琪罗应邀住进了美第奇宫的一间客房,当时他只有15岁。在宫里住的三年中,米开朗琪罗经常与洛伦佐及其密友共进晚餐——在中世纪,这对于一位雕刻家或画家来说是难以想象的特权。能接触到哲学家费奇诺和米兰多拉关于智慧的复杂讨论,对于一个好奇的小男孩来说,无疑是一种难以抗拒的、充满启发的经历。洛伦佐去世后,他的儿子皮耶罗被流放。前面提到,皮耶罗对法国国王查理八世的侵略应对得非常糟糕,而在狂热的萨伏那洛拉上台后,局势发生了变化。年轻的米开朗琪罗嗅到了政治风险，赶紧逃离了佛罗伦萨，在博洛尼亚和威尼斯之间游荡了一段时日。在这几年间，他雕刻了作品《睡着的爱神》，将丘比特雕刻成了一个6岁的儿童。这尊雕塑栩栩如生，朋友们甚至建议米开朗琪罗将其做旧，假装成古文物真品卖掉。米开朗琪罗觉得这个主意很有趣，于是对雕塑进行了修饰和做旧，然后将其送到罗马，交给一个中间商，最终卖给了枢机主教拉斐尔·瑞阿里奥，他来自罗马一个最有声望、最有人脉的家族。这个恶作剧最终败露，瑞阿里奥极其愤怒，但这并未影响他对米开朗琪罗的赏识。瑞阿里奥甚至邀请这位年轻的天才艺术家到罗马来，因为米开朗琪罗竟然能够骗过他那双历经沧桑的眼睛。也是在逗留罗马期间，米开朗琪罗被介绍给一位法国枢机主教，后者正在寻找一位有才华的艺术家为自己雕刻墓地纪念碑。1498—1499年，年仅23岁的米开朗琪罗仅用短短一年时间便完成了不朽的雕刻名作《哀悼基督》(*Pietà*)。

这尊雕塑以一种倒转的方式戏剧性地描绘了"耶稣降生"的一幕，马利亚将刚出生的孩子抱在怀里，而基督则毫无生气

米开朗琪罗的名作《哀悼基督》，1499年

地横躺在母亲的膝上。基督赤裸的身体显得异常脆弱,与包裹在马利亚身上的厚重斗篷形成鲜明对比。我们很难从这位人子遗体上看到任何救赎的迹象,母亲用一只胳膊抱着他,另一只胳膊伸出,做出半惊讶、半困惑的手势。她没有流泪,这表明她服从了上帝的旨意,这与亚伯拉罕被要求牺牲他儿子以撒时所展现的坚忍态度相似。尽管表现出如此坚忍的姿态,但她依然难以承受失去儿子的痛苦。米开朗琪罗选择以少女的形象表现圣母马利亚,这一决定进一步加重了痛苦的情感。

与此同时,佛罗伦萨的政治局势再次发生变化,萨伏那洛拉被绑上火刑柱烧死,共和国在贡法罗尼埃尔·索代里尼的领导下重新崛起。为了庆祝这一胜利,羊毛行会于1499年为米开朗琪罗提供了一块巨型大理石(这块石材原本被另一位艺术家弃用),邀请他雕刻一座象征新共和国自由精神的雕塑。米开朗琪罗因此雕刻了这座5.2米高的雕像,其灵感来自《圣经》中的大卫。

正如古典艺术中的运动员或英雄形象,我们所看到的并非某个动作的瞬间,而是一种宣言——通过大卫手中那块小石子和他那无畏的凝视,我们可以感受到他坚定的决心,这种决心通过雕塑中令人敬畏的线条和力量感得以体现。继多那太罗之后,米开朗琪罗大胆地选择以裸体形象描绘大卫,这一选择不仅提升了人类的尊严,也意在通过这样的表现拯救人类有形的物质世界。

作为精神内涵与外在形体和谐统一的典范,《大卫》体现了创作者和他的人文主义伙伴们通过佛罗伦萨共和国的建立，将美德、理性与爱国主义的力量与美感紧密联系在一起。大卫与哥利亚（哥利亚象征着威胁佛罗伦萨自由的敌人）之间，谁才是最终的胜利者？答案不言而喻。

佛罗伦萨人怀着感激之情，将《大卫》安置在韦奇奥宫门前，旨在提醒所有公民：无论多么强大的暴君，在热爱并捍卫共和国自由的人面前，都显得微不足道。

在《大卫》大获成功之后，索代里尼提议在领主宫内的五百人大厅里再添两幅大型壁画。除了米开朗琪罗，他推举的另一位画家是达·芬奇，这位天才在绘画、建筑、音乐、文学、数学、解剖学和天文等各种学科上的贡献都十分惊人。这个提议让米开朗琪罗不太高兴，因为他反对达·芬奇"绘画优于雕塑"的观点。幸好他没有遇到达·芬奇本人，因为他突然被新教皇儒略二世召唤去了罗马。儒略二世（1503—1513年在位）当上教皇时已年近六旬。27岁时被他的叔叔西斯图斯四世任命为枢机主教。由于他极度反感前任亚历山大六世，威胁要将所有胆敢想起或提起博尔吉亚的人逐出教会。他和他的叔叔西斯图斯四世一样，属于圣方济各会，但丝毫没有遵循这个苦行教派的宗旨，而是通过大量的贿赂和暗箱操作来赢得了教皇选举。当被问到教皇称号时，他选择了一个与自己的野心相匹配的称号——儒略，为了致敬儒略·恺撒。

这个称呼倒也恰当，因为和恺撒一样，儒略二世是个野心勃勃的好战分子。像大多数文艺复兴时期的君主一样，他以老练的政治智慧和手腕一步步谋划策略，即使在与敌人和解时也带有很大欺骗性。他被称为"勇士教皇"，因为他曾亲自率军与篡夺者作战，这些人在流亡阿维尼翁期间利用教廷的空窗期，占领了翁布里亚和罗马涅的教皇领地。对博洛尼亚和佩鲁贾叛军的胜利，使教皇的声誉到达巅峰。[1]

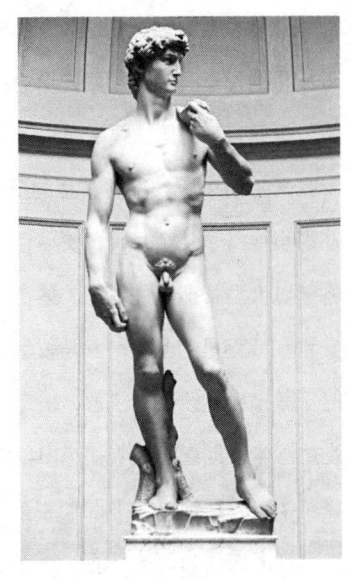

米开朗琪罗的大理石雕塑《大卫》，是人类从内在和外在展现力与美的视觉盛宴

为了让世人永远记住他，儒略二世成为教皇后的第一件事，就是着手设计自己的墓地纪念碑。米开朗琪罗作为公认的时代最伟大的雕刻家，应教皇之邀参与这一项目，目的是让自己的陵墓与奥古斯都和哈德良的皇陵相媲美。为契合这位雄心勃勃的教皇，米开朗琪罗建议建造一座巨型纪念碑，上面装饰40尊雕像，

---

[1] 儒略的部队多是来自瑞士的雇佣军，他们身穿由米开朗琪罗设计的鲜艳军服，直到今天，保护教皇的瑞士卫兵仍穿着这种衣服。

部分象征教皇对领土的征服，部分象征自由艺术，彰显儒略二世对文化的深远贡献。摩西的形象被安排在纪念碑的顶部，象征儒略二世拥有其他历任教皇无法比拟的非凡品质。

米开朗琪罗一得到教皇的批准便前往意大利中部的卡拉拉，在那里他待了几个月，负责监督大理石的开采工作。大量大理石将通过大型货船运往罗马。最初，教皇计划将自己的葬礼纪念碑安置在威克里的圣彼得罗马教堂。但就在米开朗琪罗仍在卡拉拉时，教皇突然改变了主意，决定将纪念碑建在真正的圣彼得大教堂内。米开朗琪罗被告知，旧教堂的屋顶必须被抬高，甚至最好将整个旧教堂拆掉，在原地建造一座更高大、更奢华的新教堂。

许多人认为，教皇的这一想法极为粗暴无礼。由君士坦丁建造的圣彼得大教堂，见证了多个世纪的历史：查理曼大帝曾在这里加冕，许多教皇的遗体也曾安放在这座神圣的建筑旁。然而众所周知，试图劝阻以暴戾著称的儒略二世注定是徒劳的。与其忍受教皇的暴怒，倒不如见证旧教堂的毁灭。为了完成这一艰巨的任务，教皇最终选

米开朗琪罗在西斯廷教堂所画的古典女巫之一

用了建筑师多纳托·布拉曼特。当米开朗琪罗得知后，他烦躁地回到罗马，试图与教皇讨论自己的工作和报酬，然而教皇却拒绝见他。米开朗琪罗彻底被激怒，随即前往佛罗伦萨，决定一辈子也不再回罗马为教皇效力。

教皇花了很长时间才说服米开朗琪罗回心转意。但当米开朗琪罗同意后，他又一次感到失望：他很快发现，教皇希望他回到罗马的原因并非为了他的坟墓，而是西斯廷教堂的穹顶。米开朗琪罗确信，这一切是出于布拉曼特的嫉妒之心，他知道米开朗琪罗并不特别喜欢绘画，于是向教皇吹耳旁风，试图让他的对手出丑。米开朗琪罗的怀疑或许没有根据，因为儒略二世显然清楚自己想要什么，并且从未让任何人——即便是布拉曼特——影响过他的决定。

如前文所说，艺术赞助人往往规定了艺术家的创作主题。西斯廷壁画也不例外，教皇告诉米开朗琪罗，壁画要包含十二使徒和一些几何图案。当米开朗琪罗抗议设计过于简单时，教皇非但没有生气，反而允许他自由发挥。至少，这是16世纪传记作者阿斯卡尼奥·孔迪维的观点。一些学者支持孔迪维的说法，另一些人则反对，认为教皇不可能把如此重大的任务完全交给艺术家，必定有神学专家进行指导。支持者反驳称，儒略二世是个冲动且习惯听从直觉的人，他从不后悔，果断做出决定。例如，当他决定让拉斐尔装饰签字大厅时，毫不犹豫地铲掉了之前所有的

上帝赐予亚当生命的火花——西方艺术中伟大、革命性的意象

装饰，哪怕是弗朗切斯卡、西尼奥雷利、佩鲁吉诺等优秀画家的作品。支持者还指出，米开朗琪罗的壁画展现了绝对的原创性，这似乎证明他确实得到了独立构思的自由，而不是由某个学究审阅和干涉，否则像那样的裸体旋涡恐怕永远不会出现在神圣的教堂内。

我们永远也无法确知究竟发生了什么，但可以肯定的是，儒略二世一再推迟建造自己的葬礼纪念碑，并非因为他突如其来的谦虚，而是因为他意识到西斯廷教堂将成为他留下的一项更伟大、更持久的遗产。

讨论米开朗琪罗在西斯廷教堂创作的343个人物的象征意义似乎是一项无尽的任务，因此我只会挑选一些有趣的例子。例如，在拱顶下缘的画面局部，米开朗琪罗将最初由教皇提名的12个使徒替换为7个先知和5个古典神话中的女巫，两者的共同点是预言天赋，它们暗示着救世主弥赛亚的降临。

一些学者认为，除了最直接的解释外，还有一种更有趣的解读：先知和女巫可能象征着新罗马的诞生，代表着异教与基督教的成功融合，而新的弥赛亚——儒略二世的出现，使这一切成为可能。将这种极高的评价归于一位教皇，尤其是在一个庄严、虔诚的场合，似乎难以接受。我们应当记住，今天流行的观点，往往是经过上千年传统积淀而逐渐形成的，包括文艺复兴后那漫长的反宗教改革时期。在这段历史的世俗版本中，这种夸张的评价可能并不带有亵渎或冒犯的意味，尤其是我们要意识到，这位教皇被册封为罗马最高祭司，仿佛是罗马皇帝，像恺撒和奥古斯都一样运用权谋，将教会变成政治的附庸。对于一位渴望权力和名声永存的教皇而言，这象征着上帝选他作为基督的化身，赋予他在世界每一个角落传播基督教的救世主职责——随着美洲的发现，世界变得更加广阔，这正是个千载难逢的机遇。

先知和女巫所坐的宝座被彩绘立柱隔开，柱上描绘着一系列裸体人物浮雕（专业术语称为"ignudi"，来自意大利语"nudi"，意为"裸体"）。这些肌肉发达的裸体人到底是谁，至今仍然是个谜。或许，米开朗琪罗是为了向异教艺术致敬，这些异教艺术的杰作在同一时期被发掘出来，比如《拉奥孔》，两者有着显著的相似性。一些人物头戴橡叶冠，可能与儒略二世有关，因为他来自德拉·诺维家族，而"诺维"在意大利语中意指"橡树"。随着时间的推移，这些浮雕引发了广泛议论，特别是在反宗教改革时代，最终导致教皇保罗四世下令让画家达涅利·达沃尔泰拉用纱布遮盖这些被认为渎神的形象。这项工作让达沃尔泰拉获得了一个绰号——"傻老头制造者"（il braghettone）。

西斯廷教堂壁画中最著名的场景位于穹顶中央的矩形区域，米开朗琪罗在此描绘了几个源于《创世记》的场景，如上帝将光明从黑暗中分离、创造日月、从水中分离陆地、创造人类、诱惑夏娃以及人类的堕落。其中最引人注目的场景是新创造的亚当被上帝赋予奇迹般生命火花的瞬间——上帝用食指触碰了懒洋洋躺着的亚当伸出的手指。

《圣经》中并没有提到这次接触，因此这只能说明一点：米开朗琪罗是这种令人动容的诗意姿态的唯一创造者。

这一非凡的场景展现了一种无与伦比的美感。只要稍微研究中世纪的艺术，我们便能看出米开朗琪罗的大胆创新，他毫不畏惧地与传统教条保持距离。正如前文提到的，除了从天际显现的手或基督，上帝的形象在整个中世纪艺术中是严格禁止描绘的。第一个明确突破这一禁令的是马萨乔，他在为佛罗伦萨新圣母教堂创作的壁画《圣三位一体》中使用了透视法，意图加深意义层次，传递耶稣受难的信息：在前景中，虔敬者代表现实世界；而在后方的拱形壁龛中，圣母马利亚和圣约翰站在基督的十字架旁。最远处，深邃的背景中则是圣父上帝——以一位站在十字架后面的老人形象出现。

马萨乔为佛罗伦萨的新圣母教堂创作的《圣三位一体》（1427—1428年），第一次真正违反了教会对于创作上帝形象的规定

马萨乔巧妙地运用了现代透视法，通过象征性手法展现了神秘幻象中的多重含义，这无疑给当时的观众留下了深刻的印象，但也使许多人感到震惊。例如，保守主义者萨伏那洛拉肯定认为马萨乔犯下了严重错误，将人类的特征赋予了造物主那不可描述、无法衡量的神秘性。另一个同样敢于将人类特征与上帝形象联系的艺术家是雅各布·德拉·奎尔查。他在为博洛尼亚圣白托略大殿创作的一组浮雕中，特别是在亚当的浮雕中，也表现出了类似的大胆尝试。然而与米开朗琪罗在西斯廷教堂的壁画相比，这些例子显得相对逊色。在米开朗琪罗的作品中，造物主以一个巨大的老人形象出现，身躯半裸，衣衫半掩，似乎被一群天

造物主的背影，西斯廷大教堂壁画局部

使围绕着,并借助他们飞翔在空中。这一场景对当时的人们而言过于新颖,以至于当诺切拉的主教保罗·乔维奥于1520年观看壁画时,无法认出"穹顶上的老人",并评论说:"他的飞翔姿态很别致。"

在其他艺术家的画作中,即便上帝的身体被厚重的斗篷遮掩,这样的处理仍能保持神学上的正确性。而米开朗琪罗则恰恰相反,在他描绘穹顶创世场景时,造物主的形象被拟人化得如此具体、生动、细致入微,以至于从后方观望时,我们竟能辨认出造物主独特的臀部曲线。

我们知道,按照艺术传统,在描绘创世场景时,造物主通常以基督的形象出现,而基督又完美地反映了堕落前的亚当形象。在这种处理方式中,手法显得尤为重要,它避免了对造物主的直接描绘,使其依然保持神秘莫测的特质;同时,又能够突出人类应当遵循的教诲。这里强调的意义并非"人可以与神同等",而是"人的一生是一段旅程"——这是一场向着更完美自我不断奋斗的旅程。然而现实中,这种完美的终点却从未有人真正抵达。

尽管米开朗琪罗的壁画中提到了亚当和夏娃的原罪(画面中有一条引诱人的蛇和一张女性的面容,象征着女人的性特征被视为罪过的传统观念),但亚当被描绘成一个年轻美丽的男子,与老年化的上帝相比较,反而被赋予了更为核心的地位,这一点令人既诧异又困惑。我们不禁联想到皮科在《论人的尊严》中提到的观点，他认为应当通过上帝的话语来赞美人的尊严与自由："你的自由意志，为你自己设定了本性的极限。"历史学家亚瑟·赫尔曼在《洞穴与光明》一书中指出，皮科这段话最直观的意思是，人类可以成为任何自己想成为的模样，上帝对人的认知与意志并未设限："赋予（人类）权力，让他拥有自由选择的权利，成为他想成为的任何样子。"

皮科对人类生命潜能的高度认可，在米开朗琪罗的作品中得到了淋漓尽致的体现。神与人似乎被置于同等的地位。的确，神飘浮在空中，仿佛正在飞翔，而人的身体则稳稳支撑在地面上。但除了这一处空间上的不平等，其他关于人类的一切——青春、美丽、活力——似乎更能彰显人的价值，且不再依赖于神。这种艺术家的选择，不禁让人联想到赫西俄德的《神谱》，在这本书中，每一代新神最终都拥有了他们父母神的能力和特权。如果从这一角度切入，再看米开朗琪罗笔下的亚当，几乎可以视他为另一个普罗米修斯，他自豪地发现自己具备巨大的创造力，能够驾驭自然与生命力，已经接近造物主的境界。

在赋予造物主人类的特征时，米开朗琪罗实际上是在暗示：通过人类的智慧，便可控制造物主，并将其纳入人类自身的维度中。此时，人性似乎不再有任何限制。文艺复兴时期最大的"原罪"，或许就是将造物主创造为人类的形象，突破了神性与人性的界限。

在米开朗琪罗为西斯廷教堂创作壁画的同一年，另一位杰出的艺术家拉斐尔也在为儒略二世作画。拉斐尔于1483年出生在马尔凯地区的乌尔比诺，比米开朗琪罗小8岁。在蒙特费尔特罗家族的统治下，乌尔比诺宫廷已成为一个庞大的文化与艺术中心。卡斯底格朗选择这个优雅的宫廷作为《侍臣论》的背景也就不足为奇了。在费德里科二世的宫廷中，年轻的拉斐尔接触到了意大利人和佛兰德斯人，与其他艺术家如保罗·乌切洛、路加·西诺雷利、弗朗切斯卡、耶罗尼米斯·博斯和乔斯·范金特等人共事。拉斐尔在彼得·佩鲁吉诺的画室里当学徒，这段经历培养了他优雅的笔触，并且在他辉煌的职业生涯中始终贯穿其中，直到他在37岁时英年早逝。拉斐尔风格的另一个重要影响来自他在佛罗伦萨逗留时遇到的达·芬奇。达·芬奇在1495—1497年间创作了《蒙娜丽莎》和《最后的晚餐》，对拉斐尔的艺术风格产生了深远的影响。

1508年，也就是儒略二世把米开朗琪罗召到罗马的那年，或许是受到同乡布拉曼特的举荐，年轻的拉斐尔被邀请到罗马装饰梵蒂冈宫殿，并在其中居住。据说，儒略二世如此大费周章，旨在超越他最痛恨的前任亚历山大六世，而拉斐尔所居住的房间恰好就在亚历山大房间的正下方。由于这项任务十分艰巨，拉斐尔雇用了几位助手。

拉斐尔于1509年正式开始创作。他的第一个房间是签字厅，包含教皇的藏书室，主要用于签署官方文件。这组壁画的主题融合了人文主义的精髓，以及异教与基督教思想的交融，同时传达了诗歌的美、哲学的智慧和神学的真理。拉斐尔最早创作的两幅壁画是《至圣之争》(*Disputation over the Most Holy Sacrament*)和《雅典学院》(*School of Athens*)。在《至圣之争》一画中，重点展示了基督的肉身与血液的圣体转变，神在画面上方，基督坐在宝座上，旁边是圣母马利亚和施洗者约翰。在他们周围的人群中，我们能看到许多《圣经》人物，如亚伯拉罕、大卫、圣彼得和圣保罗；还有许多神学家和圣徒，如圣奥古斯丁、圣安布罗斯、圣斯蒂芬和圣劳伦斯，甚至包括萨伏那洛拉（可能是为了羞辱亚历山大六世）和但丁。值得注意的是，但丁在众多圣人中占据了突出的地位，这表明他的《地狱之旅》最终获得了教廷的认可。

在完成《至圣之争》后，拉斐尔开始创作《雅典学院》。这幅画描绘了一个宽阔的广场，位于巨大的罗马拱廊下，画面中是一群哲学家——如毕达哥拉斯、苏格拉底、第欧根尼、赫拉克利特等——正进行一场幻想中的聚会。拉斐尔巧妙地运用了透视法，增加了场景的深度，完美地呼应了这些思想家所传达的深邃智慧。在画面最中央，拥挤的人群中是两位哲学家的领袖——柏拉图和亚里士多德。柏拉图手持《蒂迈欧》，一手指向天空；亚里士多德则手握《尼各马可伦理学》，一手指向大地。两位哲学家并肩而立，位置平等，旨在传达文艺复兴时代知识的统一性与和谐性。

在签字厅的第三面墙上,拉斐尔将希腊的帕尔纳索斯山与阿波罗及缪斯一同呈现,四周环绕着荷马、萨福、维吉尔、贺拉斯、奥维德、但丁等伟大诗人的形象。第四面墙则表现了公民美德的主题,至此,签字厅的全部装饰完工。

新教改革与罗马大劫掠

1513年,儒略二世去世时,米开朗琪罗在西斯廷教堂的壁画才刚刚揭幕。然而根据教皇对梵蒂冈的设想,许多工程仍未完成。于是,在弥留之际,儒略发布手谕,承诺对所有愿意捐资教廷建设的人予以赦免。儒略二世死后,继任者利奥十世(1513—1521年在位),也就是洛伦佐在佛罗伦萨的儿子,成了新一任教皇。像许多贵族子弟一样,利奥从小便开始了教会生涯,8岁成为神父,11岁担任卡西诺山修道院院长,13岁成为主教。尽管他在年轻时就步入教会生活,但多年来他的信仰和谦卑从未影响他对权力和个人魅力的崇拜。继任教皇时,他满怀激动地宣称:"享受教皇的职位吧!上帝把它赐给了我。"他确实做到了这一点,将娱乐成为自己教皇生涯的标志。前任教皇的堕落行为令罗马臭名昭著,尤其是周年庆期间公开处决死囚等恶行。罗马的娱乐活动充满荒诞和暴力,比如斗牛,人们把公牛放生在大街上,让骑马者用长矛追逐并杀死它们；还有强迫犹太人穿着愚蠢的服装跑上大街，供群众嘲笑和侮辱，士兵则用长矛威胁他们。在利奥十世的统治下，斗牛活动主要在梵蒂冈宫殿的贝尔维德尔庭院举行，而大型狩猎则在罗马乡下的开阔地带进行。

利奥十世还喜欢收集外来动物，比如猴子、鹦鹉和狮子。葡萄牙国王曾送给他一只名为"汉诺"的大象，令他十分惊艳。当这头大象抵达梵蒂冈时，四脚上穿着与教皇相同的红鞋，在利奥面前跪拜了两次。自从教皇尼古拉五世颁布手谕，允许葡萄牙进行殖民扩张并默许其进行奴隶贸易以来，教皇与葡萄牙的关系便变得十分密切："我授予你……完全自由的侵略许可，搜索、捕获和征服撒拉逊人、异教徒、所有无信仰之人和基督的敌人……让他们永为奴隶。"更早之前，教皇亚历山大六世也曾授予西班牙类似的特权。

由于娱乐活动耗资巨大，利奥十世开始贩卖赎罪券，甚至声称这些赎罪券能够冲抵罪犯的刑期。这一愚蠢的决定激起了德国维滕贝格大学道德神学教授马丁·路德的愤怒，他对教会的腐败深恶痛绝。在萨克森州维滕贝格的万圣堂大门上，路德钉上了95条反对赎罪券的理由。他想表达的核心观点是：信仰是决定你是否能获得救赎的唯一途径，学习教义无须经过任何神职人员或教皇的中介。原本，教会作为神圣启示的守护者，通过告解、忏悔和圣礼控制人们的生活。路德的抗议彻底颠覆了这一体系，提出个人可以直接学习教义，不再依赖教会的中介。这场改革并非宣告人类可以独立自主。路德认为，人类本质上仍是邪恶而软弱的，只有不断培养信仰，克服自身缺陷，才能获得救赎，这一切都是上帝的直接恩赐。[1]

为了反驳路德的观点，教皇发布通谕进行谴责，命令他撤回前言。然而路德拒绝服从，教皇最终将他逐出教会。也许连路德本人都未曾预料到，他的举动会引发如此巨大的反响，尤其是在穷人当中。他们早已对麻木不仁、残酷报复的教会感到深恶痛绝，而这一机构本应体现基督教的仁慈精神。正如我们所见，印刷术在15世纪中叶传入欧洲，随着印刷术的普及，路德的教义迅速传播开来，犹如闪电般席卷整个欧洲。

路德的改革在德国最为成功，因为德国是一个由独立公国组成的邦联，缺乏中央集权的政府组织形式，无法像法国和英国那样有效遏制教会的权力以及其对教徒征收的重税。教会的贪婪由来已久，正如一位英国国王所言："教会的任务应该是放牧上帝的羔羊，而不是薅羊毛。"

民间的不满始终未能平息，因此教皇于1526年召开了"斯派尔会议"，并做出决议允许每个德国公国自由选择信奉天主教或路德新教。三年后，德国皇帝查理五世通过一系列复杂的继承和

---

[1] 瑞士的宗教改革由乌尔里希·兹温利领导，还有法国的加尔文，观点更加激进，他阐述了一种宿命论：人是一种堕落和罪恶的动物，无法被救赎，他们不配享有上帝的宽恕和仁慈，这是来自上帝的直接恩赐。

联姻，掌控了大半个欧洲，包括佛兰德斯、荷兰、奥地利、匈牙利、波希米亚、西班牙（以及其在美洲的殖民地，如墨西哥和秘鲁）、意大利南部，以及法国的勃艮第和阿图瓦。他公开宣布抵制斯派尔会议的决议，可能是出于对路德新教迅速传播的担忧，认为这会削弱他在德国本土本已脆弱的权力。然而一切为时已晚。当他意识到无法阻止这场改革运动时，皇帝只得被迫签订了1555年的《奥格斯堡和约》，再次承认了斯派尔会议的决议。

直到15世纪末，意大利一直享有相对稳定与和平的环境，但这个政治上四分五裂的半岛，很快引起了许多外国势力的关注。如我们所知，法国国王查理八世于1494年首次进攻意大利，目的在于收复由西班牙阿拉贡家族从法国安茹家族手中夺走的那不勒斯王国。查理八世遭遇了由多个国家组成的第一次神圣反法同盟，最终被迫暂时撤退。参与这一同盟的国家包括奥地利、西班牙、英格兰、米兰、威尼斯以及由教皇亚历山大六世领导的教皇国。

几年后的1511年，当法国人重新入侵意大利并占领米兰时，教皇儒略二世与威尼斯、奥地利、西班牙、英格兰组成了第二次神圣反法同盟。联军再次将法国人赶出了意大利。然而和平并未持续太久。1515年，在国王弗朗索瓦一世的领导下，法国人再次占领了米兰。为了遏制法国日益膨胀的野心，德国哈布斯堡王朝的皇帝查理五世出兵干预。经过一段时间，米兰在两股势力之间摇摆不定，最终查理五世成功逮捕并监禁了弗朗索瓦一世。

法国国王被迫承诺放弃对米兰的主权，最终才重获自由。然而他转头便以一种典型的文艺复兴风格违背了誓言，继续与几个意大利城邦和教皇克莱门七世（1523—1534年在位）结盟。克莱门七世是洛伦佐遇刺的弟弟朱利亚诺的私生子。

克莱门七世之所以决定与法国结盟，很可能是因为他更害怕查理五世。然而这一举措最终导致了教会的一场劫难——1527年，德国人洗劫了罗马。罪魁祸首正是德国皇帝查理五世，他未能兑现一支雇佣军要求的报酬。这些支持路德的德国雇佣军痛恨罗马教皇，准备洗劫罗马，而查理五世并未加以阻止。当他们抵达罗马后，大肆掠夺城内宝藏，肆意发泄心中对滥用宗教圣职之人的愤怒。他们摧毁了教堂，砸碎了圣柜，蹂躏了修女，屠杀了上千人。

在雇佣军攻陷梵蒂冈之际，克莱门七世正躲在一座精致的小教堂里祈祷（这座教堂由教皇尼古拉五世委托安吉利科修建）。教皇通过一条连接梵蒂冈和圣天使堡的密道逃脱。一些雇佣军认出了他身上的白色长袍，便一路追杀，但克莱门七世最终侥幸逃脱。

米开朗琪罗与《最后的审判》

1527年，在教会遭遇劫难后，克莱门七世的继任者、法尔内塞家族的教皇保禄三世（1534—1549年在位）开始认识到改革关乎教会的存亡。为此，他召集了特利腾大公会议，并于1545年发起了"反宗教改革运动"。保禄三世创立了耶稣会，这个组织在道德和智力筛选上都十分严格，并重组了宗教裁判所，以迫害异端、亵渎者和巫术。当英国国王亨利八世要求他与阿拉贡的凯瑟琳解除婚姻并改娶安妮·博林时，教皇未予批准。1534年，亨利八世通过了《至尊法案》(*Act of Supremacy*)，宣布英格兰国教会脱离罗马教会，保禄三世立刻下令将其逐出教会。然而这位教皇虽然在职位上表现得一贯严格，但在私生活中却并不遵循道德规范——他有一个情妇，五个孩子，违背了牧师应遵守的贞节。此外，1548年颁布的一道手谕也显示他道德上的缺失——允许在教皇属地内买卖穆斯林奴隶。保禄三世还曾召回米开朗琪罗，让他在西斯廷教堂的祭坛墙上创作了《最后的审判》。

当第一个来自美第奇家族的利奥十世成为教会领袖时，他将米开朗琪罗召回佛罗伦萨，委托他为圣洛伦佐家庭教堂的外立面进行装饰。米开朗琪罗为此进行了三年的筹划，但最终该项目被叫停，至今尚不清楚具体原因。圣洛伦佐教堂那光秃秃的外立面仍未装饰，这在一座以大理石和各色石材装点、光辉耀眼的城市中，形成了一道别具一格的风景。与此形成对比的是附近的美第奇礼拜堂，最初规划为家族的坟墓，米开朗琪罗不仅参与了其设计，还为教堂内部的石棺进行了装饰，其中的两尊雕像分别象征着傍晚与黎明、正午与夜晚。

在将米开朗琪罗召回罗马之前,保禄三世已经为他安排了多个任务,旨在让这位艺术家在建筑、雕刻和绘画领域都大展拳脚。除了设计圣彼得大教堂的穹顶外,米开朗琪罗最具创造力的终极之作、最令人铭刻的遗产,便是他于1536至1541年间在西斯廷大教堂祭坛墙上创作的壁画《最后的审判》。至于创作动机,可能与保禄三世对1527年罗马劫难的深刻记忆有关,他或许希望通过这幅画来警告那些敢于违逆教会的势力。

《最后的审判》以阴沉雷鸣的气氛为背景,展现了末日风暴来临时的恐怖景象。画面中心是一个强大的审判基督形象,几乎裸露的身躯与梵蒂冈古典雕塑《望楼的阿波罗》相似。基督举起

米开朗琪罗在美第奇礼拜堂门外创作的宏伟塑像

米开朗琪罗的《最后的审判》(1536—1541年),是一幅绘于整个西斯廷教堂祭坛墙的壁画,从诞生之初就饱受非议

一只手，做出命令的姿势，将受祝福者与受诅咒者一分为二，给每个灵魂安排了天堂或地狱的永恒席位。圣徒和号角天使组成的旋风围绕着全能的基督，他们唤醒了殉道者，每位殉道者都带着自己曾遭受折磨或死亡的凶器。在画面左上、右上及正下方十字架和柱子隐约呈现，象征着基督的受难。从基督的左侧，传来死神愤怒的呼声，或可称为"上帝之怒"。那些被诅咒的灵魂正被魔王路西法的手下拖入地狱。冥河的摆渡人卡戎驾船渡过冥河，将这些灵魂送入地狱，这一场景来自但丁《神曲·地狱篇》的描写，极大地启发了米开朗琪罗。在壁画修复过程中，卡戎船两侧的翅膀成了舆论的焦点。米开朗琪罗显然是《神曲》的忠实读者，因此这个细节可能源于但丁笔下"尤利西斯号"的典故[1]——那艘船因触犯了上帝对人类知识的限制而沉没。这个细节，亦可被视为对文艺复兴时代的隐喻——一个鼓励求知冒险的时代，最终突破了基督教的限制，正如"尤利西斯号"一样注定沉没。

这个细节也传达了65岁时米开朗琪罗对自己艺术之旅的某种羞耻感。在《最后的审判》中，上帝身边有一个类似普罗米修斯的勇敢人类的形象，他与画作本身所传达的神学主题形成了鲜明对比。这一形象暗示了25年前那位年轻画家同样被剥去了外表，默默地诉说着某种未曾言明的内心感受。

米开朗琪罗在《最后的审判》中描绘的人物是被活剥的殉道

---

[1] 在《神曲·地狱篇》中，但丁将尤利西斯之船的船桨比作翅膀，称他的旅程为"疯狂的飞行"。

《最后的审判》中的细节：圣巴索罗缪手中拿着自己被剥下的皮，隐含着画家本人的脸

者圣巴索罗缪，他手里拿着自己的皮，而米开朗琪罗巧妙地将自己的脸隐藏在皮肤的褶皱中。这一细节，使我们仿佛再次听到了《神曲》的回响。在《天堂篇》开头，但丁将阿波罗视为基督的化身，并向他祈祷。请求阿波罗的启示，实际上是为了暗示一点：如果没有直接得到神的启发，他永远不敢直接描述天堂。但丁采用这一巧妙的方式，强调自己仅仅是更高级神圣力量的工具，是传递信息的信使和先知。若不这样做，基督教诗人绝不敢暗示人类的语言能够描绘上帝之国，其结局必将像森林之神马西亚斯与阿波罗争竞时所遭遇的惩罚——被活剥致死。

米开朗琪罗对自己的批判如此深刻，似乎表明他经历过一场深刻的精神危机。他与虔诚的贵妇维多利亚·科隆纳的亲密关系，或是他对年轻的罗马贵族托马索·卡瓦列里的迷恋，都可能加深他的负罪感。

尽管同性恋在当时的佛罗伦萨很普遍，但教会依然将其视为严重的亵渎行为。许多地位不高的人，如米开朗琪罗以及其他艺术家、知识分子，最终也因类似的理由被火刑处死。米开朗琪罗是个异常聪明且敏感的人，他一定意识到了这种双重标准——毕竟，教会的成员和领袖最显著的特征就是虚伪。米开朗琪罗的反教会情绪，在他的创作选择中有明显的体现。例如，他将最黑暗的地狱场景描绘在神父进入教堂进行弥撒的门上方，或者将礼仪总管比亚吉奥·达·切塞纳的特征融入可怕的地狱守卫米诺斯的形象中。

米开朗琪罗的悲观主义，特别是在他临终前的观点，似乎融合了萨伏那洛拉和马基雅维利的特征。随着路德的宗教改革永远分裂了教会，意大利各大城市（包括佛罗伦萨）的专制政府崛起，共和国的理想也随之破灭。在这样的背景下，米开朗琪罗似乎越来越对人性感到怀疑。尽管文艺复兴被称为"重生"，但当我们面对《最后的审判》时，依旧能感受到，在那个炫目的时代终结之时，人类内心深处的某种东西已逐渐萎缩，并在不断膨胀的绝望与觉醒的阴影中渐行渐远。信仰仍在，但它已成为一种对愤怒上帝的悲观信仰，几乎没有留下任何希望和怜悯。

从这个意义上讲，《最后的审判》中对获救者的描绘具有一定的指向性。根据基督教绘画法则，所有得以升天的人，都应该表现为灵魂最终从肉体的束缚中解放出来。在米开朗琪罗为奥维

西诺雷利为布里齐奥礼拜堂创作的壁画《受祝福之人注定上天堂》，位于奥维多大教堂

左图：米开朗琪罗与西诺雷利的画作对比强烈，上帝保佑人通过巨大的努力升天

右上：圣母马利亚畏惧于儿子的愤怒，表现出退缩的姿态

多大教堂的布里齐奥礼拜堂创作的壁画中，也强调了这一点——物质性会随着灵魂向神圣世界的升华而逐渐消逝，最终到达上帝纯洁的精神领域。

在米开朗琪罗的作品中，我们找不到类似的表现：即使是那些受到祝福的人，上天堂也显得异常艰难，他们因沉重的身体而感到压迫。因此，他们并非轻松地升起，而是艰难地攀登一座严峻、充满挑战的山峰。在画面的一角，有一个人用一串念珠拉着另一个人往上爬。米开朗琪罗似乎在暗示，对于人类来说，救赎是一个遥不可及的梦想，这条路充满了模糊、缺陷和自相矛盾。

即使是圣母马利亚——这位总是愿意为人类代求的慈母——也被儿子基督的愤怒弄得无所适从。她不再像以往那样以恳求的姿态出现，而是以一种退缩的姿势示人，脸上流露出恐惧、悲伤和顺从的表情。

人类曾自视为自身命运的英雄与缔造者，但随着文艺复兴的衰落，这种对人类的颂扬逐渐消失。在这个时代的潘多拉盒子里，唯独剩下了怀疑。

结　语

　　文艺复兴运动的起因是对古典辉煌遗产的再发现，它极大地鼓舞了人们对人性的信心，促进了"人是自由、独立的代表"这一观念的形成。虽然宗教依然是中心，但在一个逐渐市场化、世俗化，文化视野不断拓宽的世界中，人们的态度开始发生转变：不再拘泥于教条，而是趋向开放包容、摒弃偏见。即使这一转变尚未完全系统化，但这种新的批判性思维使各种新思想得以广泛传播，并对后世产生了深远影响。正如尤金尼奥·加林所说："文艺复兴时期与中世纪有许多区别。中世纪时，人们对人能够驾驭自然充满恐惧，而文艺复兴时期则流行一种自信，而非抹杀自我的谦卑。这个时代欢迎并鼓励为了人类整体利益而积极改变现实。"对魔法、占星术和炼金术的追捧，充分体现了这一时期思想的活跃性，以及对人类天赋和创造力的无限信任。正如人文主义学者米兰多拉所言："文艺复兴的核心思想是，人作为创造的中心，拥有改变自己和世界的高度自由。"这一思想深刻体现在当时的艺术作品中。事实上,文艺复兴时期的艺术不仅在技法上达到了更高的水平,还融入了对现实世界的热爱——对人体之美的描绘(解剖学的进展发挥了重要作用)和对人类通过智慧与才能驯化自然的美感展现。因此,文艺复兴艺术最丰富的表现,不是原始的自然景观,而是一种完美、有序、修剪整齐的自然景象。例如,阳光常被用作几何比例和谐优美的城市轮廓的背景,体现了人类理性与自然的和谐统一。

如我们所见,16世纪末,一系列灾难性的事件[1]让人们丧失了信心。从政治到宗教,这些事件打击了年轻人的热情,而这些热情曾是文艺复兴的第一推动力。随之而来的失望和沮丧情绪催生了激烈的大论战,这些争论至今依然充满挑战——为什么人类历史注定要与不稳定、不确定和矛盾反复遭遇?为什么混乱总是打断我们用梦想和理念创造一个有序的宇宙?为什么人类注定要开始一场没有终点的探索,而不是直接找到永恒的真理?

之后几百年里产生的知识,并没有给这些问题提供可靠的答案。相反,知识的进步反而让越来越多的人意识到自己在宇宙伟大设计中的渺小。文艺复兴时期认为人是宇宙的中心,这一观念受到了波兰天文学家尼古拉·哥白尼的巨大冲击。他提出太阳才是太阳系的中心,挑战了托勒密的地心说。哥白尼40岁时就明确提出了这一理论,但他可能也意识到这一观点的颠覆

---

[1] 这里指16世纪末欧洲的瘟疫、各种宗教战争和西方殖民主义的兴起。——译注

性和影响力，因此在随后的30年里始终未能公开说明。直到他去世前不久，他的学说才得以面世，书名为《天体运行论》(*De Revolutionibus Orbium Coelestium*)。马丁·路德是这本书最大的反对者，谴责它是亵渎上帝。教会当时没有立刻回应哥白尼的理论，但后来对支持日心说的伽利略展开了指控，指控他为异端并强迫他改变思想。

教会尝试压制这些违反教条的思想，最终使得哲学家兼数学家乔达诺·布鲁诺成为最大的牺牲品。他的理论比哥白尼更为激进，认为宇宙并不像基督教所描述的那样是一个有限、完整的等级系统，而是一个没有中心的无限维度，超越了所有空间和时间。布鲁诺的这一观点使人与造物主的关系变得极其疏远，这在他之前的任何理论中都是没有出现过的。由于布鲁诺的无限宇宙论与《圣经》相悖，宗教裁判所最终以异端罪指控他。文学评论家斯蒂芬·格林布拉特在《蜿蜒之路》(*The Swerve*)一书中写道，布鲁诺当时为自己辩护时表示："比起描绘天堂，《圣经》的责任更多是指引道德。"这位哲学家的蔑视并未得到教会的认同，他最终被判死刑，并于1600年被烧死在罗马的火刑柱上。

教会阻止变革的尝试注定是徒劳的，正如开普勒和后来的牛顿等科学家所证明的那样，他们的工作使人们对宇宙和太阳系有了更清晰的认识。基督教一直认为，以天使之灵为首的天体会做圆周运动，因为圆的几何特征完美反映了上帝的本质，正如但丁在诗篇中所写,上帝之爱推动了"太阳和其他恒星"。但开普勒发现行星的运动轨道是椭圆而非正圆,这直接挑战了神圣的教条;牛顿则发现,引力是宇宙无处不在的力量,决定了行星的轨道。尽管开普勒和牛顿的观点与正统观念相悖,但他们并非无神论者。在那个时代,宗教仍然深植人们的思想中,无可辩驳。也就是说,重大的思想变革正在发生,尤其是在科学领域,它变得更加严谨,因此在面对外部权威时,科学也变得更加自主与自信。科学已经证明了自己,它的研究领域是真实的自然现象,而不是无法验证的超自然真理。科学家们开始采用更加严格的实证经验方法,这直接推动了文艺复兴末期,由弗朗西斯·培根和勒内·笛卡儿(现代哲学之父)宣告的科学革命。

文艺复兴也激起了一股持续涌动的怀疑暗流,源自这样一个现实:那个时代极力推崇的创新精神,并未成功地以更可靠的新思想取代旧有的观念。在众多批评声音中,英国律师兼社会哲学家托马斯·莫尔在《乌托邦》中描绘了他理想中的完美社会;而鹿特丹的人文主义者伊拉斯谟则在《愚人颂》中用拟人化的手法讽刺愚蠢,批判当时社会中的一些荒谬现象,如对神职人员的辱骂。伊拉斯谟希望基督教世界能够回归心灵的纯洁,回归《圣经》所传达的智慧,并致力于推动宗教改革。同时,怀疑论者蒙田选择放弃浮夸的哲学探讨,把散文的主题转向个人生活,展现出对当时社会观念的深刻反思。但在外部社会复杂的影响和个人情绪的波动之外，很难找到"自我"的本质，这也足以证明，人的内在和宇宙的神秘一样难以言喻。在散文《论食人族》中，蒙田批评了欧洲人对新大陆土著的傲慢和优越感。在他看来，那些被欧洲人称为"蛮族"的人，尽管生活原始，却同样具备正直的美德，甚至似乎比基督教世界更加高尚。这使他深刻怀疑西方文明是否真如宣传中所称的那样伟大（蒙田一生目睹了法国天主教徒与新教胡格诺派之间的血腥冲突，这深刻影响了他的观念）。他写道："任何与我们的习惯相悖的东西，我们都斥之为野蛮。事实上，除了自家土地上的观念和习俗，我们再也找不到别的真理和理性标准了。"新大陆土著过着简朴却高尚的生活（这一观点与卢梭的"高贵野蛮人"理论相呼应），与问题重重的欧洲生活形成了鲜明对比。这让蒙田意识到，真理永远不会是绝对的，他变得更加忧郁，正如他名言所说："我知道什么？"

笼罩在文艺复兴后期的迷茫感，随着历史的推进只会愈加深重。其中，最具戏剧性的一幕出现在19世纪，达尔文提出了人类不过是动物的一种观点，打破了人类从亚当和夏娃开始的神话，揭示了人类仅仅是演化和自然选择的产物，一个累积的、随机的、机械的过程。这一发现初时难以被接受，原因在于它揭示了一个真相：自然的机械定律完全违背了逻各斯对秩序、意义与目的的渴求，也与浪漫的理想毫无关联。换句话说，人类越是奋力前行，就越会意识到仅凭自我为中心是远远不够的。随着进步的加速，我们反而需要接纳更多的未知，而非执着于寻求终极真理。我们注定发现的，将是一个更加复杂、更加不确定且充满怀疑的世界。

从这个意义上看，尽管人类取得了许多令人瞩目的成就，但其历史仍可视为一段极为谦卑的旅程。正如作家詹姆斯·巴里所说："人生是一门关于谦卑的冗长课程。"意思是，每当我们自认为已经达到了认识的顶峰时，就会意识到前方的道路依然漫长且充满挑战。

这一定是坏事吗？不尽然。我们知道，危机往往也是反思和总结的好时机，让我们从中吸取教训。

换句话说，每个硬币都有两面。我们已经认识到自己的不完美——虽然我们追求伟大的理想，但个人的有限性始终阻碍我们彻底实现这些理想。硬币的另一面正是人的脆弱，我们每个人都需要彼此，尤其是在现代社会这个宏大多元的背景下，哪怕是那些若即若离的关系。我们必须克服原始的本能，它往往让我们退回到地域偏见的小圈子里，只相信那些与我们观点一致的人，而这种倾向一直是历史进步的最大障碍。

努力加强集体自我的观念，同时敞开心胸，吸纳更多的异见，这与培养个性同样重要。一个人的存在离不开他人的支持；文明本质上是一种分工合作，它要求我们为他人奉献同样的关怀和责任。

从历史的起点开始，人类不断重复自身的缺点，其中最为严重的是傲慢。傲慢意味着缺乏谦卑与决心，意味着认为自己不需要他人来弥补自身的不足。在当今这个过度崇拜名誉和个性的时代，我们应当警惕古希腊人的警言："自恋和无节制的野心，像是深深埋藏在人类灵魂中的病魔，若任其发展，终将压倒理性与清晰。"因此，希腊人尤为恐惧暴君与独裁者，这些无视集体智慧与社会合作的人，傲慢地认为凭借个人才能便足以统治整个社会。他们认为，这种态度最终将引发灾难，尤其是所有独裁者最终都将成为煽动者，通过歪曲现实的虚假言辞，满足他们的私欲和对奉承的渴望。

正如我们所见，傲慢也是男性自视高于女性的野蛮特征。除了错误地认为女性缺乏理性，男性还推崇一种被认为缺乏情感和激情的人格特质（而情感与激情总是与女性挂钩）。然而现代科学已经发现，这种思维方式深刻地影响了人类对大脑的整体认知。心理学与神经科学的研究表明，曾被视为仅属于女性的特质——直觉和情感——实际上正是当今所谓"理性"的核心部分，且它们可能是最深刻、最强大的认知特质。

同样的教训也适用于所有因种族、文化、宗教、性取向等差异而受到压迫的人。划分、围墙、边界、界限——所有围绕"我"而建立的身份认定，与某些"他者"相比，最终往往带来破坏，就像那些至今依然过于僵化的观念。为了保持健康，头脑需要培养持续成长的能力。缺乏进步和成熟，积累的知识和信息便失去了意义。换句话说，只有不断完善人性，人类的进步才有真正的价值。

在我看来，《圣经》中最有意义的一段是上帝问该隐："亚伯在哪里？"而该隐不愿承认自己杀了兄弟，反而问："我是我兄弟的监护人吗？"答案显而易见：是。如果我们不承担起照顾兄弟姐妹的责任，我们就不能期望自己会有所进步。

马丁·路德·金曾说："我们已学会像鸟一样飞翔，像鱼一样在大海畅游，但我们还没有学会像兄弟般简单地生活在一起。"他是对的：我们最紧迫的任务是改善共同生活的艺术，接受这样一种观念——身份总是既包含单数，也包含复数的概念。正如诗人奥登所说："衡量一个文明的标准，应该是它能实现多少多样性，又能保持多少同一性。"我们从历史上得到的最大教训是：个人身份的完成，无法依赖独角戏，而应建立在你我之间真实对话的基础上，这种对话代表着诚实、尊重和坚定的思想交流。

致 谢

首先要感谢本书中提到的许多杰出学者及其作品。我引用了他们的书籍和文章,在此谦卑地表达我的感激,感谢他们带给我极大的鼓舞和宝贵的经验。此外,我还要特别感谢拉里·西登托普,我是通过他的著作《创造个体》才认识了19世纪法国历史学家库朗日,就是我在本书开篇引用的那位。

在这份"特别导师"名单上,我还要加上我的编辑杰拉德·霍华德的名字——他的智慧和道德,必定会赢得希腊和拉丁前辈的尊敬。对我而言,拥有一位像他这样有素质、文质彬彬的编辑,也是一种莫大的福分。

还要特别感谢双日出版社的其他同事——策划编辑丽塔·马德里加尔和文字编辑英格丽·斯特尔纳,多亏她们的精准和专业,帮我避免了许多错漏;还有行政助理杰拉德·霍华德、莎拉·波特、诺拉·格拉布;封面和内文设计师约翰·丰塔纳和玛丽亚·卡莱尔;才华横溢的公关夏洛特·奥唐纳以及营销人员莎拉·恩格尔曼。

最后且最重要的是，必须感谢我的丈夫理查德·博恩，在漫长艰辛的写作过程中始终支持我。如果没有他的耐心和爱的鼓励，以及坚定的决心、明智的建议和指导，本书是无法完成的。谢谢你，亲爱的。我生命中最宝贵的经历总是与你有关，你是我最好的伴侣、支持者、顾问和盟友。最后，为了充分欣赏这本书所探讨的艺术，我强烈建议读者们上网查看书内图片的彩色版，衷心感谢维基！

图书在版编目（CIP）数据

西方人文思想简史 / (意) 英格丽·罗西里尼著；宇华，周希译. -- 天津：天津人民出版社，2025. 5.
ISBN 978-7-201-21100-8
Ⅰ. B5
中国国家版本馆CIP数据核字第202585H1B9号

Copyright © Ingrid Rossellini
This translation published by arrangement with Doubleday, an imprint of The Knopf Doubleday Group, a division of Penguin Random House, LLC.
Chinese Simplified translation copyright © 2025 by United Sky (Beijing) New Media Co., Ltd.
All rights reserved.

图字：01-2025-061号

西方人文思想简史

XIFANG RENWEN SIXIANG JIANSHI

出　　版	天津人民出版社
出版人	刘锦泉
地　　址	天津市和平区西康路35号康岳大厦
邮政编码	300051
邮购电话	022-23332469
电子信箱	reader@tjrmcbs.com
选题策划	联合天际
责任编辑	伍绍东
美术编辑	程阁
封面设计	沉清 Evechan
制版印刷	北京联兴盛业印刷股份有限公司
经　　销	新华书店
发　　行	未读（天津）文化传媒有限公司
开　　本	880毫米×1230毫米 1/32
印　　张	15.75
字　　数	300千字
版次印次	2025年5月第1版 2025年5月第1次印刷
定　　价	78.00元

关注未读好书

客服咨询

本书若有质量问题，请与本公司图书销售中心联系调换
电话：(010) 52435752

未经许可，不得以任何方式
复制或抄袭本书部分或全部内容
版权所有，侵权必究